慶應義塾大学東アジア研究所
現代中国研究シリーズ

現代中国政治研究ハンドブック

高橋伸夫 編著

慶應義塾大学出版会

序　文

　いま中国政治について体系だった本を書くことが、いささか向こう見ずな企てであることは承知している。第一に、中国政治に関する情報は多く、そしてある意味で少ない。われわれは中国における社会階層の分布を物語るデータや基層選挙に関するデータ、さらには民衆が当局に提出する陳情書さえも、いまや研究のために利用することができる。だが他方で、最高指導者たちが本当のところ何を考えているか、そして政策が具体的にどのように形成されているかを知る術はほとんどないのである。第二に、政治学それ自身の変化によって、われわれ自身の方法論がぐらついている。われわれが中国政治の理解を一歩先に進めるためには、何をどのように観察すべきなのだろうか。いまや政治学の専門雑誌では当たり前となった高度な統計学を駆使した選挙分析の手法を中国に適用すれば、この大国の政治に関する理解は大きく深まるのだろうか。それとも、「地域研究者」が強く主張しそうなことであるが、見つめるべき対象はコンピューターの画面ではなく、「現場」でなければならないのだろうか。われわれの方法論は、混迷状況に置かれている（そして、これが本書の構想に導いたひとつの理由であった）。そして第三に、中国政治は、とりわけそれが日本に影響を及ぼすとなると、日本人の感情を高ぶらせる主題でもある。文化大革命、天安門事件、「反日デモ」が起こると、われわれは冷静ではいられなかった。おそらく、今後似たような事態が生じた場合もそうであろう。それゆえ、この企てを大目にみてくれる人々は、この本の過誤に対してもいくらかの寛容さを示してくれるだろう。

　本書が生まれるきっかけは、2012年12月に開催された慶應義塾大学東アジア研究所・現代中国研究センター主催の国際シンポジウム「現代中国政治研究の方法論的諸問題」であった。このシンポジウムは、めまぐるしく変化する中国の政治・社会の姿と、それほど激しくないとはいえ、やはり変化す

る中国政治に対するわれわれの観点の両方を視野に収めたうえで、新たな資料状況、問題意識、そして方法論の有効な組合わせについて討議したものであった。議論を重ねるうち、シンポジウムに提出された論文をもとにして中国政治の研究に関する一種のハンドブックを作ろうという案が浮上したのである。とはいえ、何をどのようにこの書物に盛り込むかをめぐって議論は紛糾した。そして、ようやく政治体系という現在では少し古めかしく感じられるが、やはり重要な概念をもとに、中国政治に全体的な見通しを与えること、また特殊なものとみなされやすい中国政治を比較の場に連れ出すこと、さらに変化が著しい中国の現状に照らして、われわれのこれまでの問題設定や理論が適切なものであるかを確かめてみることを目指す、という方針が固まったのである。

　われわれの方針については、もうひとつ付け加えることがある。中国政治に関する書物は、矛盾する二つの想定——中国で起こることは、何ら特別ではなく、他の発展途上国で（ときには先進国で）起こることに照らしてみればよく理解できるという想定と、中国で起こることは中国でしか起こりえないものだという想定——のいずれかに、明示的にあるいは暗黙のうちに大きく肩入れすることによって、しばしば台無しにされる。これらの命題は、いわば中国政治を考える際の縦糸と横糸であって、ともに欠かすことができない。真面目な研究者であるならば、彼もしくは彼女に課せられている二重の任務——中国政治に関して起こるさまざまな事件、現象、傾向の独特な性格を理解することと同時に、それらの普遍的意義について、想像力豊かな解釈を行うこと——の厳しい性格をも自覚しなければならない。そこで、われわれは「中国はどこまでいっても中国である」という命題——筆者には、これはわれわれの頭が疲労して硬直した状態においてとらわれやすい保守的な命題であるように思われる——と、中国政治は何も特別なものではなく十分に比較可能であるという命題との間で均衡をとるよう努めたのである。

　いうまでもなく、方針と実際の執筆作業は別であった。自分が何を書いてきたかを突き放して眺め、さらに自分が取り組む問題に関する研究の歴史、現在の研究状況の見取り図、および展望を語るという作業は、今回の執筆陣の中核となった多くの若い研究者にとって、刺激的ではあるが馴染みのない

ものであり、おそらくは個別の論文を書く場合には生じない多くの苦痛を伴うものであった。なお、政治体系の諸側面を観察する際のいくつかの側面、例えば、政治的社会化、政治的補充、政治的コミュニケーションという概念で要約しうる諸側面は諸事情から本書に盛り込めなかった。この点は今後の課題としたい。それでも、われわれはこのガイドブックが、中国政治の研究に均衡のとれた足場を提供することを願ってやまない。

　本書の出版は、人間文化研究機構（NIHU）地域研究推進事業・現代中国研究拠点連携プログラムの成果のひとつである。大学共同利用機関法人・人間文化研究機構のご支援に深く感謝したい。また、慶應義塾大学出版会がこの著作の出版の意義を高く評価してくださり、協力をいただいたことは、われわれにとってこのうえない幸運であった。同出版会の乗みどり氏による編集作業は、手早くかつ見事なものであった。彼女の助けがなければ、本書はいつまでも構想段階にとどまっていただろう。乗氏の貢献に心から御礼を申しあげたい。

2015 年 6 月

高橋　伸夫

目　次

序文　　　　　　　　　　　　　　　　　　　　　　高橋伸夫　　i

総論　　　　　　　　　　　　　　　　　　　　　　高橋伸夫　　1
　　はじめに——日本の中国政治研究が置かれている状況について　1
　　Ⅰ　近年における日本の中国政治研究の諸傾向　3
　　Ⅱ　われわれの認識装置をいかに組替えるか　6
　　Ⅲ　本書の狙い　9

第Ⅰ部　政治体系の環境を形づくる要素

第1章　政治文化の役割　　　　　　　　　　　　　高橋伸夫　　17
　　はじめに——政治文化の概念　17
　　Ⅰ　政治文化へのアプローチ　19
　　　　1　解釈学的アプローチと実証主義的アプローチ／2　政治文化の概念をめぐる批判
　　Ⅱ　これまでの研究——中国の政治文化の特徴をめぐって　22
　　　　1　解釈学的研究の代表例——L・パイとR・ソロモン／2　日本人による解釈学的研究／3　実証主義的研究の代表例——A・ネイサンと閔琦
　　Ⅲ　中国の政治文化の変化と持続
　　　　　　——グローバリゼーションのなかで　29
　　おわりに——中国の政治文化研究の展望　32

第2章　中国政治に対する外部からの影響
——グローバリゼーションと現代中国　　　江藤名保子　37

はじめに　37

Ⅰ　アプローチ——中国政治の主体性と受動性をめぐって　39

　　1　二つの対立的なアプローチ／2　戦後中国研究のパラダイム転換／

　　3　現状に対するアプローチと新しい課題

Ⅱ　現状と課題——グローバリゼーションと中国の政治体系　43

　　1　グローバリゼーションの理論的考察と中国／2　中国の政治経済とグ

　　ローバリゼーション／3　外部からの民主化圧力と中国の政治体系

おわりに　51

第Ⅱ部　権力機構

第3章　中国共産党と中国政治　　　小嶋華津子・加茂具樹　57

はじめに——政治体系と中国共産党　57

Ⅰ　中国共産党への視座　59

Ⅱ　中国共産党の政治的機能に関する先行研究

　　——イデオロギーと組織　61

　　1　イデオロギー工作／2　組織工作

Ⅲ　巨大利権ネットワークと化した中国共産党とその将来　71

　　1　非制度的側面の把握／2　共産党統治の強靱性を測る基準

おわりに——中国共産党研究の展望　74

第4章　人民解放軍の役割　　　毛利亜樹　81

はじめに　81

Ⅰ　研究へのアプローチ　82

　　1　中国の軍事、安全保障研究の誕生／2　主要な分析枠組

Ⅱ　これまでの研究　86

1　軍事専門化と政治統制の葛藤／2　解放軍の政治行動／3　改革開放時代の政治と軍事／4　天安門事件（1989年）
　Ⅲ　現状と展望——ポスト鄧小平時代の政軍関係　98
　　1　制度による軍隊統制と軍の官僚化／2　軍隊の国家化？／3　軍事と外交の調整
　おわりに　104

第Ⅲ部　政治体系への「入力」に関わる要素

第5章　政治参加　　　　　　　　　　　　　　　　　　中岡まり　117
　はじめに——「政治参加」とは何か？　117
　Ⅰ　現代中国の政治参加へのアプローチ　118
　Ⅱ　これまでの研究　119
　　1　1950～60年代——全体主義モデルからの脱却／2　1970～80年代——「政治参加」の定義拡大から研究対象の拡大へ／3　1980年代以降　民主化を促進するのか
　Ⅲ　研究の現状と課題　122
　　1　米中における研究の相違／2　研究の現状——民主化の可能性と権威主義体制の維持の間で
　おわりに——研究の課題と展望　133
　　1　研究の課題／2　中国の政治参加の展望

第6章　中国政治と「市民社会」　　　　　　　　　　　　小嶋華津子　141
　はじめに　141
　Ⅰ　政治学における市民社会論の復活　141
　Ⅱ　市民社会研究史——民主化の萌芽を求めて　143
　　1　市場経済化と市民社会の発展／2　自律的市民社会による民主化への期待と挫折

Ⅲ　中国の現実に即した市民社会理解の試み　148
　　　1　「分析的市民社会論」と実態の量的把握／2　規範的市民社会論からの脱却と多面的・多層的実態の質的把握
　おわりに——日本からの発信：市民社会研究の展望　153

第Ⅳ部　政治体系からの「出力」に関わる要素

第7章　政策決定と政策過程　　　　　　　　　　加茂具樹　161
　はじめに　161
　Ⅰ　研究の射程　163
　Ⅱ　研究の現状　166
　　1　政策決定機構の研究／2　分断化された権威主義／3　「強靱性」という概念／4　偽装された民主制度／5　二つの強靱性
　おわりに　179

第8章　中央・地方関係　　　　　　　　　　　　磯部　靖　187
　はじめに　187
　Ⅰ　中央・地方関係へのアプローチ　188
　　1　主要概念／2　アプローチ
　Ⅱ　これまでの研究　194
　　1　毛沢東時代の中央・地方関係をめぐって／2　鄧小平時代の中央・地方関係をめぐって／3　ポスト鄧小平時代の中央・地方関係をめぐって／4　研究の現段階
　おわりに　199

第9章　国民統合　　　　　　　　　　　　　　　田島英一　203
　はじめに——本章の関心　203
　Ⅰ　これまでの研究　205

1　原初主義的な試み——中国国内の研究から／2　再構築される中国アイデンティティ——天安門事件と冷戦崩壊後の議論／3　大衆ナショナリズムの顕在化——コソボ紛争と海南島事件後の議論／4　少数民族問題——諸民族集団のエスノ・ナショナリズムと民族政策

　おわりに　218

第10章　社会の統制　　　　　　　　　　　　　　　　金野　純　223

　はじめに——社会統制へのアプローチ　223

　Ⅰ　これまでの研究①——抑圧的統制　224

　　1　毛沢東時代の社会統制論——中国社会主義モデルからのアプローチ／2　近代化理論から見た逸脱と統制——J・リュウらの共同研究／3　社会統制の組織分析——X・グオ

　Ⅱ　これまでの研究②——情報統制　235

　　1　毛沢東時代のメディア統制——全体主義モデルからのアプローチ／2　メディア統制への相互作用論的アプローチ——S・シャーク／3　インターネット革命とオンライン・アクティビズム——G・ヤンの多元相関論／4　「応答性のある権威主義体制」——D・ストックマン

　おわりに——研究の課題と展望　245

第Ⅴ部　政治体系の変化

第11章　民主化の可能性　　　　　　　　　　　　　　高橋伸夫　253

　はじめに　253

　Ⅰ　概念とアプローチ　254

　　1　構造的アプローチ／2　主意主義的アプローチ／3　状況的アプローチ

　Ⅱ　既存の研究　259

　　1　「下からの」民主化のポテンシャルに関する兆候発見主義的文献群／

2　中国における権威主義体制の「強靱性」について論じた文献群
　Ⅲ　民主化への展望はいかに開けるか　266
　　　1　不安定化しつつある均衡状態／2　均衡の崩壊と民主化の可能性
おわりに　270

補遺　欧米の研究者による中国政治研究
　　　──道具箱のなかのあらゆる道具を使用する？
　　　　　　　　　　　　　　　　　メラニー・マニオン　275
　　　　　　　　　　　　　　　　　　　　（上野正弥訳）

　はじめに　275
　Ⅰ　利用可能な方法論的ツール　276
　Ⅱ　実際に使用されている方法論的ツール　279
　Ⅲ　2013年に発表された三つの優れた研究　287
　おわりに　292

索　引　295

総　　論

高橋伸夫

はじめに——日本の中国政治研究が置かれている状況について

　日本における中国を対象とする諸研究は、長い間、世界的に見てきわめて高い水準にあったと日本人は考えてきた。あるいは、自らに都合よく、そう思い込んできた。だが、近年、そのような誇るべき地位からの転落を懸念する声が高まりつつある。そこで、何とか手立てを講じて凋落を食い止め、かつての栄光ある地位に返り咲かなければならないとさかんに主張されるようになった。これがいよいよ大きな圧力として、われわれ日本の中国研究者の肩に重くのしかかっている。
　そのような圧力を受けて、好むと好まざるとにかかわらず、われわれは研究のさまざまな側面を見直さざるをえなくなった。見直しを迫られているものは、研究テーマの選定から、研究組織の作り方、研究資金の獲得方法、海外の研究者との共同研究の仕方、現地調査の方法と倫理、大学院生の教育方法、研究成果の発表の仕方（とりわけ言語と発表媒体）にまで及ぶ。とはいえ、日本の研究者たちが直面している最大の問題のひとつは、おそらく方法論に関わるものであろう。簡単にいえば、中国という研究対象の変化に応じた、(1) 分析単位、(2) 接近方法、そして (3) 資料（あるいはデータ）の間の、適切で、実り豊かな新たな組み合わせを、われわれがまだ見出していないということである。
　これまで日本の中国研究者は、主として歴史学的な手法に頼って現代中国を考察するのが常であった。つまり、限られた量の文献を手掛かりにして、ある状況が出来上がる経緯を詳細に明らかにすることで、現状を説明する

——もしそれを説明と呼べるならば——という方法を採用してきたのである。実際、日本における中国政治の研究者たちの大部分は、まず歴史学の分野で訓練を受け、歴史的な問題を扱った博士論文を書き上げた後、現状の分析に取りかかったのであった。

　そのため、日本の中国政治研究者の研究に関する態度には、必然的に次のような三つの傾向が現れた。第一は、文書資料への依存である。いまや歴史学の分野でもさかんに利用されるようになった写真、図像、統計データなどにはほとんど目もくれず、とにかく文献を徹底的に読み込むことが日本の研究者の伝統的なやり方であった。第二は、理論を構築するよりは、たくさんの事実を集めようという志向である。日本の研究者たちは、アメリカの研究者とは違って、理論にはまったくといってよいほど興味を示してこなかった（唯一の例外はマルクス主義の諸理論である）。歴史家たちが、本来の性向からして、ある特定の事象のユニークな特徴を抽出することに努力を傾注する人々であることを思えば、これはおそらくやむをえない傾向であった。そして第三は、一見奇妙に思えるが、理論を媒介することなく中国社会の全体的な把握を目指すという志向であった。これは、歴史的にものを考える人々が、社会的要請からか、あるいは個人的野心からか、ある日突然、必要な分析用具をもたないまま現状分析の世界に足を踏み入れることからきていた。

　以上の諸傾向は、日本の中国政治研究に、文書による厳格な実証主義という点で強みを与えると同時に、理論および比較の視点の欠如という点で弱みを与えることになった。だが、いまや研究対象そのものの変化が、われわれの伝統的な研究手法に破産を宣告したわけではないが、それを大きく揺るがしている。中国は、依然として権威主義的支配のもとに置かれているとはいえ、かつてとは異なり、もはや閉ざされた体制でもなければ、世界の中で孤立した存在でもない。日本人にとって、それはアクセスが容易な対象である。短期間であればビザなしで訪問することができるし、相手が研究者であれば、ほとんど面会を断られることもない。また、全面的にとまではいかないまでも、政治・経済・社会に関する大量の情報——『政治参加青書』から環境に関する報告書、はては迷惑電話年度報告に至るまで——を発信している。さらに、制限付きとはいえ、フィールド調査も可能になった。このような中国

の巨大な変化は、従来有効であった研究方法の大幅な見直しをわれわれに迫るものである。しかし、日本の研究者たちは、こうした研究対象それ自体の変貌に見合う新たな接近方法、そして研究戦略を自覚的に構成するに至っていない。

I　近年における日本の中国政治研究の諸傾向

　観察対象が大きく変化するなかで、近年、日本の中国政治研究者たちはいかなる研究に取り組んできたのであろうか。筆者には、大雑把にいって、1990年代以降、研究者の間で次のような視点の移動が生じているように思われる。すなわち、第一にマクロ的な研究からミクロ的な研究への移動、第二に高層政治の研究から低層政治の研究への移動、そして第三に構造から行為者（アクター）への移動である。かつて、日本の研究者にお馴染みの主題であった中国共産党の頂部に焦点を当てたイデオロギーあるいは政治路線の変化に焦点を当てる者はほとんどいなくなった。それに代わって、いまや主役の座を占めつつある研究主題は、集団的抗議運動、異議申立て、基層選挙、NGOなどである（図1参照）。「下からの」あるいは「底辺からの」、さらには「周辺からの」視点が重要であるという主張が、それらの探求を支えている。その結果、もはや党中央委員たちの言動は研究においては周辺化され、陳情者、退役軍人、タクシー運転手、キリスト教の活動家などが、好んで取り上げられるようになった。

　これはある意味で、当然の変化であり、しかも好ましい変化だといいうる。というのも、このような研究者の志向の変化は、ある程度まで、先に述べた中国自身の変化に彼らが対応していることを示しているからである。だが、図1に見られるような視点の移動は、研究者たちが全体的な視野から遠ざかりつつあることを表しているとも考えられる。いささか極端な表現かもしれないが、このような視点の移動は、部分と全体との、また特殊と普遍との関係に関する問題意識、さらには変化の相（aspect）におけるいかなる局面を観察しているのかという問題意識を欠いたまま、ただ中国の「かじれる部分をかじる」（毛沢東）結果生じているにすぎない可能性がある。

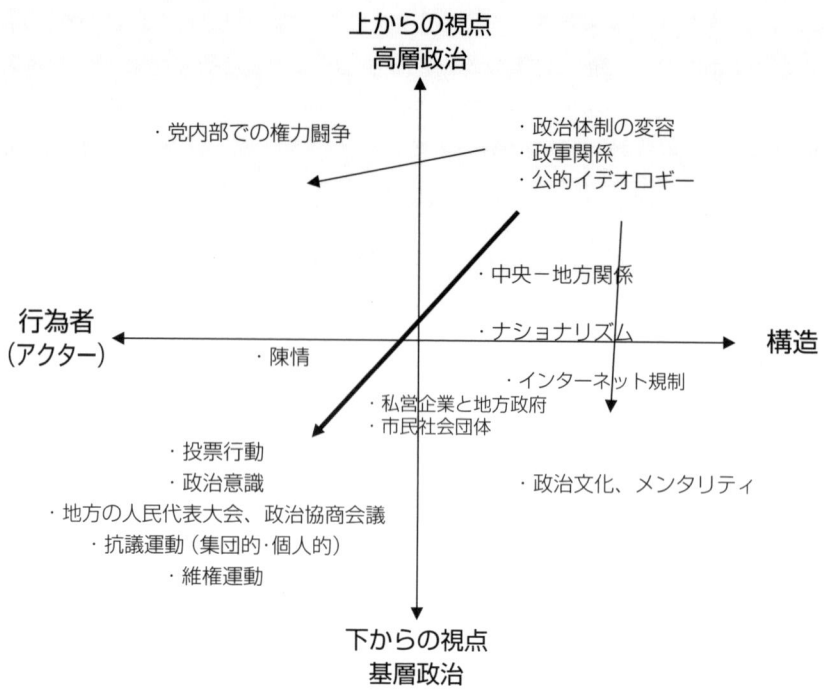

図1　日本の中国政治研究における志向の変化

出所：筆者作成。太い矢印が主な変化の方向を示す。

　このような診断が正しいかどうかはひとまず措くとして、一連の新しい研究を通じて、われわれは中国政治に何を見出しつつあるのだろうか。筆者が見る限り、日本の研究者たちが導き出した結論は、欧米や台湾・香港の研究者たちの結論と大きな違いはなく、またそこに何らかの日本的特色があるかといえば、とくに見当たらない。

　本書の各章において詳しく取り上げられるが、さしあたり、いくつかの研究に触れておこう。近年、日本の研究者たちがとくに力を入れて取り組んできた研究テーマには、次のようなものがある。まず、1990年代以降、中国で急速に増大した社会団体が、どの程度、市民社会（civil society）の概念で理解しうる、国家から自立した空間を形成しつつあるのかに関わる研究がある。それらによれば、社会団体は「下からの」要求に対して、より敏感な反

応を示すようになり、それらを政府に媒介する機能をより強く果たしつつあるものの、依然として党-国家の強い統制下に置かれ続けている。また、中国の知識人たちは、「市民社会」という概念によって民主主義を中国に根付かせようとしているのか、それとも現在の政治体制を民主主義から防衛しようとしているのかは判然としない（高橋、2005）。次に、都市におけるコミュニティ（社区、urban community）に関する研究成果の示すところ、それは急速に成長した市場経済のもとで原子化しやすい都市住民を孤立から救っているとはいえ、富裕層の所有物と化しつつある（小嶋、2008）。

　中央と地方の人民代表大会の役割の変化に関する研究も行われている。この分野の一連の研究によれば、人民代表大会は人々の利益の集約と表出（articulation）という機能を徐々に果たすようになりつつあるとはいえ、党の意思を貫徹させるためのさまざまな仕掛けによって、党の指導から離れることができない（加茂、2006）。さらに、さまざまな形態での異議申立て——例えば、陳情や「維権」（weiquan）運動——も研究上の新しい焦点である。これらの研究によれば、いまや日常的となった異議申立ては、新しい形態での政治参加の事実上の拡がりを示してはいるが、党-国家の側がこれらの政治参加をいかなる形で制度化するか、そしてこれらの行為が広範な市民の連帯を形作るかどうかは、ともに未知数である（毛里・松戸、2012；呉、2014）。

　こうして、日本の研究者たちは現代中国政治を観察する際に、つねに矛盾する力の間のある種の均衡、あるいは手詰まりを確認するに至っている。すなわち、一方において権威主義体制が解体に向かう兆候を、他方において党-国家の新しい状況への適応能力の向上を見ている。また、一方において民主主義の基本的諸条件と思われるものの芽生えを、他方において権威主義体制の生命力の強さを確認している。さらに、一方において国際的ルールや規範が中国に及ぼす力の大きさを、他方において中国の伝統がもつ強力な惰性を発見している。

　その結果、われわれの中国政治に関する予測は、異なる見通しの間で行き詰まってしまった。図2は中国の政治体制に今後生じうる変化を示したものである。おそらく、多くの研究者は、結局はいずれかの方向に——だが、どの方向かははかりかねる——矢印が動き始めると感じながら、当面は現状維

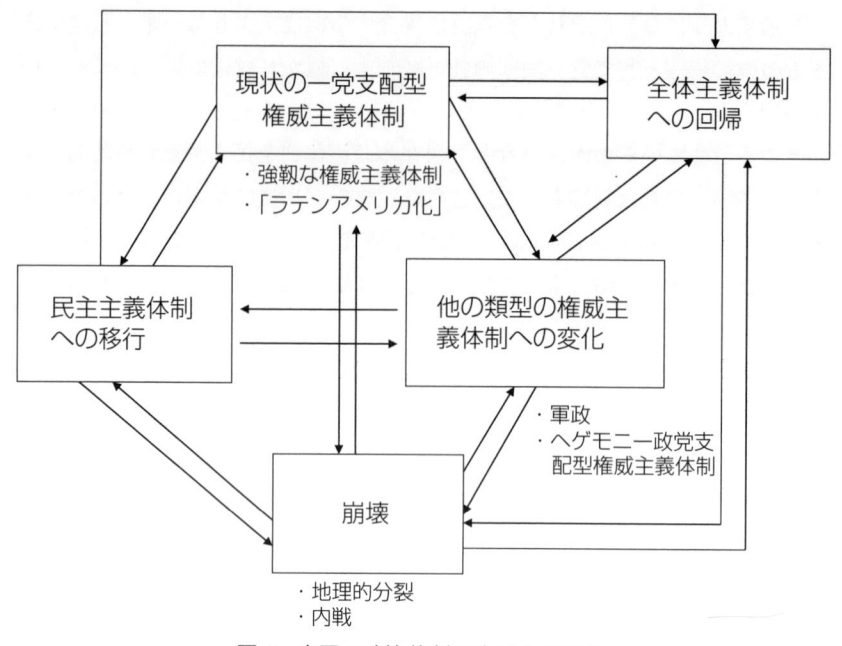

図2　中国の政治体制に生じうる変化

出所：筆者作成。

持が続くであろう、と考えているのである。

II　われわれの認識装置をいかに組替えるか

　このような見通しに、われわれ自身ある種のもどかしさを感じている。なるほど、中国の政治体制は、実際、どの方向にも転ぶ可能性があるのだから、研究者が以上のような見通ししか描くことができなくとも無理はないと自らを慰めることはできる。だが、われわれの認識装置に問題があるために見通しが曇らされている、あるいは見当違いをしている可能性は認めなければならない。それは、一般的な権威主義体制における比較的大きな政治変動のメカニズムについても、中国政治という特殊な対象についてもいえることである。前者に関しては、政治学者たちが、なぜチュニジアとエジプトにおける権威主義体制はかくも安定しているのかと問うていた際に生じた、近年の両

国の政治変動を思い起こせばよいであろう。一見、手詰まりのように見える状況においても、大きな変動につながる何らかの重要な過程がすでに始まっているかもしれない。一方、後者についていえば、われわれは何を見出せば、中国における独特な政治変動の始まりを捉えることができるのかをまだ理解していないのである。

　中国という研究対象は、外部の観察者——とりわけ西洋的環境で育った観察者たち——の頭を狂わせてしまうところがある。というのも、われわれの考え方では矛盾するように思われる諸要素が、中国においては相互に結びついている、あるいは安定した状態で共存しているように見えるからである。筆者は、かつて歴史家たちが中国の近代史を論じた際にも、同様の状態を観察していたことに注意を促しておきたいと思う。例えば、われわれの通常の理解においては、市場経済の発達は、孤立した自然経済を克服する形で進むはずであった。ところが、明清時代、階層化された自然経済と、米、綿花、茶などの主要産品についての全国的市場が長期にわたって共存したのであった。中国の法制史研究においてもパラドクスとしか思えないような傾向が発見されている。ウェーバー（Max Weber）による有名な二分法によれば、国家による支配の道具としての法と、抽象的な諸原則に基づく実定法（positive law）とは根本的に異なる。そして、後者は、司法権の独立や個人的諸権利を保護するリベラリズムの方向へと社会を導くはずであった。だが、20世紀以前、中国の法は相当程度、実定法主義（legal positivism）へと向かっていたにもかかわらず、リベラリズムに向かうことはほとんどなかった（ホワン、1994）。

　そこで、研究者たちは、矛盾する言葉を組み合わせることで、ともかくも観察対象のもつ独特の両義的性格を表現しようと試みたのであった。例えば、中国における「国家主導型市民社会」（state-led civil society）（Frolic, 1997）、政治体制の「統合された断片化」（integrated fragmentation）（Brodsgaard, 2013）といった具合である。だが、われわれは言葉遊びで満足するわけにはいかない。こうしたいくつもの「中国的パラドクス」は、本質的には不安定な状態と見るべきで、ある状態から別の状態へ向かう過渡的なものにすぎないと理解すべきだろうか。それとも、中国社会が備えている諸条件から見て、ある種の

合理性に支えられた安定した状態なのであり、そもそもパラドクスなどではないと考えるべきなのだろうか。したがって、われわれに欠けているのは、新しい研究戦略であるとともに、まさにこうした一見パラドクスと思われるものを理解するための認識装置の組替え——当然、この両者は緊密に結びついている——なのである。

　残念ながら、筆者自身は、新しい概念や理論に関する具体的提案をもち合わせていない。だが、われわれが認識装置を組替える際に、筆者が思い浮かべている基本的な指針をいくつか述べておきたい。

　第一に、巨大で、変化が速く、そして均質性を欠いている中国を研究対象とする場合、理論はすべてそれが適用可能な時間と空間の限定性を考慮すべきである。

　第二に、事実を通じて理論を構築しなければならないとはいえ、細部の観察から発見された事実の積み重ねから、やがて理論が自然と姿を現すと考えないほうがよい。むしろ、事実はたんに発見されるというより、一定の理論的仮説の光に照らされてはじめて浮かびあがるものだと考えるべきである。

　第三に、全体が部分を支配する可能性はあるが、同時に全体は部分の働きによって絶えず再構築されていると考えるべきである。とはいえ、中国の場合、全体と部分をつなぐ環は、相対的に弱いと考えておいたほうがよいかもしれない。

　第四に、上記の全体とは、必ずしも中国という国家ではない。というのも、歴史家ウォーラーステイン（Immanuel Wallerstein）の世界システム論が示唆するように、中国はもっと大きなシステムの一部にすぎないかもしれないからである。

　そして最後は特殊と普遍に関するものである。すなわち、中国の特殊性を強調するあまり、比較の可能性を断念するような立場は避けるべきである。つまり、「中国はどこまでいっても中国であり続ける」[1]という考え方はやめたほうがよい。しかし同時に、われわれがこれまで西洋をモデルに作り上げた概念、あるいは解釈の図式を単純に中国に投射することなく、中国をわれわれ自身の習い性となっているものの見方から切り離して考察しなければならない。つまり、現在の中国政治を、民主主義を準備し予告するものとして

でもなければ、あらかじめ定められた目的地に向かって進む歴史的過程の成就を見ようとするのでもなく、変容しつつある「われわれとは異なる政治」として見ることが重要である。

Ⅲ　本書の狙い

　日本の中国政治研究が置かれている以上のような状況を出発点として、本書は中国政治研究の過去と現在を明らかにし、新たな研究を始める際の有効な足場となるようなハンドブックを目指した。それは中国政治の研究を志す専門課程の学生、大学院生、および若い研究者たちが、自分の研究計画を練り上げる際に最初に参照すべきガイド、あるいは中国政治研究者以外の人々が、手っ取り早く、この分野における研究状況を理解しようと試みる際の信頼できる研究案内を目標としたのである。

　われわれはこのハンドブックの基本設計について検討した際、いくつかの異なるアイデアを俎上に載せた。第一は、純粋に方法論について論じるというものである。もし、このやり方で本を作るなら、主として、いかなる『素材』をいかなる「レシピ」で調理するかについて語ることになるであろう。例えば、アーカイブ資料や新しいデータ・セットの用い方、インタビューの方法と有効性、統計学的手法のメリットなどについて語ることになるであろう[2]。第二は、個別の研究対象がどのように研究されてきたか、すなわち研究史を論じながら、従来の方法論を吟味し、そして新たな研究の方向性について語るというものである[3]。そして第三は、歴史を片隅に追いやって、問題領域別に最先端の研究が何を語っているかを示し、あわせて研究の課題について語るという方法である[4]。議論の結果、われわれは第二の方法を選択することで合意した。そして、各章の記述に以下の諸点を可能なかぎり盛り込むこととした。

　　a．過去の研究における問題設定の仕方——研究者は何に関心をもち、何を明らかにしようとしてきたか。また、それを明らかにすることにいかなる意義があると考えてきたか。

　　b．資料の選択——文書資料、図像、データ・セット、インタビューなど。

c．これまでの研究の明示的、あるいは暗黙の諸前提（例えば、革命パラダイム、近代化パラダイム、多元主義パラダイムなど）、あるいは学問以前の信条（例えば、中国は人民主義の小宇宙であり、新しい政治参加の型を作り出したというイメージ）。
　d．利用されてきた概念および理論（例えば、「共産主義的ネオ伝統主義」、「断片化された権威主義」、「市民社会」、「国家コーポラティズム」など）。
　e．その問題領域における代表的研究の主な論点およびその評価。
　f．研究史のなかで生じた重要な視点の移動、もしくはパラダイム・シフト。
　g．その研究対象に関する研究の最先端。
　h．今後の研究の進むべき方向——ここには執筆者の主観がかなりの程度まで混入せざるをえない。だが、大胆さが必要であろう。

　ハンドブックを目指す以上、ある程度の包括性を備える必要がある。あれもこれもすべてが揃っている『中国政治事典』を目標とするわけではないが、あれもこれも抜け落ちていることは避けなければならない。一定の包括性を付与するためには、いくつかの方法があった。ひとつは中国政治にかかわる行為者（アクター）——最高指導者から党中央のさまざまな党務機構に至るまで、中央党校から一般党員に至るまで、民主諸党派から最高人民検察院に至るまで、さらには中華全国総工会から海外亡命者団体に至るまで——をある程度まで網羅すること、そしてもうひとつは中国政治にかかわる争点を広範にカバーすることである。だが、これらはいずれも、われわれには手に負えない途方もない作業のように思われた。結局、われわれが採用したのは、中国の政治体系に即して、その諸側面のすべてではなくとも大部分をカバーすることであった。この基本的アイデアは、1970年代の著作であるタウンゼント（1980）に負っている。

　ここで政治体系とは、(1) 諸価値の権威的配分、および (2) その配分を社会に受け入れさせること、という二つの特質をもつさまざまな役割の間の相互作用を指す（イーストン、2002）。この体系の中心にある過程は、図3に示されるように、社会内部の個人あるいは集団の利益、目標、および要求を政治的決定に変換することである。イーストン（2002）は、ここでいう政策決定機構それ自体を政治体系とみなしている。だが、われわれは、「入力」が

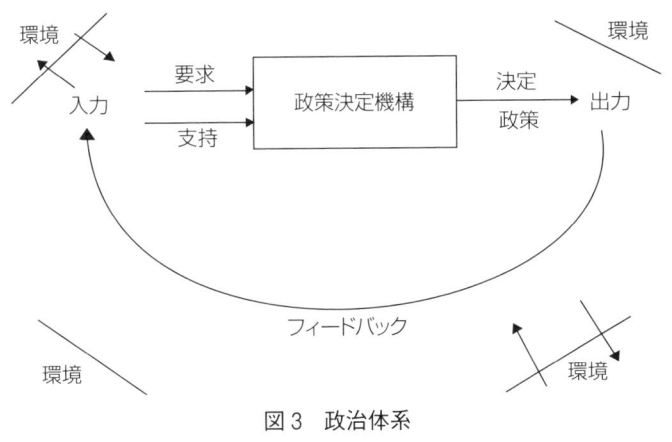

図3　政治体系

政策決定機構によって「出力」に変換された後、特徴的に政策決定機構にフィードバックされ、それによって次の行動が形作られることも体系の一部として理解したほうが有益であると考えた。それは、あたかも人間を体系として理解するためには、情報の結節点としての脳だけを体系とみなすより、血液が流れる循環過程をも含めて体系と理解したほうがよいことと似ている。図3には、そのような考慮が反映されている。

　ところで、変換過程には、二つの区別しうる段階がある。ひとつは、要求と支持が政策決定機構に注入される「入力」（インプット）段階であり、もうひとつは政策の決定と執行が行われる「出力」（アウトプット）段階である。政策決定機構は、自らの過去の行動の影響力に関する情報を、フィードバック・ループを通して獲得するであろう。フィードバック・ループとは、「出力」に対する社会成員の反応、その反応に関する情報の政策決定機構への伝達、そして政策決定機構による後続の行為からなる（イーストン、同上）。また、フィードバックはポジティブなものとネガティブなものに分けて考えることができる（Deutsch, 1966）。前者は前回の行動が正しかったとして、その反復あるいは強化を求めるようなフィードバックであり、後者は前回の行動に問題があったとして、その停止あるいは修正を求めるようなフィードバックである。

　われわれが政治体系という概念をもち出したのは、第一に、この概念が中

国政治に対する全体的な視野にわれわれを立たせることに役立つこと、そして第二に、これが「東」と「西」の違いにかかわらず、また「北」と「南」の違いにもかかわらず、あらゆる社会に備わっており、それゆえ必然的に比較という観点にわれわれの注意を向けさせてくれると考えたからである。

　思考の出発点として、中国の政治体系は次のような特徴を備えていると想像しうる。これらの諸特徴は、中国が政治体制からいえば権威主義体制に分類しうること、およびこの政治体系が旧ソ連に起源をもつ諸制度、および中国の伝統的な政治文化をある程度まで——この程度については議論が分かれる——受け継いでいることから推察しうるものである。第一に、政策決定機構は比較的単純である。つまり、複雑に機能分化していない。これは多種多様な、そして大量の「入力」を処理する必要を免れているためである。第二に、「入力」と「出力」の均衡は後者に大きく傾いている。つまり、人々の要求と支持が政策決定に与える影響は相対的に小さく、政策が人々の要求と支持をまとめあげ、そして方向づける傾向がある。そして第三に、ポジティブ・フィードバックを貫徹させるためのさまざまな装置——しばしば「伝動ベルト」と称された労働組合、婦人団体、学生団体などの党－国家が設立した多数の団体や、工場、学校、軍などに設置された党委員会がそれに当たる——が体系内部に精巧に組み込まれている。その結果、ポジティブ・フィードバックがネガティブ・フィードバックをつねに圧倒する構造ができあがっている。人々の孤立、同調、無関心の組み合わせ、およびそれと親和性をもつ「臣従型」の政治文化（政治文化の章で詳述する）は、こうした構造に社会的・心理的基盤を与えるであろう。そして第四は、これと対になる特徴であるが、ネガティブ・フィードバックが効きにくいことである。おそらく、1958－1960年の大躍進や1966－1976年の文化大革命における悲劇の拡大は、政策決定機構がネガティブ・フィードバックを極小化し、ポジティブ・フィードバックに陶酔したことに起因するであろう。

　だが、以上のような考察は、改革開放以降、とりわけ1990年代以降における中国の社会的・経済的・文化的な巨大な変化を考慮に入れていない。したがって、われわれは以上の想像しうる諸特徴を考察の出発点とするにしても、体系内部の役割の相互作用がいかなる方向に変化しつつあるか、そして

この体系が全体として安定を維持しうるのか、それとも崩壊に向かうのかに注意を向けなければならない。本書は、中国政治に対する全体的な視野の回復の必要性を念頭に置いて、政治体系をいくつかの側面に分け、それぞれの側面に関する研究の過去と現状を概観したうえで、再び全体的な視野に立ち返るための基盤作りを目指したのである。

1) 英語で China-is-China-is-China school と呼ばれる立場である（Dreyer, 2006：12）。
2) このような文献としては、すでに Carlson, et al. eds.（2010）がある。
3) 類書としては、Amy A. Wilson, et al. eds.（1983）がある。
4) Kavalski, ed.（2012）はこれに当たるであろう。

参考文献
【日本語】
加茂具樹（2006）『現代中国政治人民代表大会——人代の機能改革と「領導・被領導」関係の変化』慶應義塾大学出版会。
小嶋華津子（2008）「市場経済化と中国都市部の『市民社会』」竹中千春・高橋伸夫・山本信人編『現代アジア研究2 市民社会』慶應義塾大学出版会。
呉茂松（2014）『現代中国の維権運動と国家』慶應義塾大学出版会。
高橋伸夫（2005）「中国における市民社会論の現在」山本信人編『多文化世界における市民意識の比較研究——市民社会をめぐる言説と動態』慶應義塾大学出版会。
毛里和子・松戸庸子編著（2012）『陳情——中国社会の底辺から』東方書店。
イーストン、D（1998）『政治構造の分析』（山川雄巳監訳）ミネルヴァ書房。
イーストン、D（2002）『政治生活の体系分析』上、新装版（片岡寛光監訳）早稲田大学出版部。
タウンゼント、J・R（1980）『現代中国——政治体系の比較分析』（小島朋之訳）慶應通信。
ドイッチュ、K・W（2002）『サイバネティクスの政治理論』新装版（伊藤重行他訳）早稲田大学出版部。
ホワン、フィリップ（1994）「中国研究におけるパラダイムの危機——社会経済史におけるパラドクス」『中国——社会と文化』第9号。

【英語】
Brodsgaard, Kjeld E.（2013）"Fragmented Authoritarianism or Integrated Fragmentation," Paper Presented at 2013 Annual Conference of the Association of Asian Studies, San Diego, United States.
Carlson, Allen, Mary E. Gallagher, Kenneth Lieberthal, and Melanie Manion（eds.）（2010）

Contemporary Chinese Politics: New Sources, Methods, and Field Strategies. Cambridge: Cambridge University Press.

Deutsch, Karl W. (1966) *Nationalism and Social Communication: An Inquiry into the Foundations of Nationality*. Cambridge MA.: The MIT Press.

Dreyer, June T. (2006) *China's Political System: Modernization and Tradition*. 5th ed. New York: Pearson Longman.

Frolic, Michael B. (1997) "State-led Civil Society," in Timothy Brook and B. Michael Frolic (eds.) *Civil Society in China*. Armonk: M. E. Sharpe.

Kavalski, Emilian (ed.) (2012) *The Ashgate Research Companion to Chinese Foreign Policy*. Burlington: Ashgate.

Wilson, Amy A., Sidney L. Greenblatt, and Richard W. Wilson (eds.) (1983) *Methodological Issues in Chinese Studies*. New York: Praeger.

第Ⅰ部

政治体系の環境を形づくる要素

第1章
政治文化の役割

高橋伸夫

はじめに——政治文化の概念

　政治文化（political culture）は、国際環境、マクロ経済、階級間関係などとともに政治体系の環境条件（environmental condition）を構成している。それは、政治体系のなかでさまざまな役割を演じる行為者（アクター）たちが、現実をどのように認知し、分類し、整序し、さらにそれにいかなる意味を与えるかを内面から規制する。それによって、行為者たちの政治的な振る舞いに一定の文脈を与えているのである。その限りで、政治文化は政治体系と対立関係にあるわけではないが、つねにそれを支えているというわけでもない。「意識」と「存在」のいずれが先行するのかという哲学の問題を援用していえば、「進んだ」政治文化は「遅れた」政治体系の変化を促すかもしれないし、逆に政治体系の変化が先行する場合には、政治文化は新しい政治体系の足枷となるかもしれない。

　政治文化はさまざまに定義されるが、この概念に関する最も古典的な著作を書いたアーモンド（Gabriel Almond）とヴァーバ（Sydney Verba）によれば、それは「一定の社会の成員の間にみられる政治的対象に関する特定の志向の型」を指す。それは政治について知ること（cognition）、愛着を感じること（affection）、および評価すること（evaluation）から成り立つ、政治の主観的次元を意味する。そして、この主観的次元は、政治の客観的次元であるシステム、過程、および政策に影響を与えるであろう。彼らは、次のような政治文化の「純粋な」三つのタイプを示したことでよく知られている。

(1) **未分化型**（parochial）**政治文化**。人々は政府の存在にぼんやりとしか気づいていない。このタイプは国家の決定が人々にほとんど影響を及ぼしていないように見える部族社会において典型的に見られる。
(2) **臣民型**（subject）**政治文化**。大部分の市民は、自分が政治に参加できるとは考えていないが、政治によって動かされることを知っている。さまざまな形の独裁のもとで暮らしている人々にあてはまる。
(3) **参加者型**（participant）**政治文化**。ほとんどの市民は自らが政治に貢献できると信じており、同時に政治に影響されていると考えている。彼らは政治に参加することで、何かを達成できると信じている。

アーモンドとヴァーバの最も重要な主張は、民主主義はいかなる政治文化のもとで最も安定するかという問題に関わっていた。彼らの結論は、民主主義は参加者型政治文化を基本として、それに適度に未分化型と臣民型の政治文化が混合された状態において安定しうるというものであった。そして、彼らはこの混合型政治文化のことを「市民文化」（civic culture）と呼んだのである。

政治文化が政治に関する心理的次元だとすれば、その理解を最も拡張した研究者は、おそらくルシアン・パイ（Lucian Pye）であろう。彼の政治文化の定義はこうである。「政治過程に秩序と意義を与え、同時に政治システムに基本的前提とルールを与えて、システム内の行動をコントロールしているような態度、信条、感情の組合せ」（Pye, 1968 : 218）。そして彼は、政治文化のなかに世論、イデオロギー、民族的エートスとコンセンサス、価値といった要素をも含めている。

だが、このような幅広い定義は、政治文化をもっと狭く定義するよう主張する人々からの反発を受けている。例えば、チルトン（Chilton, 1988）はイデオロギーを政治文化の定義からはずしたうえで、彼がいう客観的に検証可能な九つの政治文化の要素をあげる。こうした比較的狭い定義を好む人々にとっては、政治文化とは結局、サーヴェイ・リサーチ、すなわち世論調査を含めた社会調査の方法によって客観的に観察でき、また実証的に分析できるものでなければならないのである。

I　政治文化へのアプローチ

1　解釈学的アプローチと実証主義的アプローチ

　ある集団の政治文化を客観的に捉え、記述することには困難が伴う。政治文化を捉えるための方法には、大きく分けて解釈学的（interpretive）アプローチと実証主義的（positivistic）アプローチの二種類がある。前者は、われわれ自身のものではない理解をわれわれが理解しようと試みること、すなわち「理解を理解する」（ギアツ、1999：5）ということである。そのための素材には、広い意味での政治的文書のほか、文学、図像、祝祭、音楽などがありうるが、一般に用いられているのは文書である。一方、後者は、一定の意図のもとに設計された質問票に対する人々の回答に統計学的処理を施すことによって、彼らの意識の特定の側面を明らかにしようとするものである。

　すでに述べた定義の仕方の違いは、これらのアプローチの違いと結びついている。狭い定義は、実証主義的アプローチの採用に傾き、広い定義は解釈学的アプローチと結びつきやすい。あるいは、実証主義的アプローチを活かすために狭い定義が用いられ、解釈学的アプローチを活かすために広い定義が採用されるのである。それぞれのアプローチが利点と弱点を同時に備えている。

　実証主義的アプローチに基づく研究は、もし適切に進めることができれば、科学的に厳密になりうる。しかし、科学的な厳密さが確保できないという理由で、重要な問題が調査対象からはずされ、政治文化の断片のみを観察する結果となるかもしれない。それに加え、ネイサン（Nathan, 1999）は、社会調査の方法を用いた政治文化の実証主義的研究の弱点を三つあげている。すなわち、第一にその社会の過去を調べることができないこと、第二に文化的にユニークであるかもしれないものを識別することができないこと、そして第三に文化の特徴を単純化してしまう傾向である。一方、解釈学的アプローチは、文化を全体的に（holistic）に捉えようとする試みである。だが、その反面、観察結果をたんなる憶測と区別するのが難しいという弱点を抱えている。

　定義とアプローチの組み合わせを工夫した、政治文化研究の設計について、ホア（Hua, 2000）は次のような興味深い提案を行っている。すなわち、アー

モンドらが政治文化をあたかもケーキを切り分けるように、水平的に認知、愛着、評価という三つの要素に分割したのに対して、ホアは政治文化を垂直的な三層構造からなると考える。すなわち、潜在意識レベル（subconscious level）、非体系的意識レベル（conscious-unsystematic level）、そして体系的意識レベル（conscious-systematic level）である。この三層構造における最下部では、人々は意識しないまま、政治に対する何らかの態度を保持している。この部分に対する観察は、政治心理学に近いとホアは述べる。次に、中間部分において、人々の政治に対する態度は体系だっておらず、しばしば一貫性を欠いている。これは世論に近いとホアは指摘している。そして最上部において、人々は政治に関して体系だった、また一貫した理解を行っているという。

もし政治文化が以上の三層からなるとすれば、ホアの見るところ、潜在意識レベルに対しては解釈学的アプローチがふさわしく、非体系的意識レベルに対しては社会調査の方法が利用できる。そして、体系的意識レベルには解釈学的アプローチが適合的なのである。この提案は目下のところ、ひとつの研究計画案にすぎないとはいえ、実証性をますます強く要求するようになった近年の政治学的潮流の前で、下火になりつつある解釈学的アプローチの有用な使い場所を指し示しているように思われる。

2　政治文化の概念をめぐる批判

文化によって政治を説明しようとする企ては、つねに強力な批判にさらされる運命にある。政治文化の概念の有用性に対する批判、あるいはその限界をめぐる指摘は、少なくとも三つある。

第一に、アーモンドとヴァーバがそうであったように、この概念は通常、ひとつの国民国家内部に住む人々を、手荒な形でひとつの塊に仕立て上げる。したがって、それは社会内部の重要な亀裂に目をつぶりがちである。つまり、超階級的に、超世代的に、超性別的に、例えば、日本人の、中国人の、あるいはアメリカ人の政治文化を問題とするのである。国民をあたかも継ぎ目のない均質な一枚の布のように扱うことに対して、ナショナリストの側からの抵抗はほとんどないであろう。だが、その一方で、マルクス主義者をはじめとする、国民の均質性をつねに疑う——この懐疑には十分な根拠があるよう

に思われる——立場からの批判を免れない。

　第二に、解釈学的アプローチを採用した場合に限られるが、この概念は、変化という問題を軽視する傾向にある。日本の政治文化であれ、中国の政治文化であれ、それらは基本的に持続し、時間に対する強力な耐性を備えていると想定されている。パイはいう。「今日中国とのビジネスを考えているアメリカ人は、十九世紀の中葉にヨーロッパ人を悩ませたのと同じ課題［文化的対立を指す——筆者注］を抱えている」（パイ、1993：55）。だが、電話もコンピューターもテレビも新聞も航空機も憲法も男女同権論も知らなかった清朝の人々が、はたして今日の中国人と文化的に変わらないなどといえるだろうか。

　とはいえ、逆に、文化がつねに転変きわまりないものだとしたら、そもそも文化について語る意味はないであろう。一定の型をもった感性、価値、規範などが世代を超えて人々に引き継がれる場合にはじめて、われわれは文化について語ることができるからである。したがって、文化を静態的に考えることは禁物だが、かといって、それをあまりにも動態的に考えると、文化を語る意義が失われてしまうというジレンマに直面するのである。

　第三に、解釈学的アプローチによるのであれ、実証主義的アプローチによるのであれ、政治文化をたとえ客観的に記述できたとしても、それで政治をすべて語ることができるわけではない。政策および政治過程により大きな影響を与えるものは、利益であるかもしれない。制度もまた政治過程とその帰結を一定の範囲内に押し込めるであろう。たしかに、文化は利益をめぐる人々の計算のなかにも、また制度の運用の仕方にも潜り込み、内側からそれらの規則を定めていると考えることができる。だが、文化が制度を規定しているのではなく、制度こそ文化を形づくる重要な鋳型だと主張することも可能である。日本人やドイツ人は、彼らの「権威主義的」な文化にもかかわらず、第二次世界大戦後に民主主義を定着させたが、それは先行する制度に文化が次第に追いついたからではなかったか。いずれにせよ、文化がすべてを決定していると考えることはできない。

　だが、たとえ単独では政治に関わる現象を説明するのは困難だとしても、文化の概念は政治の研究をより広い展望のもとに置くことに役立つ。この概

念は、政治をたんに制度やイデオロギーや明確な意図を備えた行動から、より日常的で自覚されにくい感性や認識へと視点の移動を促し、さらにその両者の関連へとわれわれの関心を誘うことによって、政治研究に奥行きを与えてくれる。それは「激しい政治」の背後にある「静かな政治」へ、さらにその両者の関係へとわれわれの注意を向けさせ、政治をよりトータルに眺めることを可能にするであろう。

II これまでの研究——中国の政治文化の特徴をめぐって

アーモンドとヴァーバの分類に従えば、中国は明らかに臣民型政治文化の範疇に属している。この政治文化においては、民衆は政治体系のアウトプットとしての政策には高い関心を示すけれども、政治体系に対するインプット、すなわち政治に対して支持を表明したり、要求を突き付けたりすることにはあまり関心を示さない。彼らは国家の不当な規制に対してはほとんどなすすべがないと感じており、自分が表明する見解を役人と警官が慎重に考慮してくれないと感じてもいる。そして、同胞市民との協力は、可能であると同時に有効な政治活動であると考えることが少ないのである。なるほど、これらの特徴はすべて中国に当てはまるように思われる。もしそうであるなら、中国の政治文化は他の諸国のそれと共通性をもっているのである。だが、この大国特有の政治文化の特徴とは何だろうか。

中国の政治文化の特徴をいうことには、困難が伴う。第一に、それは時間の経過とともに変化しているかもしれない。われわれはさしあたり、時間軸に沿って、伝統的な儒教的政治文化、毛沢東時代の社会主義的政治文化、および改革開放以降、市場原理とともに暮らし始めた人々の政治文化の三つを区別できるかもしれない。第二に、中国の政治文化は社会階層によって違っているかもしれない。ここでもとりあえず、エリートの文化と民衆の文化の二つを区別しておくことが必要かもしれない。そして第三に、それは地域によって異なっているかもしれない。このような留保を念頭に置いたうえで、なおも全体としての中国に、時間、空間、階級、世代、性別を超えて共通する政治文化の特徴をあげることができるだろうか。

1　解釈学的研究の代表例——Ｌ・パイとＲ・ソロモン

　解釈学的研究の極致というべきルシアン・パイの研究はあえてこれを試みている。彼が主張する、中国の政治文化の特徴と思われるものには、次の諸点が含まれる。

　第一に、認知的不協和（cognitive dissonance）に対する許容度が高く、また現実の表象（representation）と現実が隔たっていても意に介さない。第二に、この点と関連して、フィクションのほうが現実よりもしばしば重要となる。政策的には、実際の変化よりも、変化の見せかけのほうが重要だとパイは述べている。このために、指導者も民衆も共有されたフィクションに安住しがちである。第三に、指導者は原則にこだわるが、実は一貫性を重視しない。一貫性は美徳ではない。民衆も、突然の政策転換を容易に受け入れてしまう傾向にある。目の前の現実にともかくも適応することが優先され、「いま」と「この場所」に格別の重要性が付与されている。ここから、状況に限りなく応じられる柔軟性が生まれてくる。第四に、人々はとにかく指導者の指示に応じて留保なく行動し、それから考える。そのため、彼らは行き当たりばったりで行動し、またその行動は画一的になりがちである。この画一主義は、個人にのしかかる社会的圧力のみならず、逸脱の代償が高くつくことへの恐怖からも生じているのである。第五に、指導者は楽観主義者であることが要求され、そのため未来について現実的に考えることができない。第六に、ひとつの権威的な説明、あるいは単一の要因による説明が受け入れられがちである。これは秩序だった、もしくはヒエラルキーのなかにはまった物事が好まれることに関わっており、また社会的調和とコンセンサスへの希求とも関わっている。第七に、民衆は指導されることが必要な存在だと観念されている。そして、指導に際してはモデルの利用が有効だと考えられている。第八に、権力は道徳的正しさを備えていなければならないと観念されている。

　以上の諸特徴が現れる背景には、一方における儒教に基づき社会的諸関係の調和を求めるエリートの文化と、他方における道教、仏教、土俗信仰が混じり合った、自分本意の無政府主義的ではあるが、無秩序にまでは至らない調和ある社会を求める民衆の文化との間のせめぎあいがあるという。そのため、中国人の行動には一見したところ、矛盾する傾向が現れる、というので

ある。

　ある種の矛盾する傾向の共存——これは西洋的観点から見てということであり、中国人自身には必ずしも矛盾と認識されない——これはリチャード・ソロモン（Richard Solomon）による中国の政治文化に関する著作の要点でもある（Solomon, 1971）。彼によれば、中国人の権威に対する態度は協調的であるとともに、反抗的でもあり、その二つの側面が交互に現れる。その背景には、幼少期に思い切り甘やかして育てた後、一定の年齢に達すると、今度は逆に儒教的な規範のなかでがんじがらめにする養育法があるのである。この説明は、日本人の社会的性格を論じた古典的著作であるルース・ベネディクトの『菊と刀』と共通点があり、西洋人が東洋人の文化を理解しようとするとどこに行き着くかを示している点で興味深い。

　矛盾を含む（ように思われる）一見不可解な態度を備えた人々と対峙するからには、そのような人々と向き合う際のマニュアルが必要となる。実際、パイ（パイ, 1993）とソロモン（Solomon, 1995）は、彼らの中国の政治文化に関する解釈学的研究を、アメリカ人が中国人と付き合う際の実践的指針にまで高めたのであった。

2　日本人による解釈学的研究

　19世紀後半以降、日本人は自ら中国を訪れて現地の社会を観察し、あるいは来日する中国人と交わるなかで特徴的な中国人論を作りあげてきた。たしかに、日本人は最近に至るまで政治文化という概念を知らなかったが、その議論のなかには中国人の政治的志向に関わるものが含まれていた。1955年版の平凡社の『世界大百科事典』には、中国人の民族性という項目があり、それによると中国人は国家意識が希薄で、保守主義的で、公徳心に欠け、現実主義的で実利主義的なのである。おそらく、これらは20世紀前半において——あるいは今日においてもなお——日本人が中国人に対して抱いていた（抱く）ステレオタイプの最大公約数を示している。

　同時期に活躍した名だたる日本の東洋学者（あるいは「シナ通」）たちも、こうした見解に正面切って反対してはいない。彼らがもし今日生きていて、中国の政治文化の特徴について語るよう求められたなら、内藤湖南（2004）

は自民族の優越性を誇る傾向を、仁井田陞（幼方ほか編、1974）は公的に定められた制度と現実との乖離の大きさを、橘樸（山田ほか編、2005）は「利他的大家族制」のなかで逆説的に育まれた個人主義について語るかもしれない。仁井田と橘の見解は、上述のパイの見解と通底しているように見える。

いうまでもなく、彼らの間にも、見解の重大な分岐を見出すことができる。例えば、中国のギルドの研究において、根岸佶（1998）はそれが民主主義への志向を備えていると見るのに対し、仁井田は政府が捨て置いた社会的空間において出現すると見ていた。「民族性と時代相とは区別がつかぬ」と喝破する仁井田は、民族性という議論がいかにあてにならないかを強調し、人民共和国建国後に中国人の相貌がいかに大きな変化を遂げたかに感嘆している。だが、村松祐次（1975）は走馬灯のように変わる政治権力に比して、変化しにくく、また権力と社会の関係を執拗に規定し続ける「社会態制」について語っているのである。

日本人が蓄積してきた膨大な解釈学的中国文化論から見出せることのひとつは、中国文化に対する見解が、いかに観察者が置かれていた政治・経済・社会的文脈、および（あるいは）彼らの中国に対する先入観と期待に影響されていたかということであろう。文化それ自体が変わるだけでなく、それに関する解釈もまた変わりうるのである。したがって、いかにもっともらしく映ろうとも、あたかも文学作品のように実証抜きで提示される文化の姿だけで、われわれは満足するわけにはいかない。実証主義的な研究は必然的な要請となるのである。

3　実証主義的研究の代表例──A・ネイサンと閔琦

1989年6月の天安門事件以降、欧米における中国の政治文化をめぐる研究の中心に置かれた問いは、まさに民主主義との適合性という問題であった。それは、この騒々しい事件をきっかけに、中国の一党独裁体制が経済的・社会的にはともかく、政治的に行き詰まっていると認識され、その限りで体制移行の可能性が本格的に問題とされ始めたからである。中国の政治文化の再検討は、市民的諸団体（と思われたもの）の勃興、大衆的抗議運動の続発、権利意識の目覚め、メディア空間の変容などとともに、この国における体制

移行の兆候と可能性を探るさまざまな試みの一部であった。

　一般に民主化の障害物とみなされがちな中国の政治文化は、本当にこの国の民主化への道に立ちふさがる壁のようなものなのだろうか。もしそうだとすれば、それはいかなる点において、またいかなる程度においてだろうか。このような研究は、ひとつには政治学と統計学との関係がますます親密化したことによって、そしてもうひとつには、中国における社会調査が、制限つきではあれ実行可能となったことによって促された。その結果、中国の政治文化の研究は近年、解釈学的アプローチから離れ、実証主義的アプローチに基づいて行われるようになった。

　実証主義的アプローチによる代表的研究とみなしうるネイサンの研究（1999）は、中国の政治文化が民主主義に合わないと結論づけてはいない。彼は「中国における民主主義の文化的必要条件」という論文のなかで、20世紀末の中国人の意識を、アーモンドとヴァーバが1960年にアメリカ、イギリス、ドイツ、イタリア、メキシコに対して行った調査結果と比較した。ネイサンは、1999年に中国各地の人々1,000人を対象としたアンケート調査に基づき、(1) 政府を身近な存在と感じるかどうか、(2) 政治的有効性感覚、そして (3) 政治的寛容について検討を行った。その結果、第一に、自分が政治を理解できる能力、および政治を動かす能力があるとの感覚は、1960年のイタリア人、メキシコ人に近く、全国的・地方的問題について理解していないと答える中国人が多く見られた。

　第二に、政府を身近に感じるかという点について、奇妙なことに、中国人は権威主義体制のもとで政府による厳格なコントロールを施されているはずであるにもかかわらず、さほど感じていないと回答した。さらに、過半数の中国人は、政府から公平な扱いを受けられると期待していることも判明した。この数値は、40年前のドイツ人に少し劣るものの、イタリア人を上回った。だが、興味深いことに、中国では比較的学歴の低い人々が政府による公平な扱いに高い期待を示し、高等教育を受けている人々が逆に低い期待しか示していないことも明らかとなった。これらの結果は、人々がアンケートに対し、率直に自己の思うところを吐露するというよりは、願望や夢や規範を語っているのかもしれないという疑念を招来させる。

そして第三に、政治的寛容についていえば、比較対象となる国々のなかで、20世紀末の中国は最も低い値を示したのであった。一般に、政治的寛容は、学歴が高くなるほど、高い値を示す傾向にある。しかし、中国の場合、学歴の高い人々も寛容の度合いは低いものにとどまった。この寛容度の低さは、少数者の保護、および平等な市民を生み出すうえで障害になると考えられる。

　以上をまとめてみれば、中国人は政府の作用をあまり身近に感じず、政治的有効性感覚が低く、そして政治的寛容の水準が低いことが明らかとなった。だが、奇妙なことに、これらのどう見ても民主主義に適合的とはいいがたい諸傾向にもかかわらず、ネイサンは「中国の政治文化が民主主義の絶対的障害物であるとの仮説を裏づけるデータはなにもない」と結論づけている。彼は文化的宿命論に陥ることを回避するために、あえてそれまでの議論から自然に導かれるはずの結論を覆してしまったように見える。もしこのような理解が正しいとすれば、ネイサンは「実証主義的」分析が、その見かけにもかかわらず、必ずしもイデオロギー的に無色透明ではないことを示しているのである。

　中国の研究者である閔琦（1991）は、より率直に中国の政治文化が民主主義とそりが合わないことを認めている。彼は1987年2月から3月にかけて中国全土を対象にして行われた世論調査の結果に基づき、人々の政治に関する意識を探った。この調査は広範囲に行われ、いくつもの問題につき、都市の住民だけでなく農村の住人に対しても、またさまざまな職業別、年齢別にアンケートがとられた。

　この調査結果によれば、政治に対する中国人の一般的な態度について特徴的なことの第一は、彼らの多くが政治に対して回避的な態度をとっていることである。例えば、「むやみに政治について議論してはいけない。誰かがあなたをひどい目に遭わせるから」という点について、50.65パーセントが同意すると回答している。そして、62.41パーセントが「政治問題を討論することについては、私は非常に慎重である」という点に同意している。ここから、政治と一定の距離をとろうとする心理的な傾向が存在していることがうかがえる。

特徴的な傾向の第二は、政治に対するエリート主義的な接近である。つまり、政治とは基本的にごく一握りのエリートによって担われるものだと考える傾向である。例えば、「文化大革命の原因は何だと思うか」という質問に対して、25 パーセントの人々が「指導者の判断の誤り」と答え、また 24 パーセントが「林彪・四人組の策動」と答えている。その反面、「幹部の間で個人崇拝が流行したこと」、「人民大衆の無知」、「制度に欠陥があったこと」という具合に、制度的・文化的要因から問題を考えている人々は 35 パーセントにとどまった。すなわち、政治を制度やシステムの観点から眺めるのではなく、エリートを中心に見る傾向が顕著であるように思われる。

　この点と関連して第三に、権力者との個人的な関係を通じて紛争を処理しようとする傾向もうかがわれる。例えば、農村で何かをしようとすれば、どうすればよいと考えるか、という質問に対しては、30 パーセントが情実によると答え、24 パーセントが接待・贈答によると答える一方、法律によると答えているのは、わずかに 7 パーセントにすぎない。しばしば中国は法治の国ではなく人治の国であるといわれるが、以上の数字はこれを支持するように見える。

　調査には民衆の党に対する感情に関する質問も含まれていた。「党のイメージは、あなたが政権党に求めているものと一致するか」という質問に対して、肯定的に応えた人々は 30.26 パーセントにすぎず、否定的に答えた人々は 61.88 パーセントにも達していた。だが、ここからただちに民衆の多くが党に対してよくない感情を抱いていると結論づけることはできない。というのも、民衆の多くは、党の基本理念や目標、方針、政策については基本的に満足していると回答しているからである。さらに、注目すべきことに、党の指導は必要だと思うか、という問いに対し、59.2 パーセントの回答者が「永遠に必要だ」と答えているのである。

　最後に民主主義の理解に関してであるが、75.06 パーセントの人々が民主主義を希望している。だが、民主主義に対する願望は切実であるとしても、問題はその意味である。10 項目の異なる選択肢を並べて民主主義の意味を回答者に選択させたところ、「集中指導下の民主主義」を選んだものが最も多く、「人民の意見を広く聴き、求める」、「民のために取り計らう」がそれ

に続く。これは民主主義というよりは、開明的専制君主が行う政治にこそふさわしい選択肢といいうる。他方、「人民が政治指導者を選挙できる」を選んだ人々は6.55パーセント、そして「権力を制限し、分立する」に至っては3.35パーセントの人々が選択したにとどまった。この点は、上述の政治に対するエリート主義的な理解と響きあっているように見える。ここから、中国人はリベラル・デモクラシーよりは、特別な個人あるいは少数者が温情あふれる政治を行うことに満足を見出しやすいのかもしれないという推測が成り立つのである。

III 中国の政治文化の変化と持続
——グローバリゼーションのなかで

　この世界で変化を免れるものなど何ひとつない。したがって、変わりにくいとしても、文化も変わると考えておくべきであろう。ならば、文化はどのように変化するのであろうか。そもそも、文化というものは、たくさんの要素が有機的に、また緊密につながっているような体系だったものであろうか。それとも、たんに多くの要素のルーズな集合体、ときには矛盾した要素同士をも包含するような雑多な要素の寄せ集めにすぎないのだろうか。もし前者だとすれば、一部に変化があれば、全体に影響を与える可能性がある。だが、もし後者であれば、一部に変化があっても、全体が一度に影響を被ることはありえない。いったい文化はどのようなプロセスを経て変わってゆくのだろうか。そして、やっかいな認識論的問題が待ち構えている。何がどう変われば、われわれはその文化が変容を遂げたと判断できるのだろうか。

　文化の変容の仕方について考える際に手がかりとなる文献として、筆者が思いつくものが少なくとも三つある。ひとつは、歴史家ダニエル・モルネの『フランス革命の知的起源』(1969)、もうひとつは社会学者ノルベルト・エリアス『文明化の過程』(2010、改装版)、そして最後は歴史家ロベール・ミュシャンブレッドの『近代人の誕生』(1997)である。

　モルネは18世紀を通じた新しい思想、すなわち啓蒙思想の拡がりとフランス革命との間に明白で必然的な因果関係を想定している。そして彼の見る

ところ、この思想は第一に「きわめて教養のある階層からブルジョア、プチ・ブルジョア、そして民衆へ」と社会的階梯を下降したのであった。第二に、それはパリから地方へと、すなわち中心から周辺へと浸透していった。そして第三に、新しい思想の浸透は、18世紀を通じて加速したのであった。
　第三の点はともかく、新しい文化が「上から下へ」そして「中心から周辺へ」拡がるという図式は、エリアスにもミュシャンブレッドにも共通する。エリアスによれば、「文明化の過程」とは、「人間の感情や行動に対するコントロールがますます強化され、細分化されてゆく長期的で構造的な過程」であり、ミュシャンブレッドにとっても、「近代人」とは、自己規制が内面化された人間にほかならない。彼らは、多くの具体的な事例によって、人間の自己抑制が、時間の経過とともに強化されていく様子を描き出している。彼らの見るところ、そのような自己抑制は、16世紀以降、ヨーロッパの宮廷のなかで生活の新しいモデルが生まれ、それが徐々に社会の下層へ影響力を及ぼしていく過程——つまり、王様から貴族へ、貴族から都市の商人へ、そして商人から市民へといった具合に——を通じて人々に行き渡ったのであった。
　ミュシャンブレッドの書物のもうひとつの重要な論点は、人間の感覚や行動様式は、さまざまな時代から受け継いだ「多様な集合的寄与物の組み合わせ」だということである。つまり、人間は古い時代のものを拭い去りながら先へ進んでいるわけではない。もし文化が雑多な要素の集合体だとすると、文化はすぐにでも変わる——少なくともその一部は。しかし、全体が一度に、また短期間に変わることはありそうにない。かくして、われわれの政治文化の変化をめぐる認識論的問題はまた振り出しに戻ってしまうのである。
　グローバリゼーションの時代において、新しい文化は「上から下へ」、また「中心から周辺へ」伝わるのではなく、すなわちその国のエリートや大都市を媒介することなく（あるいはそれと同時に）、「外から」民衆に、あるいは地方都市の居住者に伝播する可能性がある。例えば、インターネットを通じて、あるいは海外からやってくる留学生やビジネスマンとの接触を通じて、自由、民主主義、基本的人権などの観念が直接民衆の観念のなかに根を下ろす可能性である。

とはいえ、多様な要素の集合体のなかには、執拗に持続する要素もありうると考えておいたほうがよいであろう。そのような要素の最有力候補は儒教である。実際のところ、中国の政治文化の考察を進める際に誰もが必ずぶつかる問題は、儒教の影響力をいかに考えるかという点なのである。1910年代の新文化運動の申し子である中国共産党は、儒教を旧中国の社会悪の根源とみなし、それとたたかう姿勢を鮮明にしてきた。だが、「前の世代とたたかうことはたやすい……それよりもはるかに難しいのは、前の世代に似ないようにすることである」というトクヴィルの格言がここでも当てはまる（トクヴィル、1998：19）。1990年代の江沢民の時代以降、中国共産党は再び儒教的な美徳をもち上げ始めた。おそらく、それはすっかり求心力を失ってしまった社会主義のイデオロギーに代わる精神的なよりどころを民衆に与え、「危険な」西側の思想によって彼らの心が満たされないようにしておこうとする努力の一部であった。とはいえ、中国共産党が儒教を認めようと認めまいと、儒教的な倫理は中国の人々の心に根を下ろし続けていたがゆえに、党は苦もなくそれに訴えかけることできたのだと考えることはできる。

　儒教の倫理・規範が中国の人々の社会生活をいかに根底から方向づけたかに関しては、ウェーバー（Max Weber）がその記念碑的著作『儒教と道教』の結論部分で展開している議論が考察の出発点を提供してくれる（ウェーバー、1972）。ウェーバーによれば、儒教は現世の秩序をつねに温存する方向に作用したのであった。というのも、儒教が目指すところの人間の理想は君子という言葉で表現されるが、それは現世のさまざまな矛盾に悩むことはあっても、ともかくもこの世の秩序に従い、それを維持することに努める人間であったからである。つまり、つまらない争いは起こさず、「世の習い」はすべて欠けることなく完璧に行う人間である。したがって、儒教の規範に従えば、外面的な作法や世間体をできる限り守り、そのためにできる限り自分を抑制し、決して感情に駆られてはめをはずしてはならない。

　だが、人々が外面的品位のみを重んじ、内面的品位を不問に付すとすれば、いかなる事態が生じるか。ウェーバーの見るところ、それは「万人の万人に対する不信頼」という事態であった。というのも、どんなに恭しく振る舞って行儀のよい人間でも、一皮はげば、腹黒い人間が露わになるかもしれない

からである。人は簡単に信じない。しかし、内面から呪術が払拭されていないために、軽軽しく迷信にとらわれやすい。こうして、中国では人間に対する不信感と呪術に対する軽信性がセットになって現れるという。たしかに、人間に対する普遍的な不信感、したがって社会において広範な連帯が困難であることは、孫文が中国人を「バラバラな砂（一盤散砂）」にたとえたことに象徴されるように、中国人自身が自覚してきた問題であった。そのため、信じられるのはごく狭い範囲での血縁関係のみということになりやすい。『三国志』における義兄弟の契りを結ぶ場面は、裏を返せば、擬似的に血縁関係を結んでおかなければ本当に信じあえる仲にはならないということを意味していると理解することが可能である。

　以上のようなウェーバーの議論が、果たしてどこまで現在の中国人に当てはまるかは、議論が分かれるであろう。社会調査に基づく園田茂人の著作は、ウェーバーの議論が、100年後の現在においても依然としてかなりの程度まで妥当することを示唆しているように見える（園田、2001）。アーモンドがいうように、同胞と協働する能力が民主主義には必要だとすれば（アーモンド、1974）、民主主義を実現するために中国人はその文化を形づくる多様な要素の集合体のなかに、儒教的規範と対抗し、それを相殺する要素を育まなければならないであろう。

おわりに――中国の政治文化研究の展望

　文化は変わるものだという前提に立って、何がどこまで変わっているのかを、世論調査の手段を使って、できるだけ経験的に明らかにしたうえで、文化の変化が政治に与える影響を考えようとする試みは、これまでもなされてきた。代表的な研究に、イングルハート（Ronald Inglehart）のものがある（イングルハート、1978；1993）。彼は第二次世界大戦後の先進国において、「脱物質主義的価値観」をもった世代が登場したことが、それらの国々の政治に大きな変化をもたらしたと述べている。終戦から1970年代に至る時期に、先進国は歴史上かつてない経済的繁栄と平和の時代を経験したのだが、イングルハートによれば、この時期に青年期を過ごした世代は、それまでの世代と

は価値観が基本的に異なっている。すなわち、旧世代が生理的欲求を満たすことを重視して、治安維持や経済成長を最も重要なものと考えたのに対して、新しく登場してきた世代は、平和、環境保護、民主主義といった非物質的価値を重視する。彼はこの新しい世代の登場が、先進国の政治文化に物質主義から脱物質主義への転換という「静かな革命」をもたらしたと主張する。この新世代は、先進国においてはエコロジー、軍縮、女性の権利などを主張した。さらに彼らは、従来の秩序を維持してきた体制エリートに反発し、政策決定への参加や地域での社会運動に関心を向ける傾向がある。イングルハートの見るところ、これが1970年代以降各地で起こったいわゆる市民運動の基盤になったのである。この研究は、文化の変化がいかに政治の変化に結びつくかという問題を検討したものであるが、もしかすると因果関係は二重であって、政治が変化したから文化もそれにつれて変化したという側面もあるかもしれない。

　脱物質主義的価値観が、急速に豊かになりつつある中国人をも捉えるであろうとの想定は、的外れではないように思われる。ましてや、グローバリゼーションに中国もまた無縁ではありえないとすれば、中国の外側にある先進国型の価値観はアジア大陸の東端にも容易に到達するであろう。イングルハートの研究のように、変わりゆく中国の政治文化——それは均質性を次第に失ってゆくであろうと予想される——を社会調査の手法によって継続的に分析・記述し、それが政治の変化といかに結びつく可能性があるかを明らかにする研究が求められる。この場合には、イングルハートが「ユーロバロメーター」のデータを用いたように、「アジアバロメーター」がひとつの有力な資料となるかもしれない。もっとも、現在までのところ、社会学者たちは、社会的な格差や不平等に関する中国人の認識が政治的な不満に直結する兆候を確認していないが（Whyte, 2010）。

　解釈学的な研究にも出番はある。社会史の研究者たちが好んで行っているように、社会調査が及ばない領域——文書のみならず、象徴、儀礼、祝祭、レトリックといった領域（代表的な研究として、ハント、1984）である——に文化と権力との接点を探し求め、人々の政治的志向の変化を明らかにすることである。

実証主義的な研究によるのであれ、解釈学的な研究によるのであれ、もし中国の政治文化の変化を発見できたとしても、それが来るべき政治変動を予告しているのか（あるいは、政治変動がすでに起こってしまった場合には、その説明変数となるかどうか）をはっきりと示すことは、おそらく困難であろう。それはフランス革命史の研究者たちが、大革命に先立つフランス文化の変化を革命の原因と断言できないことと似ている。だが、それでも彼らは文化の変化と政治変動の関連性を認めているのであり（シャルチエ、1999）、政治変動をより深い次元から理解するためには、政治文化における変化の研究は不可欠なのである。

　いうまでもなく、中国における政治文化がより民主主義と適合的な方向に変化するとは限らない。豊かさの次に来るものが、政府に対するより大きな発言力、政治参加、言論や結社の自由などの希求であるとあらかじめ決定されているわけではない。逆に、豊かになった国の政治文化が、より権威主義的な相貌を呈することもありうるであろう。とはいえ、文化は民族が背負わされた宿命ではない。それは人々の選択にもよるのであり、民主主義を支えるような文化を築くこともまた彼らの意志の次元に属しているのである。

参考文献
【日本語】
園田茂人（2001）『中国人の心理と行動』NHK ブックス。
内藤湖南（2004）『東洋文化史』中央公論新社。
根岸佶（1998）『中国のギルド』大空社。
幼方直吉・福島正夫編（1974）『中国の伝統と革命1――仁井田陞集』平凡社。
村松祐次（1975）『中国経済の社会態制』（復刊）東洋経済新報社。
山田辰雄ほか編（2005）『橘樸翻刻と研究――「京津日日新聞」』慶應義塾大学出版会。
アーモンド、ガブリエル；シドニー・ヴァーバ（1974）『現代市民の政治文化――五ヵ国における政治的態度と民主主義』（石川一雄ほか訳）勁草書房、1974 年。
イングルハート、ロナルド（1978）『静かなる革命――政治意識と行動様式の変化』（三宅一郎ほか訳）東洋経済新報社。
―――（1993）『カルチャーシフトと政治変動』（村山皓ほか訳）東洋経済新報社。
ウェーバー、マックス（1972）『宗教社会学論選』（大塚久雄ほか訳）みすず書房。
エリアス、ノルベルト（2010）『文明化の過程　改装版』（赤井慧爾ほか訳）、上・下巻、法政大学出版局。

ギアーツ、クリフォード（1999）『ローカル・ノレッジ——解釈人類学論集』（梶原影昭ほか訳）岩波書店.
シャルチエ、ロジェ（1999）『フランス革命の文化的起源』（松浦義弘訳）岩波書店.
トクヴィル、アレクシス・ド（1998）『旧体制と大革命』（小山勉訳）筑摩書房.
ハント、リン（1989）『フランス革命の政治文化』（松浦義弘訳）平凡社.
パイ、ルシアン（1993）『中国人の交渉スタイル——日米ビジネスマンの異文化体験』（園田茂人訳）大修館書店.
ミュシャンブレッド、ロベール（1992）『近代人の誕生——フランス民衆社会と習俗の文明化』（石井洋二郎訳）筑摩書房.
モルネ、ダニエル（1969）『フランス革命の知的起源』上下（坂田太郎ほか監訳）勁草書房.
閔琦（1991）『中国の政治文化——なぜ民主主義が育たないか』（丸山昇監訳）田畑書店.

【英　語】

Chilton, Stephen（1988）*Defining Political Development*. Boulder: L. Rienner Publishers.
Diamond, Larry（1993）"Introduction: Political Culture and Democracy," in L. Diamond（ed.）*Political Culture and Democracy in Developing Countries*. Boulder: Lynne Rienner.
Dittmer, Lowell（1974）*Liu Shao-chi and the Chinese Cultural Revolution: The Politics of Mass Criticism*. Berkeley: University of California Press.
Hague, Rod and Martin Harrop（2001）*Comparative Government and Politics: An Introduction*, 5th ed. Basingstoke: Palgrave.
Hua, Shiping（ed.）（2000）*Chinese Political Culture, 1989-2000*. Armonk: M. E. Sharpe.
Nathan, Andrew J.（1999）*China's Transition*. New York: Columbia University Press.
Pye, Lucian（1968）"Political Culture," in David L. Sills（ed.）*International Encyclopedia of the Social Sciences*. vol.12. New York: Macmillan.
――――（1988）*The Mandarin and the Cadre: China's Political Cultures*. Ann Arbor: Center for Chinese Studies, The University of Michigan.
――――（1992）*The Spirit of Chinese Politics*, new edition. Cambridge, MA.: Harvard University Press.
Rosamond, Ben（2002）"Political Culture," in B. Axford, G. Browning, R. Huggins and B. Rosamond, *Politics: An Introduction*, 2nd ed. New York: Routledge.
Solomon, Richard H.（1995）*Chinese Political Negotiating Behavior, 1967-1984*. Santa Monica: RAND.
――――（1971）*Mao's Revolution and the Chinese Political Culture*. Ann Arbor: Center for Chinese Studies, The University of Michigan.
Whyte, Martin King（2010）*Myth of the Social Volcano: Perceptions of Inequality and Distributive Injustice in Contemporary China*. Stanford: Stanford University Press.

第2章
中国政治に対する外部からの影響
——グローバリゼーションと現代中国

江藤名保子

はじめに

　一国の政治体系は絶えず国際社会からの浸透圧力にさらされている。20世紀には世界大戦や冷戦などの国際的な政治構造の変化が比較的、明示的に国内政治にリンクしていた。現在ではグローバリゼーション（中国語では「全球化」）と呼ばれる、国民国家の枠組を越える経済均質化の圧力が強まっている。

　だが中国政治研究の分野では従来、こうした外部からの無形の圧力に主眼をおいて論じることは少なかった。むろん国際要因の重要性が看過されてきたわけではない。列強の中国進出に始まり、世界大戦、アジア諸国の独立、そして冷戦といった世界の政治変動が中国の政治、社会に多大な影響を及ぼしたことはよく知られている。実のところ、「中国の喪失（Loss of China）」ともいわれた社会主義国家の誕生から1960年代にいたるまで、中国の政治や外交政策はむしろ国際的な冷戦構造と関連して、あるいは東側陣営の盟主であったソ連との関係性から論じられることが多かった。しかし1960年代になると、世界の中国研究は大きく方向転換した。中国政治に内在する主体性を重視し、各種の因果関係を国内に見出そうとする分析アプローチが主流となったのである。

　こうした傾向は現在も顕著である。だが一方で21世紀に入ってからは、グローバリゼーションが目に見えて深まったのを受け、国際社会と中国の関

係性に着目する研究が再び増加している。このような研究動向を踏まえれば、この問題はいわば、古くて新しい研究課題だといえるだろう。

　本章では国際社会からの諸入力が中国の政治体系に与える影響について検討する。この研究課題の難しさは、「外部からの影響」の範囲をいかに見極めるかにある。1990年代以降の中国の指導者は、グローバリゼーションを積極的かつ選択的に受け入れてきた。だが中国の党・国家のフィルターを通して流入する「全球化」は常に国内政治の要請に従い制限されるものであった。そこには、国内・外の双方向からの圧力が認められる。また歴代の中国の政治指導者はしばしば「外部からの浸透」を「敵対的な西洋」が中国を揺さぶる脅威であると認識してきた。そして、そうした指導者の主観に基づき、外部世界が直接中国国内に浸透することはなくとも、統治のあり方や経済戦略に重大な変化が起こること——例えば毛沢東による文化大革命や三線建設など——はあった。こうした事例において、外部要因と内部要因の峻別は極めて難しい。

　これまでのところ、国内要因と国際要因のどちらを主要因として論じるかは、論者の価値判断に基づく部分が大きかった。そのため議論の時代背景や情報の限界といった客観的制限のみならず、論者の——政治的立場も含めた——主観が少なからず論旨に影響していた。例えば後述するように、欧米や日本の中国研究で「西洋の衝撃（Western Impact）」が過大評価された時期があったが、このような見方は先進国の経験をモデルとする近代化論に依拠した解釈である。他方、中国国内においては、西洋からの影響が中国を瓦解させる、という危機感をにじませた議論がいつの時代にも存在する。だが果たして「外部からの影響」だけで、本当に中国政治が変革されるだろうか。

　中国の社会や政治が変化するとき、国内要因と国際要因にどのような相互関係が見出せるのか。以下ではまず、この問題に関わる研究アプローチを概観したうえで、国際社会からの浸透圧力が中国の政治体系に与える影響について議論してみたい。

I　アプローチ——中国政治の主体性と受動性をめぐって

1　二つの対立的なアプローチ

　そもそも国際環境は中国の政治体系（political system）に対してどの程度の影響を与えうるのだろうか。この問題については二つの極端に異なるアプローチがあり、主として中国近現代史の解釈の枠組として長らく議論されてきた。ひとつは、「西洋中心的なアプローチ（West-centered approach）」と批判的に称される分析枠組である。このアプローチでは、19世紀後半から20世紀前半にかけての列強諸国による中国進出こそが「西洋の衝撃」という中国の近代化を促す契機であったとみなす。そして中国は列強の侵略を排除するために、いわば受動的に近代化へのスタートを切ったとする。「西洋の衝撃——中国の反応」パラダイムとも呼ばれるこの分析枠組[1]は多くの問題を内包しているが、少なくとも第二次世界大戦終了までの中国近現代を考察するうえではある程度妥当である。というのも、多くの中国人が西洋列強に対する中国の自立性を保持しようとして革命に参加し、ひいては日中戦争に従事したことは事実だからである。

　しかし中国研究のメッカであった米国[2]でベトナム反戦運動が高まるとともに、アジア各国の主体性を重視する研究枠組が提唱されるようになった。こうした議論から意識されるようになったのが第二のアプローチ、「中国中心的なアプローチ（China-centered approach）」である。これは、たとえ「西洋の衝撃」が契機であったとしても、事前に、それを受容して近代化を推進する素地が中国国内で形成されていたことが重要だとして、国内の政治環境を重視するアプローチである。現在にいたるまで中国地域研究の主流となっている考え方であるが、実は研究者たちがこのアプローチにたどり着くまで比較的長い時間がかかった。そこで以下に、「西洋中心的なアプローチ」への批判を踏まえながら「中国中心的なアプローチ」が提起された経緯を概観し、外部からの影響を考察する際のアプローチのあり方について検討しよう。

2 戦後中国研究のパラダイム転換

　1949年の中華人民共和国建国は西側諸国にとっては「中国の喪失」であり、中国研究は、なぜ中国に社会主義国家が誕生してしまったのかという問いから始まった[3]。さらに朝鮮戦争勃発を契機として「敵国」研究の色彩も強くなり、1950年代の「中国を共産主義者に売り渡したスパイ」を批判する「マッカーシズム」[4]で多くの中国研究者が社会的糾弾にさらされた。その背景には、当時の研究関心が中国共産党のソ連に対する従属性と独自性の問題に集中しており、中国研究は東西イデオロギー対立のもとで部分的に国際共産主義運動研究の一環となっていたことがある。

　このような研究動向に一石を投じるかのように、政治性を排除した中国共産党論を展開したのが、ベンジャミン・シュウォルツ（Benjamin Schwartz）の *Chinese Communism and the Rise of Mao* であった。シュウォルツはアメリカの国策として収集された資料を駆使し、中国の共産主義はソ連のそれとは異なり中国自身の歴史的背景によって形成されたものだと論じて世界的に高い評価を得た（Schwartz, 1951）。日本ではシュウォルツらと交流のあった石川忠雄が同様の研究視座に基づいて『中国共産党史研究』を発表し、共産党分析に基づいた政策決定過程を論じて、ソ連に対する中国共産党の自主性を指摘した（石川、1959）。こうして「共産中国」研究から近現代中国研究へ、すなわちイデオロギーを排した中国地域研究が始まったのである。

　1960年代には米ソの緊張緩和が進むのと並行して米中間の緊張が高まり、中国研究に対する社会的需要がさらに高まった。だが1960年代後半になるとベトナム戦争の泥沼化とともに、アジア研究のなかで、冷戦構造の枠組から脱し、アメリカ的な価値判断を排すべきだとする批判が若手研究者を中心に高まった。その代表的な動きが、ベトナム戦争反対をきっかけとして1968年に誕生した「憂慮するアジア研究者委員会（Committee of Concerned Asian Scholars：CCAS）」である。例えばCCASの機関紙である『憂慮するアジア研究者の会報（Bulletin of Concerned Asian Scholars）』に1969年10月に掲載されたジェームズ・ペック（James Peck）の「レトリックの起源——アメリカの中国専門家のもつ職業的イデオロギー」は、中国近代化論は単なる学問的な性格の理論ではなく、第二次世界大戦後のアジアに対するアメリカの政治

的・軍事的・経済的介入を正当化するための議論だとしてその政治性を批判した[5]。

CCASに関わる研究者が提起した自己認識は、1970年代のアジア研究における大きな課題となった。そのうち、認識論の立場からアジア地域研究に対する西側先進諸国の立場を批判的に浮き彫りにしたのがエドワード・サイード（Edward W. Said）の『オリエンタリズム』であった。サイードは、西洋（＝オクシデント）が東洋（＝オリエント）に対して文化的ヘゲモニーを形成するにいたった思想的展開を論じ、オリエンタリズムが思想としては西洋中心主義的で、極めて政治的な概念であることを指摘した（サイード、1993）。

一連の議論を受けて「中国中心的なアプローチ」を包括的に論じたのがポール・A・コーエン（Paul A. Cohen）の *Discovering History in China*（邦訳は『知の帝国主義——オリエンタリズムと中国像』）である。同書でコーエンは、まず膨大な量の既存研究のパラダイムを、①「西洋の衝撃——中国の反応」、②「近代化」、③「帝国主義」の三つに分類し、これら3パラダイムに共通する問題点を次のように指摘した。

第一に、これらのパラダイムは中国近代の起点をアヘン戦争、つまり西洋の侵入と見ることで、それ以前から始まっていた中国社会の変化の連続性を見落としてしまう。第二に中国全体を包括的に説明できるパラダイムだと考えることにより、妥当な適用範囲が不明瞭になる。そして第三に、歴史の変化を西洋の経験則から評価しようとするため、西洋では経験されなかった事象を切り捨ててしまうことになる[6]。こうした批判を踏まえ、コーエンが論じた「中国中心的なアプローチ」の要点は、中国で起きる変化の内部的な因果関係を重視し、国内の変化を連続的に捉えることにあった（コーエン、1988）。このような認識は広く受け入れられ、現在の中国研究にも共有されている[7]。

3　現状に対するアプローチと新しい課題

以上の二つのアプローチは、理解の助けとなる部分もあるが極端な部分もあり、そのまま現在の中国に適用することはできない。そのため実際には、研究者はこの両極端なアプローチのどこか中間に視座を置くことになる。す

なわち外部からの圧力と内的変化のいずれも考察の対象とすることになるだろう。では、どのようなアプローチをとれば、この双方を包括することができるだろうか。ここでグローバリゼーションの影響を考察する場合に有用な視座を二つ例示し、議論の出発点としよう。

第一に、地方・都市レベルでの変化に着目するミクロの事例研究が有効である。グローバリゼーションに伴って、地方政府と外国資本が結びついて、中央政府をバイパスする形で開発プロジェクトを進めるという構図はいまや中国各地の都市で見られる。こうした地方・都市レベルでの社会変化と政治の関係こそ、現在の中国で進行している外部からの浸透とそれに伴う内的変化を端的に表す鏡となっているだろう（本書第Ⅳ部参照）。

第二に、逆に視点をマクロに転じ、国際社会からの浸透圧力と中国の自律性の競合点を論じることもできる。このようなアプローチの立脚点となる理論のひとつに、ウォーラーステインによる世界システム論がある。世界システム論は世界全体をひとつのシステムとして捉え、どの国の経済も世界システム——すなわち中枢（core）、準周辺（semi-periphery）、周辺（periphery）からなる垂直的な分業関係——のいずれかにあるとする。そして巨大な「世界経済」が下部構造となり、それに支えられて諸国家が資本主義的上部構造であるインターステイト・システムを形づくっていると考えるのである。こうした国際関係の理論的検討をもとに、グローバリゼーションという浸透圧力が中国政治に与える影響を考察することも有用だろう。

ただし、ここで同時に考慮すべきことは、もはや中国が世界システム論における「周辺」とはみなしがたい存在に成長したということである。「周辺」に位置づけられて従属的発展を余儀なくされた国家に「官僚的権威主義」が生まれやすいという議論があるが（武田、2001：52-55）、1990年代までの中国はまさに、こうした位置づけのもとで権威主義国家として存続してきた。しかし2000年代以降の中国は自他共に認める地域大国となり、国際社会におけるパワーバランスは大きく変化している。そのため、問題は転倒されることとなった。すなわち、グローバリゼーションによって中国政治はいかに変化させられるかだけではなく、中国政治がどのように国際社会の秩序や規範に独自の要素を織り込むかが重要な問いとなるのである。

こうした情勢を反映して新しい研究テーマとして浮上しているのが「大国化する中国は世界をどのように変えるか」という議論である。これまでのところ、その多くは、中国は特定の地域や分野に限定して強い影響力を発揮することはできるが、国際的な覇権となる水準にはないと結論づけている（白石・ハウ，2012；Shambaugh, 2013）。だが現実世界は急速に変化し続けている。中国が主導するシルクロード経済圏構想やアジアインフラ投資銀行（AIIB）の設立などが、国際社会にどのような構造変化をもたらすかという問題については今後も検討を重ねる必要があるだろう。

II　現状と課題——グローバリゼーションと中国の政治体系

　現在、中国に対する外部からの影響を論じる際に忘れてはならないのが、グローバリゼーションの作用である。中国におけるグローバリゼーションとは具体的には何を意味するのか。そしてグローバリゼーションと中国政治との関係に対して、政治学的にどのように解釈できるだろうか。この問題に対し、以下ではより具体的に検討を加えよう。

1　グローバリゼーションの理論的考察と中国

　「グローバル」はもともと球形や地球を意味する「グローブ」の形容詞であり、日本語に直訳するならば「地球の、世界の」となる。転じて、グローバリゼーションとは通例、世界的な相互連結性の拡大、深化、迅速化と理解される[8]。よく使われる「国際化（internationalization）」と「グローバリゼーション（globalization）」を比較すれば、一般にはこの二つはほぼ同義語として用いられているようであるが、学術的には両者は異なる意味をもつ。例えば研究領域として考えてみると、「国際政治」は国家をアクターとした国家間の政治関係を対象とするのに対し、「グローバル政治」——実際にはこのような研究は少ないが——には、国家や国家間関係の枠組に規定されない越境的な問題や組織（国際機構やNGOなど）を対象とすることが含意される。

　一般に国際化やグローバリゼーションは経済分野で先行するとされるが、中国においてもまず経済システムの改革が政策的に進められた。そのため経

済のグローバリゼーションに関する研究は非常に充実している。また中国の国際化あるいはグローバリゼーションを象徴する事象としてよく取り上げられるのは、改革開放政策の開始（1970年代末）やWTOへの正式加盟（2001年）である。だが実際には、グローバリゼーションが進むのは経済だけではない。例えば2003年のSARSの国際的な広がりは、中国の防疫制度を見直すきっかけとなった。社会、文化、政治の領域においてもグローバリゼーションの影響は少なくないのである。

　では、グローバリゼーションによって経済システムが変化するとき、政治的には何が起こるだろうか。まず見られる現象は、貿易や投資にかかわる国際基準の制度の導入と、地域レベルでの経済的・社会的領域における活動範囲の拡大であろう。このような制度化や自由化は、関連する政治領域において変化を促す圧力となる。だが中国の経験からすれば、それだけで民主化等の大きな体制変動に繋がるものではない。すなわち中国の事例を考える際は、こうした外的影響を相殺する政治システムをいかに考察するかが重要なポイントとなる。

　ここでグローバリゼーションをめぐる既存の議論の中から、現代中国を分析する際に重要な論点を取り上げよう。まず、グローバリゼーションに関する世界的なベストセラーであるベンジャミン・バーバー（Benjamin R. Barber）『ジハード対マックワールド──市民社会の夢は終わったのか』と、サミュエル・ハンチントン（Samuel P. Huntington）『文明の衝突』を見てみよう。バーバーは世界情勢を、情報・通信や娯楽の発展が市場経済のグローバリゼーションをもたらし、反作用としての民族主義の高まりと相俟って、民主主義を無力化させていると分析した（バーバー、1997）。これに対しハンチントンは、グローバリゼーションの進展によって文明意識が高まり、西洋対非西洋の対立軸が鮮明になっていると見ていた（ハンチントン、1998）。視点は異なるものの両者は、経済的なグローバリゼーションが社会的な対立をもたらすとする点で一致する。それは、経済のグローバリゼーション（すなわち世界的な経済均質化）が進むことにより、そのなかで富裕層に属する人々と中間層以下の格差が明確になるためである。またその結果、「グローバリゼーション」の恩恵から排除された人々のなかでナショナリズムが高まり、

エスニックな対立も助長されうる。このような視点は、中国社会を考察するうえで極めて重要である。こうした理解にたてば中国の格差問題は、国内経済の因果関係として論じるだけでなく、グローバリゼーションがもたらす世界に共通の現象として比較検討の俎上に載せることができるのである。

グローバリゼーションにおけるもうひとつのキーワードが「民主主義」である。かつてフランシス・フクヤマ（Francis Fukuyama）が主張したように、冷戦崩壊後に世界はリベラルな民主主義と市場経済秩序に覆われていくという見方もあった（フクヤマ、1992）。しかし中国政府は民主化を拒否しており、「経済発展の先に民主化がある」という西欧型の発展論を一貫して否定しつつ、経済面における「グローバリゼーション」の導入を進めている。このような「部分的なグローバリゼーション」が本当に可能なのか。あるいは部分的な変化を「グローバリゼーション」と捉えてよいのか。そして社会主義イデオロギーを少なくとも表面的に維持し、共産党一党独裁を維持しながら経済発展を実現する中国は、独自の発展モデルを確立することができるだろうか。中国の試みは政治経済学（political economy）の分野で新しい問題を提起しているといえるだろう。

2 中国の政治経済とグローバリゼーション

視点を転じて、中国研究の領域でグローバリゼーションはどのように議論されてきただろうか。実は中国の国際化やグローバリゼーションに関する研究の問題関心は、時代の変化に合せて移り変わってきた。改革開放政策が軌道に乗り始めた1980年代には、経済政策を考察する論考が増加するとともに「中国は経済発展に伴って民主化に向かうのか」という問題意識から研究がなされた。しかし1980年代を通じて中国政府は、先進諸国、特に日本との経済交流を拡大しつつ、西側諸国からの影響を対外開放区などで限定的に受容するにとどめ、国内の民主化圧力を抑制することに腐心した。その最大の危機であった1989年の天安門事件では、高潮した学生の民主化要求運動が武力によって弾圧されるにいたった。この時の民主化運動については、世界的な冷戦構造崩壊の一環として位置づける見方がある一方で、中国国内の一連の政治運動の延長線上として論じられることも多い。天安門事件のよう

なさまざまな要因が複合的に作用した事件では特に、それが外部からの影響を受容した結果なのか、それとも国内要因によるものなのかを腑分けすることは極めて困難である。

　近年は、グローバリゼーションの深化を反映して、中国の政治的変化に対する国内要因と国際社会の影響いずれもを論じる研究が多くなった。しかし、外部からの変革圧力と国内の政治的変化をどのように関連づけるかという議論に定説はない。中国国内においては、新リベラリストが経済発展の帰結としての民主化に期待するのに対し、新左派は資本主義化やグローバリゼーションの急速な進展こそがさまざまな社会問題の根源だとして、急速な変化に批判的である。また民主化を伴わない経済発展に、中国型の発展モデルを見出そうとする議論もある。だが中国固有の事情を踏まえる必要はあるものの、「中国特殊論」に陥ることは決して建設的ではない。中国の事例を相対化する視点に立つ必要があるだろう。

　実のところ中国地域研究の領域では、中国政治に見られる変化とグローバリゼーションの関係性を真っ向から論じる研究は決して多くない。グローバリゼーションを取り扱った論考の多くはむしろ、経済面での変化を議論するにとどまることが多いのである。例えば政治経済学の立場から多国籍企業、貿易・投資、産業構造を分析したイアン・アロン（Ilan Alon）は、経済システムにおけるグローバリゼーションの影響を具体的に論じたのに比して、包括的な政治体系の議論には踏み込んでいない（Alon et al., 2009）。中国の経済政策を論じたピーター・ノラン（Peter Nolan）も、中国の経済改革が民主化や人権問題に与える影響をソ連と比較して論じたが、なぜ中国の反応がソ連と異なるのかという政治的因果関係については十分に論じなかった（Nolan, 2004）。他方で、政治的変化を主題とする研究では、現在でも「中国中心主義」的な議論を展開するのが主流である。改革開放期以降の中国の政治的変動を多角的に論じた毛里和子編（2000）では、十分な実証を踏まえたうえで民主化への体制移行論や社会コーポラティズム論に関する興味深い論評を加えているが、グローバリゼーションはあくまで議論の背景にとどまった。

　中国政治とグローバリゼーションの関係性を主題として、最も包括的に議論を展開したのは鄭永年（Yongnian Zheng）である。鄭はグローバリゼーショ

ンの影響を理論的に整理したうえで、中国の政治指導者はグローバリゼーションを不可避のものと捉えており、むしろ「選択的な導入（selective importation）」を模索していると強調した。すなわち、中国の統治体制を揺るがさない範囲で、限定的に「西側国家の産物（Western state products）」である新しいメカニズムや概念の導入を容認したというのである。

鄭によれば、「西側国家の産物」を積極的に取り入れる指向は清朝末期の近代化の原点に遡るが、そこには被侵略史に結びついた「西洋化」への警戒感も共存している。そのため、グローバリゼーションによって中国の統治制度は変容し、広範囲に"rule by law（法を用いた統治）"が根づいたものの、"rule of law（法による統治）"にはいたらなかった。さらに鄭による、かつて中国で「選択的に導入」された「西側国家の産物」の代表格が、ナショナリズムであるという指摘は非常に興味深い。鄭はグローバリズムに対抗するイデオロギーとしてナショナリズムが高まっている近年の現象は、ナショナリズムの概念が海外から「輸入（importation）」された時代とは異なり、すでに中国の国内に存在するナショナリズムのあり方に「革新（innovation）」が起きているのだと示唆に富む考察をしている（Zheng, 2004）。

3　外部からの民主化圧力と中国の政治体系

中国の政治体系にグローバリゼーションはどのような影響を及ぼし得るのか。このような問題設定に対し、多くの研究者が関心をもつのは市場経済化と民主化の連動／非連動の関係性であろう。なぜ中国は権威主義体制を維持したまま経済発展を継続することができるのか。民主化しない中国を、理論的にはどのように理解したらよいのか。ここで国際社会からの民主化圧力の影響について考察しておこう。

まず明確にしなければならないのは、「自由化」と「民主化」の差異である。アルフレッド・ステパン（Alfred Stepan）によれば、「自由化」は反対勢力の容認、マスメディアへの検閲緩和、政治犯の釈放、所得格差是正につながる政策手段の導入などの政策と社会変化をもたらすものである。これに対し「民主化」は、「自由化を伴うものであるが、より広い概念であって、しかもより政治的な概念」であり、「公然たる異議申立て（open contestation）」

を必要条件としている（ステパン、1989：7）。自由化と民主化は同時進行することも多いが、民主化を伴わないで自由化が進む可能性を看過してはならず、ステパンが「『自由化』と『民主化』の峻別は決定的に重要である」と指摘するように（同上：7）、両者を混同しないよう注意しなければならない。

　権威主義体制の国家にとって多くの場合、グローバリゼーションは自由化圧力として作用する。中国の事例は、まさに経済、社会の自由化が先行している状況にあるといえる。ではこのような社会領域での自由化を、政治領域の議論と結びつけるためにはどのようなアプローチを用いたらよいだろうか。

　世界を俯瞰すれば、参照すべき事例は決して少なくない。それは、権威主義体制から大きな体制変動を果たした国家群の経験である。1970年代にポルトガルやスペイン、ギリシャが民主主義へと体制移行したのを皮切りに、1980年代上旬にかけてラテンアメリカ諸国の民主化が進んだ。さらに1980年代半ば以降には、アジアにも民主化の波が押し寄せ、90年代には旧ソ連や東欧圏、アフリカへと波及した。こうした事例を用いた権威主義体制の崩壊／継続に関する研究は枚挙にいとまがなく、比較分析の枠組が有用であることは間違いない。ここでは、権威主義国家に対する国際的な民主化圧力に関して、中国の事例においても有用だと思われる分析枠組を二つ紹介しよう。

　ひとつ目はスティーブン・レヴィツキ（Steven Levitsky）とルカン・ウェイ（Lucan A. Way）が提示した、「レバレッジ（leverage）」と「リンケージ（linkage）」という概念を用いて体制移行を論じる枠組である（Levitsky and Way, 2010）[9]。レバレッジとは、もともとは「てこの力」の意味で、一国の政治システムが外部からの民主化圧力に対してどれだけの脆弱性をもつかに関する概念である。これに対しリンケージとは、政治、経済、社会的な結びつきの深さや国境を跨いだ物や人の流れの程度を指す概念である。レヴィツキとウェイは「西洋のレバレッジ（Western Leverage）」と「西洋へのリンケージ（Linkage to the West）」を指標として複数の国家における民主化への影響力を考察し、次表のとおり整理した。

国際社会と民主化圧力

	高いリンケージ	低いリンケージ
高いレバレッジ	恒常的で効果的な民主化圧力 例：東欧諸国	断続的で限定的な民主化圧力 例：ケニア、グルジア、ザンビア
低いレバレッジ	継続的だが拡散的・間接的な 民主化圧力 例：台湾、メキシコ	弱い外部の民主化圧力 例：ロシア

(出所) Levitsky and Way（2006, 2010）より筆者作成

　中国においては、1970年代末には西欧諸国から受けるレバレッジが弱く、リンケージも弱い状況にあったが、改革開放を開始して以降1980年代をかけてレバレッジ、リンケージともに強まっていった。これは上表で示す右下から左上のカテゴリーへの移行を意味する。しかし1989年の天安門事件を経て、1990年代以降にはリンケージは一貫して強まる傾向にありながら、レバレッジは徐々に弱まってきた。レバレッジの効果を制限する要因としてレヴィツキとウェイは、①代替資源を提供できる地域大国の存在、②競争的な対外政策目標、の2点を指摘したが、中国のケースでは、中国自身が地域大国に、さらに2000年代には世界的な経済大国になったため、相対的に外部からのレバレッジ効果が弱まったと考えられる。すなわち中国は、1990年代から2000年代を通じて左上のカテゴリーから左下のカテゴリーに移動していったと理解できる。またレヴィツキとウェイは、国内要因が決定的に重要であることを再確認し、リンケージと国内要因の強弱には負の相関関係があるとした。このことを中国に当てはめるならば、天安門事件以降に国内で民主化運動を強く抑制する政策が採られていることは、国外からの民主化圧力を相殺する機能を果たしたといえるだろう。こうした議論の整理は、中国が民主化しない要因を明確にするための手がかりとなる。

　二つ目の枠組はローレンス・ホワイトヘッド（Laurence Whitehead）が提起した、民主化に対する国際社会からの影響力の三つのパターン、「感染（contagion）」、「支配（control）」、「合意（consent）」の議論である（Whitehead ed, 1996）。これを中国のケースに応用すると、どのような考察が可能だろうか。第一の「感染」は、中国の外にあるモデル——民主主義であれ、権威主義であれ——に、中国が自ら「染まる」ことを指す。これはサミュエル・ハンチ

ントンがいう「デモンストレーション効果」とほぼ同じである（ハンチントン、1995）。第二の「支配」は、外部勢力が中国に直接介入を行うことによって、中国の政治体系を変えようとする企てを意味する。とはいえ、アメリカが1989年にパナマに侵攻して、独裁政権を打倒したのと同じことを、中国に対して行うことができる政治勢力はないといってよい。第三の「合意」は、強制を含まない中国国内の変化を奨励する活動を指す。国際機関やNGOが関与する活動は、その典型である。中国が参加する国際レジームのルールや規範が中国の行動を実質的に規律することで、中国政治に変化が生じる可能性は存在するであろう。それは、グローバリゼーションの進展によって中国国内の法・体制の整備が進み、経済システムが変化したことに顕著である。

現実には、「感染」と「合意」は同時進行で深化しており、否応なしに中国社会に変化を迫っている。だが留意すべきことに、こと民主化に関する限り、その影響力は極めて限定的である。その原因としては、グローバリゼーションの恩恵を最も受けている富裕層が既得権益層となり現状のヒエラルキー構造を転換させたいとは望まないこと、国内で政治思想の引き締めが強化され、経済発展の先に民主化があるわけではないというプロパガンダが浸透していることなどの国内要因が挙げられる。そしてそれは、外部からの影響が強くなればなるほど、それを恐れる政治指導者が統治体制の強化を図ることと無関係ではない。例えば天安門事件後の鄧小平、江沢民をはじめとする党指導部は「和平演変」に対する恐れから社会統制の引き締めを行った。これまでの経験からすれば、こうした「恐れ（phobia）」は民主化を支持する政治指導者の失脚をもたらし、中国をむしろより強固な権威主義の方向に引き戻す作用を果たす。

留意すべきことに、国際社会が中国の政治体系にいかなる影響を及ぼすかという問題は、理論的であるとともに、実践的・戦略的な問題でもある。というのも、中国の政治体系に対する外部からの入力の設計によっては、中国の政治体系を操作できる可能性があるからである。現に、アメリカは経済発展が民主化をもたらすとの信念のもとに、中国に対する関与を行ってきた（例えば、マン、2007）。だが以上の考察から明らかなように、外部世界が中国の政治体系を思惑通りに操作できる可能性は実際には極めて低い。中国に

おける民主主義の育成を目標とした外部からの働きかけは、それが武力介入のようなハードな手段であれ、国際レジームが定めるガイドラインのようなソフトな手段であれ、権威主義体制を逆に硬直化させかねない、という点を銘記しておくべきであろう。

おわりに

　従来の中国研究は「中国中心的なアプローチ」の枠組のなかで、研究対象が細分化される傾向にあったが、現実に鑑みれば明らかなように、中国政治研究はもはや中国国内だけでは完結しない。だが外部からの影響に関する研究は未だ発展途上にあり、この問題に関するグランド・ストラテジーは不在である。他方で、グローバリゼーションと国家の関係は極めて学際的な研究テーマである。他国との比較分析も有効であろうし、理論的な検討も欠かせない。この意味において複雑さを伴うが、固定観念に囚われずさまざまな分析手法を取り入れることで新しい地平を拓くことができるかもしれない、魅力的な研究領域だといえるだろう。ここでは最後に、今後の発展が期待されるいくつかの研究課題を提示する。

　第一に、中国においては、グローバリゼーションとダイナミックな民主化への動きは直結しておらず、民主化への胎動は始まっていない。また、種々の社会問題が民主化によって解決されるわけではないことは、他国の事例に明らかである。むしろ現在は、民主主義のあり方の再検討が必要とされるのかもしれない。だが一方、民主主義の思想はとりわけ若年層に独特の吸引力をもち、中国においても民主化運動の根強い潮流が存在する。長期にわたる内的変化を注意深く見守る必要があるだろう。

　第二に、民主化は進まないとはいえ、経済活動のあり方が変化したことによって社会の変化は進んでいる。多様な経済的案件に応じるための組織改編、経済活動を潤滑にするためのインフラの整備、そして企業家たち自身を共産党に取り込んだ結果としての党員の多様化など、その変化は多元的である。広範な分野で統治の法制化・制度化が進んで政治システムの調整が進んだ点は特に重要である。第一の研究課題とも関連して、こうした変化が中長期的

に発揮する政治的作用をいかに包括的に捉えるかが、今後の中国政治研究におけるひとつのカギとなるだろう。

　第三に、グローバリゼーションの結果として生じるナショナリズムの亢進が見られる。中国の政治体制に顕著な変化が見られない一方で、社会は著しく変化した。特に経済的・社会的格差の広がりは最大の負の副産物であり、民衆は将来への不安と孤立感からナショナリズムや儒学、キリスト教などに心理的拠り所を求めている。こうした社会において民衆ナショナリズムが高まるのは不可避であるが、中国においては党・国家の側の公定ナショナリズムも強まっているという特徴がある。それは、党・国家の側が経済的・社会的矛盾から積極的に人々の目をそらし、世論を誘導するための政治的資源のひとつとしてナショナリズムを利用しているためである。だが世論が多元化し、さまざまな政治思想が定着するにしたがって、ナショナリズムを十分にコントロールすることが難しくなってきている。また新疆やチベットなどの問題に見られる少数民族に対する「ナショナリズム」のあり方も、今後の大きな政治課題となってくるだろう。

1) 分析枠組の用語について、本章は後述のコーエン（1988）を参照している。
2) 「シナ学」の学問的系譜を有する日本もまた当時の中国研究の中心であったが、戦後日本の中国研究は次第にアメリカ型の「地域研究」に接近していった。詳細については、加々美（2008）、7-18 頁を参照。
3) 中国研究の必要性が認識され、フォード財団等の多額の研究資金援助がなされるなどした。また 1949 年にコロンビア大学東アジア研究所、1955 年にハーバード大学東アジア研究センター（現フェアバンク中国研究センター）などの専門研究機関が設立され、中国研究の拠点が形成された。
4) 1950 年代前半にアメリカで発生した反共運動。共産主義者とみなされた人に対する過剰な弾圧がなされた。こうした行為は「赤狩り（Red Purge）」と呼ばれ、日本でも日本共産党員などが公職追放にあった。
5) この問題に関してフェアバンクは『憂慮するアジア研究者の会報』誌上に反論を掲載し、ペックとでフェアバンクの論争となった。詳しくはポール・A・コーエン（1988）、151-159 頁。
6) 日本語版の「訳者あとがき」（283-293 頁）より一部抜粋。
7) 中国中心的なアプローチはコーエン自身も認めるように、同書が刊行される以前の 1970 年頃から徐々にアメリカの中国研究に導入されつつあり、当時の趨勢であった。

だがコーエンの議論が1つのメルクマールとなることは間違いないだろう。
8) ただし、いわゆる「グローバリゼーション研究」の分野では、未だ「グローバリゼーション」について共通の解釈があるわけではない（伊豫谷、2002）。
9) レヴィツキレとウェイは2006年にも"Linkage versus Leverage: Rethinking the International Dimension of Regime Change"とする論考を発表し、この枠組を用いていた。*Comparative Politics*, vol. 38, no.4（Jul., 2006), pp. 379-400を参照。

参考文献
【日本語】
石川忠雄（1959）『中国共産党史研究』慶應通信。
伊豫谷登士翁（2002）『グローバリゼーションとは何か――液状化する世界を読み解く』平凡社新書。
加々美光行編（2008）『叢書 現代中国学の構築に向けて（1）中国の新たな発見』日本評論社。
小島朋之（1972）「研究ノート 最近のアメリカの現代中国研究の動向――CCASについて」『アジア研究』Vol. 19、No. 3、71-85頁。
白石隆・ハウ、カロライン（2012）『中国は東アジアをどう変えるか――21世紀の新地域システム』中公新書。
武田康裕（2001）『民主化の比較政治――東アジア諸国の体制変動過程』ミネルヴァ書房。
毛里和子編（2000）『現代中国の構造変動1――大国中国への視座』東京大学出版会。
オドンネル、ギジェルモ；フィリップ・シュミッター『民主化の比較政治学――権威主義支配以後の政治支配』（真柄秀子ほか訳、1986）未來社。
コーエン、ポール・A（1988）『知の帝国主義――オリエンタリズムと中国像』（佐藤慎一訳）平凡社。
サイード、エドワード（1993）『オリエンタリズム』（今沢紀子訳）平凡社。
ステパン、アルフレッド・C『ポスト権威主義――ラテンアメリカ・スペインの民主化と軍部』（堀坂浩太郎訳、1989）同文舘。
バーバー、ベンジャミン『ジハード対マックワールド――市民社会の夢は終わったのか』（鈴木主税訳、1997）三田出版会。
ハンチントン、サミュエル・P『文明の衝突』（鈴木主税訳、1998）集英社。
―――『第三の波――20世紀後半の民主化』（坪郷実ほか訳、1995）三嶺書房。
フクヤマ、フランシス『歴史の終わり』上下（渡部昇一訳、1992）三笠書房。
マン、ジェームズ（2007）『危険な幻想――もし中国が民主化しなかったら世界はどうなる？』（渡辺昭夫訳）PHP研究所。

【英　語】
Alon, Ilan *et al.*（eds.）（2009）*China Rules: Globalization and Political Transformation*.

Basingstoke and New York: Palgrave Macmillan.

Levitsky, Steven and Lucan A. Way (2010) *Competitive Authoritarianism: Hybrid Regimes after the Cold War*. New York: Cambridge University Press.

Nolan, Peter (2004) *Transforming China: Glabaization. Transition and Development*. London; Anthem Press.

Schwartz, Benjamin Isadore (1951) *Chinese Communism and the Rise of Mao*. Cambridge: Harvard University Press.

Shambaugh, David (2013) *China Goes Global: The Partial Power*. New York: Oxford University Press.

Whitehead, Laurence (ed.) (1996) *The International Dimensions of Democratization: Europe and the Americans*. Oxford: Oxford University Press.

Zheng, Yongnian (2004) *Globalization and State Transformation in China* (Cambridge Asia-Pacific Studies). Cambridge University Press.

第Ⅱ部

権力機構

第3章
中国共産党と中国政治

小嶋華津子・加茂具樹

はじめに——政治体系と中国共産党

　中国の政治体系において、中国共産党（以下、党）はいわば超然とした位置を占める。現行憲法前文に「中国の各民族人民は、ひきつづき、中国共産党の指導の下、マルクス・レーニン主義と毛沢東思想、鄧小平理論および『三つの代表』重要思想に導かれ、人民民主独裁を堅持し、社会主義の道を堅持し、改革開放を堅持し、……わが国を富強で、民主的で、かつ文明的な社会主義国家として建設する（傍点は引用者）」とあるように、党は、国家建設全般を指導する地位に君臨しているのである[1]。

　しかし、「党が国家を指導する」体制は、建国当初から貫かれてきたのではない。建国にあたり新民主主義革命から社会主義革命へと至る長期的な二段階革命を構想していた毛沢東は、「連合政府論」（1945年4月）のなかで、「新民主主義制度の全期間を通じて、中国は一階級の独裁および一党が政府機構を独占する制度ではありえないし、またそうであってはならない」と述べた。そして、現に中華人民共和国は、多様な政治グループや利益団体の連合政権として成立した。建国当初、暫定的議会としての機能を果たした中国人民政治協商会議の代表の構成を見ても、党派正式代表142名のうち、中国共産党の代表はわずかに16名であった。また、中央政府を見ても、副主席6名のうち3名、政府委員56名のうち29名、政務院副総理4名のうち2名、閣僚33名のうち15名が非共産党員により占められていた。

　こうした方針に変化が生じ、共産党による国家運営の「代行」主義、党と

国家の一体化が顕著になったのは、1953年8月に「過渡期の総路線」が提唱されて以降のことである。1954年9月には第1回全国人民代表大会が開催されたが、そこで選出された国家主席（毛沢東）・国家副主席（朱徳）、全国人民代表大会委員長（劉少奇）、国務院総理（周恩来）、10名の副総理はいずれも共産党員であった。「過渡期の総路線」のもと、共産党は中央・地方各政府機関、公営企業、人民団体等に網羅的に設置された党委員会・党組、党委員会内に作られた各行政領域の対応部門（対口部）を通じて、政府や社会に対するコントロールを強めていった。急進的な社会主義化のなかで、党による国家権力の独占は、「人民がその前衛である共産党を通じて制限なく権力を行使する」ことを是とする人民民主独裁の論理によって、無期限に正当化された。市場経済化による社会主義の形骸化が著しい今日に至ってもなお、「社会主義」の看板を下ろすことができないのは、それが一党独裁の理論的根拠を提供しているからにほかならない。

　他方、時代の変遷とともに、党の機能に変化が見られることもまた事実である。中国共産党第13回全国代表大会（1987年10月）で趙紫陽総書記により発表された「党政分離」を含む政治改革構想は、党内守旧派の抵抗を受け挫折した。天安門事件（1989年6月）とソ連共産党およびソ連邦崩壊（1991年12月）を経て、中国共産党は政治的引締めに転じ、国家や社会に対する党のコントロールは再び強化された。しかしながら、市場経済化にともなう急速な社会の多元化は、党の内外から一元的コントロールの土台を侵食しつつある。

　結果として、中国の政治体系における党の機能は、一貫性と変化、一元性と多様性、集権性と分散性を兼ね備え、中国政治の把握に挑む研究者を悩ませてきた。本章では、中国共産党に関わる膨大なる研究史の一端を紹介しながら、研究のさらなる進展に向け、われわれがとり組むべき課題は何かを考察したい。以下、第Ⅰ節では、中国共産党に対する近年の学問的関心の高まりを、政治学史および現実世界の変化の中に位置づけるとともに、党の政治的機能に関する先行研究の多くが、イデオロギーと組織という二つの領域における党の指導のあり方に焦点を当ててきたことを明らかにする。第Ⅱ節では、上記二つの領域——イデオロギーと組織——に関する主な先行研究を体

系的に整理し、続く第Ⅲ節で中国共産党研究が直面する課題を提示したい。

Ⅰ　中国共産党への視座

　中国政治研究の視角は、常に政治学の潮流と現実の国際情勢、および中国の発展動向に規定されてきた。近年の中国共産党に対する研究熱も、この二つの側面から説明できるだろう。

　政治学の潮流としては、1980年代以降の新制度論やステイティズム（Statism：国家主義）の影響がある。戦後の政治学の発展に貢献した行動論的政治学は、1980年代になると、それが合理的選択論、ゲーム理論、フォーマル理論など、人間の政治行動の「科学」化を追求するあまりにテーマの矮小化を導き、公的権力の解明という政治学本来のテーマから乖離し始めたことに、多方面から疑問が呈されるようになった。そして、政治行動を生み出す制度や権力に改めて目を向けるべきだと主張する研究者により、新制度論やステイティズムの潮流が形成されていった。ジェルド・ブロスガード（Kjeld Erik Brodsgaard）と鄭永年（Yongnian Zheng）が、2004年に出版した編著 *Bring the Party Back In: How China is Governed*（党を取り戻そう──中国はどのように統治されているのか）の序において、本書のタイトルが、ピーター・エヴァンズ（Peter B. Evans）、ディートリッヒ・ルーシェマイヤー（Dietrich Rueschemeyer）、シーダ・スコチポル（Theda Skocpol）による編著 *Bringing the State Back In*（国家を取り戻そう）（Evans, Rueschemeyer & Scocpol, 1985）からとったものだと述べていることは象徴的である。ブロスガードと鄭は、次のように続ける。この20年間、中国共産党は中国研究の分野において周縁化されてきた。……（それは）欧米の社会科学、とりわけ政治学の総体的変化を反映している。中国共産党は、中国政治における支配的地位を維持するために変容し始めているが、今こそわれわれがもう一度「党を取り戻す（bring the party back in）」べき時なのだ、と（Brodsgaard & Zheng, 2004：1）。

　現実の中国の動向もまた、多くの研究者の眼を中国共産党へと向かわせた。本書第6章で述べるように、改革開放以降中国の政治社会は急速に多元化の様相を強めた。市場経済化にともなって現れた自律的社会の躍動、自由や民

主を求め立ち上がる学生たちのパワーに、東欧の民主革命の波及という政治的結末を期待した学者も少なくなかった。社会の自律化にともない脆弱化する体制という構図は、その後も、中国政治に対するひとつの視角を形成している。ところが現実には、中国の一党支配体制は今日まで崩壊しなかったのである。改革開放から30数年、天安門事件・冷戦崩壊から20数年を経た現在もなお、中国共産党は、「富強」国家の実現、政治エリートと経済エリートの結託による利益共同体の形成、愛国主義教育等を通じて、一党支配の正当性を確保し、時に強制力を用いた弾圧によって権威主義体制を維持している。それどころか党の支配は、ますます強靱化しているかのようにも見える。果たして、冷戦の終焉、市場経済化、グローバル化の波を乗り越え中国という巨大国家に富強をもたらしつつある中国共産党とは、どのような集団であるのか。内外の研究者は、中国共産党が見せた予想外の生存能力の源と、その持続性の解明にとり組んできた[2]。

中国共産党の強靱性は、大きく分けて、イデオロギーと組織をめぐり議論されてきた。かつてフランツ・シャーマン（Franz Schurmann）は、名著 *Ideology and Organization in Communist China*（共産主義中国におけるイデオロギーと組織）の序文において、「中国は、多種多様なれんがや石を寄せ集めて作った巨大な建造物のようである。しかしそれはくっつきあわされて建っているのであり、くっつけているのはイデオロギーと組織である」と書いた（Schurmann, 1966：1）。また、デイヴィッド・シャンボー（David Shambaugh）も、2000年以降の中国共産党の適応能力を論ずる際、イデオロギー工作、組織工作という二つの機能に焦点を当てた（Shambaugh, 2008）。

そこで以下では、党のイデオロギー工作と組織工作を中心に、中国共産党の政治的機能に関する先行研究の議論を整理し、共産党研究の現在を俯瞰してみたい。

II 中国共産党の政治的機能に関する先行研究
——イデオロギーと組織

本節では、中華人民共和国成立以降の党のイデオロギー工作と組織工作に関し、主な先行研究を整理する。

1 イデオロギー工作

イデオロギー工作は、中国共産党の最も重要な政治的機能といえる。マックス・ウェーバー（Max Weber）のいう合法的正当性をもたない一党支配体制にとっては、イデオロギーこそが、自らの強制的権力（coercive power）や報酬的権力（utilitarian power）を規範的権力（normative power）でカムフラージュし、支配の正当性を得るための安上がりなツールなのである。しかしながら、イデオロギーを共産党の政治目標ならぬ統治のツールとして捉える発想は、建国当初から広く受容されていたわけではない。ここでは、道具主義的なイデオロギー把握に至る経緯と、道具主義的イデオロギー論に基づく研究の展開を整理して論じたい。

(1) マルクス・レーニン主義への道具主義的視点

マルクス・レーニン主義は毛沢東思想と並び、今に至るまで「四つの基本原則」のひとつとして憲法に明記された中国の公定イデオロギーである。しかし、マルクス・レーニン主義を、中国共産党と中国政治を規定する独立変数とみなすべきか、それとも党が現実的な政治目的を達成するために利用する便利なツールとみなすべきかをめぐっては、建国当初より議論があった。

1950年代には、前者の立場から、新中国が謳うマルクス・レーニン主義を、ソ連をはじめとする他の社会主義国と同質のものとみなし、イデオロギーを共有する中ソが一枚岩であると信じる研究者も少なくなかった。新中国は共産主義イデオロギーによって封建主義を打破し、名実共にソ連型の「新しい」国へと生まれ変わったというのである[3]。1960年代初めには、こうした立場に立つ研究者と、毛沢東思想を、中国の伝統や文化に根差し、権力闘争および時々の政治状況のなかで形成された独自の思考体系であるとみ

なす研究者の間に論争が繰り広げられた[4]。この論争は、中ソ間の軋轢が公開論争へとエスカレートし、毛沢東が「中国独自の社会主義路線」を掲げ、大躍進運動、プロレタリア文化大革命を発動していくにともない、後者に軍配が上がる形で決着を見た。そして1960年代には、強いカリスマ性と独自のイデオロギーで中国を導く毛沢東という党指導者のパーソナリティと思想に関する著作が、ジェローム・チェン（陳志譲、Jerome Chen）、スチュアート・シュラム（Stuart Schram）らにより発表された（Chen, 1965; Schram, 1966）。

共産主義イデオロギーの多様性が明らかになるにつれ、中国の政治におけるイデオロギーの役割についても、より慎重かつ客観的な分析がなされるようになった。マルクス・レーニン主義の理想が、いわば独立変数として、中国共産党による革命や統治を規定してきた／しているとする考え方に代わり、研究者たちは、むしろ現実の政治的要請こそがイデオロギーの役割を規定しているのだという認識に立ち、イデオロギーを共産党による統治のツールとして分析するようになったのである。チャルマーズ・ジョンソン（Chalmers Johnson）編 *Ideology and Politics in Contemporary China*（現代中国におけるイデオロギーと政治）は、イデオロギーを現実政治との相互作用のなかで分析した当時の代表作といえるだろう（Johnson, 1973）[5]。

(2) 改革開放とイデオロギーの重心移行

実際に中国共産党は、「富強」という国家目標を掲げ改革開放へと舵を切るや、道具をとり替えるように見事な段取りでイデオロギーの転換を主導した。一党支配の理論的基盤であるマルクス・レーニン主義を「四つの基本原則」として表向きは存続させながら、「中国の特色をもつ社会主義」（1982年）、「社会主義初級段階」（1987年）、「社会主義市場経済」（1992年）などと、段階的に新しいスローガンを創出し定着させることにより、大胆に読み替え、骨抜きにしていったのである。

結果として、マルクス・レーニン主義は市場経済化とともに急速に求心力を失ったものの、それが、党の支配の全面否定を喚起することはなかった。しかし、意識の面ではどうだろうか。菱田雅晴を中心とするプロジェクト・チームは、多様な社会階層の人々を対象に、党やイデオロギーについての意

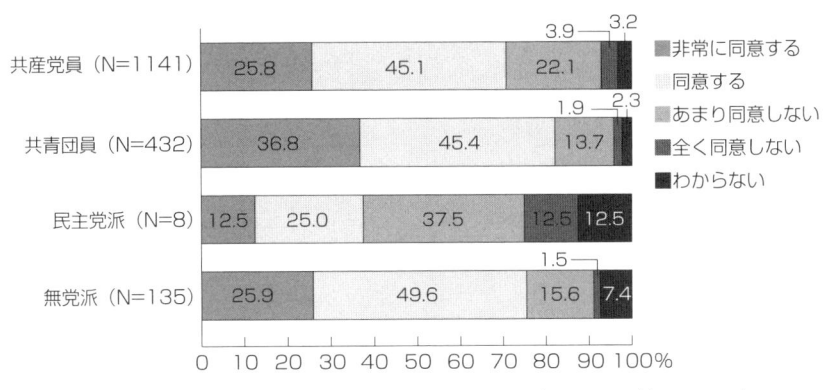

	非常に同意する	同意する	あまり同意しない	全く同意しない	わからない
共産党員（N=1141）	25.8	45.1	22.1	3.9	3.2
共青団員（N=432）	36.8	45.4	13.7	1.9	2.3
民主党派（N=8）	12.5	25.0	37.5	12.5	12.5
無党派（N=135）	25.9	49.6	15.6	1.5	7.4

図1 「社会主義はある種の美しい理想であり、現実からかけ離れている」
出所：小嶋、2012：381。
注）各項目の合計は100%となっていない（出典ママ）。

識調査を実施した[6]。ここで紹介したいのは、北京大学の大学生・大学院生と北京大学行政修士課程で学ぶ幹部を対象に実施した政治意識調査（2008年12月〜2009年5月）である。「社会主義はある種の美しい理想であり、現実からかけ離れている」との命題に対し、「非常に同意する／同意する」の選択率は、共産主義青年団（以下、共青団）員で82.2%、無党派で75.5%、共産党員ですら70.9%に達した（図1参照）。また「わが国の現代化建設は、社会主義でもなければ資本主義でもない第三の道である」について「非常に同意する／同意する」と回答した比率は、無党派で54.1%、共青団員で53.8%、党員でも49.0%に達した。加えて、党員にサンプルを限定し、世代別の比較を行ったところ、「社会主義」および共産党の指導に対する認識のいずれにおいても、若い世代ほど執着をもたず、多様な考えを受容していることが明らかとなった（小嶋、2012）。社会主義イデオロギーは、今や一党支配の理論的根拠となりえないほどに形骸化してしまったように思われる。

こうしたなかで、中国共産党は、新たな正当性根拠をナショナリズムに求めるようになった[7]。世界規模で共産主義体制の瓦解が進むなか、天安門事件（1989年）で体制の危機に直面した党は、ナショナリズムと社会主義の一体化を図りつつ[8]、国民を愛国主義教育キャンペーンに動員していった。趙穂生（Suisheng Zhao）は、それを「実用主義ナショナリズム（pragmatic national-

第3章 中国共産党と中国政治 63

ism)」と呼ぶ。すなわち、「近代的国民国家建設の名のもとに国民の支持を動員するための手段（instrumentality）」としての、「確固たる中味のない」ナショナリズムであり、権力者が自らの利益のために創出し、宣揚しているだけだというのである（Zhao, 2004 : 209）。ジョン・ワン（汪錚、Zheng Wang）いわく、「党によるイデオロギー再教育のための大掛かりな試み」により、歴史や記憶は、共産党の新たなイデオロギー的ツールとして政治制度や教育システムに組み込まれていった（Wang, 2008）。

1990年代以降、党主導で再生産されたナショナリズムが、欧米列強や日本に侵略された「屈辱の100年」と共産党に導かれた輝かしい今日というストーリーに立脚し、排外主義的傾向をもっていることは、鄭永年（Yongnian Zheng）、ピーター・グリーズ（Peter Hays Gries）、趙穂生（Suisheng Zhao）、クリストファー・ヒューズ（Christopher R. Hughes）、呉国光（Guoguang Wu）、ジョン・ワンらによる研究が共通して指摘するとおりである（Zheng, 1999 ; Gries, 2004 ; Zhao, 2004 ; Hughes, 2006 ; Wu, 2008 ; Wang, 2012）。排外主義は、ときに西欧的価値の流入に対する異常なまでの警戒となって現れる。2008年から2009年にかけては、チベット問題に端を発した人権活動家等による北京オリンピック聖火リレーの妨害行為を受け、党内の改革派と保守派の間で、自由、民主、人権等の普遍的価値を認めるか否かで論争が起こったが、最終的には、これらの価値があくまで西欧のものであり、中国の国情にはそぐわないと主張する党宣伝部の手により幕引きがなされた[9]。2013年5月には、党中央弁公庁により各地の党・政府幹部に「現在のイデオロギー領域の状況に関する通達」が発せられた。そこでは、七つの思潮——西側の憲政民主、普遍的価値、市民社会、新自由主義、報道の自由および西側的メディア観、歴史的ニヒリズム、改革開放への懐疑——が党の権威を揺るがすものとして糾弾され、メディアに対するイデオロギー工作の強化が呼びかけられた。

このような排外主義的傾向をもつナショナリズムは、共産党の統治を安定化させるためのイデオロギー的ツールとして、将来にわたり機能し続けるだろうか。おそらく共産党は、ナショナリズムを喚起することの有効性とともに、リスクをも認識しているだろう。過度の排外性は、大国中国がソフト・パワーを増大させる際の足かせ、外交面で政府レベルの合理的選択を行う際

の阻害要因となる。また、多民族国家でありウイグル、チベット等に反政府ひいては独立の動きを抱える中国においては、「中華民族」を声高に叫ぶことが、火に油を注ぐことにもなりかねない。

(3) イデオロギー工作

では、党は具体的にどのような方法で、イデオロギー工作を展開してきたのだろうか。この面においても、少なからず研究の蓄積がある。1950年代のプロパガンダ・システムについては、宣伝部門の組織配置および各種メディア、文化・芸術、社会組織を通じたイデオロギー工作をソ連との比較で整理したジュリアン・チャン（Julian Chang）の研究が興味深い（Chang, 1997）。改革開放以降については、ダニエル・リンチ（Daniel C. Lynch）が、メディアの市場化やグローバル化の先に、党のイデオロギー工作の弱体化と体制の危機を予見するのに対し（Lynch, 1999）、エサリー・アシュレイ（Esarey W. Ashley）やアン・マリー・ブレーディー（Anne-Marie Brady）は、市場化に適応しつつ、イデオロギー工作を強化している党の姿を見る（Ashley, 2006 ; Brady, 2007）[10]。これに対し、デイヴィッド・シャンボーは、党宣伝部門によるイデオロギー工作の効力は減退しつつあるものの、党は依然として、情報の流れをコントロールし、最適のタイミングを見計らって検閲を行い、メディアを打ち倒す力を保持しており、イデオロギー統制を重要な支配のツールとして位置づけていると分析する（Shambaugh, 2007）。また、ハイク・ホルビック（Heike Holbig）とブルース・ギリー（Bruce Gilley）は、経済発展、ナショナリズム、ガバナンスの向上を通じた正当性の確保が難しい状況で、共産党が近年再び社会主義イデオロギーを強調し始めていると分析する。そのうえで、社会主義イデオロギーが信奉の対象ならぬ言葉のゲームと化している現状は認めつつも、人々がイデオロギーにより敷かれたルールに従ってゲームを進めている限り、党は公共空間におけるヘゲモニーを維持することができるというのである（Holbig and Gilley, 2010 ; Holbig, 2013）。

2 組織工作

組織工作に関しては主に二つの側面から研究がなされてきた。ひとつは、

党員のリクルートや党内ガバナンスなど、共産党自体の組織建設に関する研究である。いまひとつは、国家機構や社会に対する党の指導のしくみに関する研究である。具体的には、国家機関・社会組織に設置された党委員会および党内の対口部（行政対応部門）の具体的な機能や、党による幹部人事管理に研究の焦点が当てられてきた。

(1) 党の建設

　ブルース・ディクソン（Bruce Dickson）は、時代の変化を生き延びてきた中国共産党の驚異的適応力を、党の展開した二つの試み——包摂（cooptation）およびコーポラティズム（corporatism）——から説明し、党が1990年代以降、社会団体に対する統制管理を維持する一方で、知識エリートと企業家のリクルートを積極的に進めてきた経緯を論じた（Dickson, 2000-2001）。

　1980年代末の民主化運動で大学生ら知識エリートによる体制批判に晒された中国共産党は、天安門事件直後の1990年より毎年、全国高等教育機関党建設工作会議を開催し、大学等における党建設と党員の獲得に力を注いできた。また、大学教育の普及が幹部ポストをめぐる大卒者間の競争を激化させるなか、入党は大学生にとって、幹部ポストへのキャリアパスとしての重要性をもつようになった。その結果、1990年当時はわずかに1.2%にすぎなかった大学生の党員比率は急速に高まり（Walder, 2006：23）、2013年末時点で、8669万人の党員のうち、大学・専門学校卒業以上の学歴をもつ党員が3607万人（41.6%）に及ぶまでになった。新規入党者の4割は、大学生の入党者によって占められているのが現状である。

　党はさらに、市場経済化にともなう急速な経済発展を踏まえ、経済発展の担い手として成長しつつある企業家層を党にとり込む方針を打ち出した。2000年2月、江沢民は「三つの代表」と称されるスローガンを打ち出し、共産党は、「最も先進的な文化」、「幅広い国民の根本的利益」と並び、「最も先進的な生産力」を代表しなければならないと提起した。また2001年7月には、建党80周年の講話において、私営企業家の入党を正式に認めた。

　企業家を共産党にとり込むことについては、異なる分析がある。ブルース・ディクソンは、独自のサンプル調査に基づく一連の研究を踏まえ、私営

企業家に対する共産党の政治的包摂を通じ、企業家はすでに共産党の重要な支持基盤になっているとし、少なくとも短期的には体制転換の動力にはなりえないと結論づけた（Dickson, 2008）。鈴木隆は、企業家に対するリクルートおよび統一戦線工作の実情、その結果生じつつある党と企業家の結託の構図を、中央・地方党組織による文書や各種刊行物のリサーチを通じて明らかにした（鈴木、2012）。これに対し、ミンシン・ペイ（裴敏欣、Minxin Pei）は、勃興しつつあるエリートは、経済的利得や特権、政治的アクセスの供与を通じ党に懐柔され、無力化されているとしつつ（Pei, 2006a：40）、企業家の新規入党者数が限定的であること、企業内党組織の設置に否定的であることを根拠に、私営企業家の政権に対する融和的態度が、不確実で状況的な性質を帯びていると論じた（Pei, 2006b：94-95）。

　党員リクルートについては、党の方針や実際の党員数、党員構成等を含めて組織部の発表や刊行物からある程度情報を得ることができるほか、党員／非党員に対する意識調査からリクルート方式の変化がもたらす影響に迫ることも可能である。しかし、党内ガバナンス――「民主集中制」の実態――に関しては、政治局常務委員から末端党員に至るヒエラルキーの規模、末端党員・非党員の立場からアクセスできる情報の制約等から、把握が難しい。われわれは、党の文書や報道から垣間見られる状況について、地道に制度論的分析を進めるよりほかないのが現状である。菱田雅晴編著『中国共産党のサバイバル戦略』に収録された朱建栄による党内学習会や党直属研究機関に関する研究（朱、2012）、諏訪一幸による党内選挙制度に関する研究（諏訪、2008）は、中国共産党のガバナンスの一側面を捉えるのに役立つ材料を提供している。

(2) 国家に対する党の指導

　国家に対する党の指導については、主に二つの観点から研究が進められてきた。ひとつは、党と国家を一手に統括する領袖の研究である。建国の立役者として絶大なるカリスマをもっていた毛沢東、鄧小平は、党・国家の指導者としての俗権と、国政の方向を左右する社会主義理論の解釈権――教権――を掌握し、国を動かした。研究者の関心は、当時の政治体系を大きく規

定していた指導者個人の思想と行動の解明に注がれた。先述の毛沢東研究に加え、鄧小平に関しても、ヤン（1999）、矢吹（2003）、ヴォーゲル（2013）など数多くの研究が蓄積されてきた。しかし、鄧小平引退後、中国には毛・鄧のようなカリスマ的指導者は生まれなかった。突出した指導者が不在の時代になり、集団指導体制が定着するにつれ、党の指導のあり方を指導者個人に帰する研究手法は、効力を失いつつある。

　いまひとつは、党と国家の組織的関係に迫る研究であるが、実態把握の難しさゆえ、国家機関に設置された党組織、党内の対口部の機能の解明に正面から挑んだ成果は多くない。そうしたなかで、唐亮の研究は、制度と実態の両面から党政関係の解明にとり組み、具体的な政治過程における党の指導を実証的に論じた成果として今もなお精彩を放っている（唐、1997）。また、毛里和子による『現代中国政治』は、中国政治全般に関するテキストとして版を重ねているが、党と国家、党と軍の関係についてかなりの紙幅を割いて論じている（毛里、2012）。軍に対する党の指導に関しては、浅野亮らによる研究に詳しい（浅野、2009）。

　党が国家を指導する際の重要な手段が、幹部人事の掌握である。その重要性と、目に見える現象としてのアクセシビリティから、幹部人事は、党と国家の組織関係に関わる研究において、唯一まとまった研究の蓄積をもつ分野である。毛沢東時代に関しては、インタビューに基づいて、中央省庁・県・コミューンの組織配置、人事および党の指導の状況を描き出したドーク・バーネット（Doak Barnett）の研究、ローカル・リーダーのリクルートの実情とそれがもたらす世代間・部局間の緊張関係を論じたマイケル・オクセンバーグ（Michel Oksenberg）の研究が傑出している（Barnett, 1967；Oksenberg, 1969）。改革開放以降に関しては、初期の制度を分析したものとしてメラニー・マニオン（Melanie Manion）の研究、天安門事件にともなう編制制度の変更を論じたものとしてジョン・バーンズ（John P. Burns）の研究がある（Manion, 1985；Burns, 1994）。また、幹部人事を中央−地方関係の中で分析し、分権化後もなお、地方幹部に対する中央および省レベルのコントロールが機能していることを実証的に論じた研究としては、それぞれ山西省、江蘇省での調査に基づくデイヴィッド・グッドマン（David S. G. Goodman）の研究、ピ

エール・ランドリー（Pierre F. Laundry）の研究が興味深い（Goodman, 2000 ; Laundry, 2008）。また、ホン・ユン・リー（Hong Yung Lee）やジェルド・ブロスガード（Kjeld Erik Brodsgaard）は、イデオロギー等政治的忠誠が重んじられた毛沢東時代から、理工系の専門知識が評価される改革開放期へと幹部の評価基準が変化した経緯と、それが政治のあり方にもたらす影響を論じた（Lee, 1991 ; Brodsgaard, 2004）。これらの研究から浮かび上がってくるのは、党員リクルートや国家機関の人事を通じ、時代の要請に適した人材を戦略的に指導部にとり込みつつ、国家建設における指導を堅持してきた党の姿である。

(3) 社会に対する党の指導

他方、社会組織に対する党の指導は、各地・各領域に連綿と育まれた自生的社会との相互作用の結果であるため、そのありようは一層多様かつ流動的な性質をもつ。中国が経済社会組織に対し、ソ連とは異なる党中心の指導体制の構築を志向したことは、ソ連型一長制の廃止（1956年）に至る政治過程を分析した川井伸一の研究などに明らかである。川井いわく、一長制の廃止は、中央の経済官僚をバックにした企業管理者に対する党機関幹部の勝利を意味した（川井、1981）。また、アンドリュー・ウォルダー（Andrew G. Walder）は、社会学者の視点から、「単位」の現場における党の求心力・影響力の浸透プロセスを描き出そうとした。ウォルダーによれば、中国の労働者には、企業への社会的・経済的依存、経営者への政治的依存、上司への人格的依存——「コミュニスト・ネオトラディショナリズム」——が形成されている。こうした関係のネットワークの中で、党は、「単位」に設置された党組織を通じ、労働者の「積極分子」との間にパトロン・クライアント関係を構築するとともに、公安部門を利用し、労働者への影響力を浸透させていったのである（Walder, 1986）。

しかし、パトロン・クライアント関係の構築を通じた党による末端社会の把握がそれほど順調に進んできたわけでないことは、エリザベス・ペリー（Elizabeth J. Perry）が、1957年に上海で生じたストライキに関する詳細な分析によって示したとおりである（Perry, 1997）。労働者の利益代表としてバッ

ファーの役割を果たすよう期待された工会（労働組合）も、「社会主義」の国是のもと、党との一体化が進む過程で独自の存在意義を失った（Harper, 1969；小嶋、2009 ほか）。結果として、党は今日に至るまで、体制内において労働者の利益を集約・調整する術をもっておらず、市場経済化以降急増しつつある労働争議に対し有効な手立てを講じられずにいる。

　改革開放以降流動性を増す社会に対し、共産党はその指導を維持・強化しようとさまざまなとり組みを行ってきた。天安門事件直後の1989年12月に「工会、共産主義青年団、婦女連合会の活動に対する指導を強化・改善することに関する中共中央の通知」を発し、党直属の人民団体に対する党の指導の徹底を改めて強調したほか、1990年代以降は、急増する新しいタイプの社会組織に対し、党組織を建設し、党の指導を強めるための方策を模索してきた。

　例えば、「中華人民共和国村民委員会組織法」（1987年試行、1998年より正式施行）によって村民委員会幹部の直接選挙が導入された村においても[11]、村党支部が選挙に介入したり、党支部書記自身が村民委員会主任選挙に参加したりする（「一肩挑」）ことにより、村民「自治」を、党支部を通じた党の指導体制のなかにとり込んでいく現象が蔓延した。結果として、「基層民主」の試みとして導入された村民委員会選挙は、中国政治に大きな構造的変化をもたらすことはなかった。ピエール・ランドリーらが定量分析を通じて明らかにしたように、権威主義体制下における競争選挙の実施は、村民の間に、統治者に対しアカウンタビリティを求める意識と同時に、体制への忠誠心を高める結果をもたらしたのであった（Laundry, Davis, & Wang, 2010）。「基層民主」の制度を党の指導体制に組み入れる試みは、都市部においても同様である。「社区」建設の初期段階においてこそ、党支部組織を社区居民委員会と一体化させるべきか否かをめぐり多様な意見が闘わされたものの（Kojima & Kokubun, 2004）、結局は都市コミュニティの多様なアクターを党のもとにまとめあげる方向で「社区」建設が進められるケースが上海など各地で観察された（小嶋、2011）。

　他方、地縁コミュニティで一定程度成功しているこのようなやり方は、自発的機能集団であるアソシエーションでは必ずしも通用しているとはいえな

い。党組織が社会団体においてしかるべき役割を果たしていないことは、北京・浙江・黒竜江3省の各級団体を対象とするサーベイ調査に基づく辻中豊らの研究成果に明らかである[12]。それによると、社会団体における党組織の設置率は北京市で17％、浙江省で7％、黒竜江省で15％にすぎず、その比率は低下傾向にある。党は団体の活動において、総じて政府に次ぐ副次的重要性しかもたず、特に農業分野の団体は党と「非協調」である傾向にある（辻中・李・小嶋編著、2014）。体制内社会団体から草の根NGOへと、アソシエーションは、党の包摂範囲を超えて拡がりつつある。

Ⅲ 巨大利権ネットワークと化した中国共産党とその将来

　以上に概観したように、イデオロギーが共産党の統治のツールとして、どのように機能しているのかという問題は、メディア研究を通じ、少しずつ明らかにされてきた。また、組織・人事制度についても、各種制度の変遷や目に見える党員リクルート、人事異動を主な題材に、研究が蓄積されてきた。しかし依然として、中国共産党とその指導の全貌を把握するにはほど遠い。本節では、中国共産党研究が抱える課題について述べる。

1　非制度的側面の把握

　まず研究者に立ちはだかるのは、情報の不足という壁である。イデオロギーや組織・人事に関わる制度や公式見解、実際の人事配置については、公開された文書により入手可能である。また、断片的ではあるもののサーベイ調査により、具体的な党の機能を把握する可能性も開けてきた。しかし、主な指導者の人脈ネットワークや人間関係については、各種メディアがこぞって報ずるものの、多くの憶測も含まれており、学術研究の資料とするには問題が多い。各行政機関・社会組織内の党委員会や党指導者の立ち回りについても、現実には規定外の慣例が強く影響しているものと推測される。さらには、党の財務状況——資産規模、予算規模、財政部所管の中央／地方政府の国家歳出入予算との関係——については、情報の入手がきわめて困難である。

　他方で、中国共産党は、急速にイデオロギー政党としての性格を弱め、今

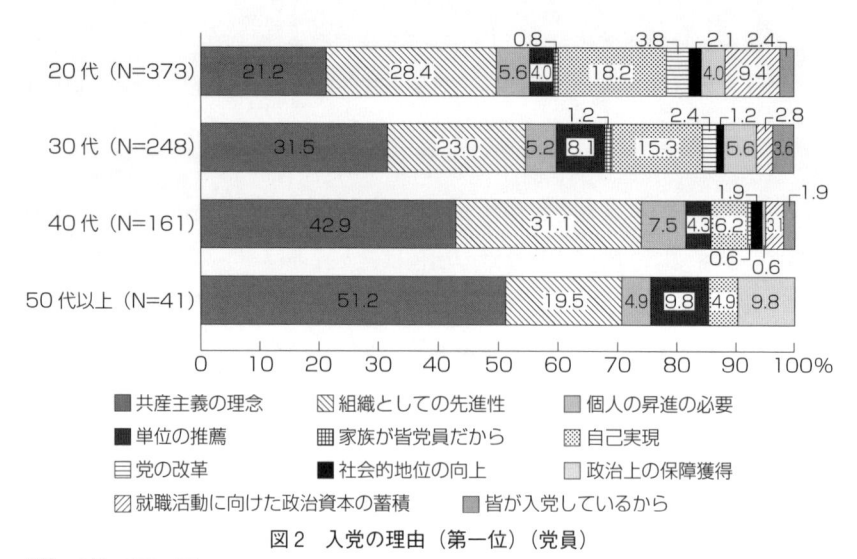

世代	共産主義の理念	組織としての先進性	個人の昇進の必要	単位の推薦	家族が皆党員だから	自己実現	党の改革	社会的地位の向上	政治上の保障獲得	就職活動に向けた政治資本の蓄積	皆が入党しているから
20代 (N=373)	21.2	28.4	5.6	4.0	0.8	18.2	3.8	4.0	2.1	9.4	2.4
30代 (N=248)	31.5	23.0	5.2	8.1	1.2	15.3	2.4	5.6	1.2	3.6	2.8
40代 (N=161)	42.9	31.1	7.5	4.3	1.9	6.2	1.9	3.1			
50代以上 (N=41)	51.2	19.5	4.9	9.8	0.6	4.9	0.6	9.8			

図2　入党の理由（第一位）（党員）

出所：小嶋、2012：393。
注）各項目の合計は100%となっていない（出典ママ）。

や制度や公式見解からは到底把握し得ない散漫な利権ネットワークと化している。そのことは、先述の菱田らによる意識調査の結果を見ても明らかであろう。北京大学の大学生・大学院生等を対象とする政治意識調査からは、党員の入党理由について、世代による顕著な変化が観察された。「共産主義の理念を信奉するがゆえに入党した」党員の比率は、50代以上の党員では51.2%、40代では42.9%、30代では31.5%、20代では21.2%と世代を経て激減の傾向にあった。代わって、顕らかに増加傾向を示しているのが、党に「自己実現」の場を求める比率であった。50代ではわずか4.9%を占めるにすぎなかったその比率は、30代の党員では15.3%、20代では18.2%に達した。また、20代の党員の間には、「就職活動に有利」という理由による入党が10%近くを占めていた（図2参照）。これらのデータは、若い党員ほど、党との関係に価値ならぬ実益に基づく関係を求める傾向にあるということを示している。

　人脈とカネで中央や各地の政治を牛耳る党の実態を解明するために、近年多くの研究者がとり組んでいるのが、「汚職」研究である。ルー・シアオボ（Xiaobo Lu）による研究を皮切りに（Lu, 2000）、メラニー・マニオンらが学

術的な汚職分析を試みている（Manion, 2009）。

2　共産党統治の強靱性を測る基準

　共産党の指導の実態が不透明であることに加え、その強靱性を測る基準についても、どのような変化が決定的重要性をもつのかどうか、研究者の間に思考の枠組みが構築されていない。例えば、先述のように、改革開放後の思想工作へのシニシズムをもってイデオロギー面での党の指導の減退を結論づけることができるかどうかについては研究者の間に見解の相違がある。また、中国版ノーメンクラトゥーラ制度（党が党・政府の重要幹部ポストの人事を掌握する制度）が機能を維持していることについては大きな異論がないとしても、経済エリートの包摂が与える影響については、党と経済エリートの間の利権ネットワークの形成を重視するディクソンや鈴木の見解と、利権に依存した関係には限界があるとするペイの見解の間には相違がある。なお、先述の政治意識調査によれば、「中国共産党以外に、中国を指導できる組織は存在しない」という命題について、「同意しない」・「あまり同意しない」と回答したサンプルの総計は、50代以上（15.3%）、40代（24.6%）、30代（22.8%）、20代（26.8%）となっていた。ここから明らかになるのは、40代以下の党員の間に、党の指導の絶対性に懐疑的な志向を臆せず表明する傾向があるということである。少なくとも知的エリートについては、一党支配の維持は聖域ではなくなっている。

　党の指導の維持は、党内外からどの程度正当性をもって受けとめられているのだろうか。あるいは、経年劣化が明らかであるにもかかわらず代替策も見つからない惰性の産物であるのか。体制の強靱性は、党の改革によりもたらされているのか、惰性の共有によりもたらされているのか。こうした問題は、価値や利益に基づく党内部の結束、党外勢力との相互作用の動態的なバランスでしか語り得ない。専門分化した分析を超え、中国政治全体を見据える姿勢が不可欠となる。

おわりに――中国共産党研究の展望

　中国共産党はいうまでもなく中国政治の主役であるが、その姿は依然として闇に包まれている。しかし、中国共産党の実態把握に有用な入手可能な資料は着実に増加している。中央・地方のアーカイブ資料の公開が進んでいるほか、かつての機密文献も一部は編集された形で閲読可能となった[13]。各種華字ジャーナルやインターネットを通じ、党内のさまざまな情報も（信憑性は担保できないものの）得ることができるようになった。本章に紹介したように、若干ながらサーベイ調査の可能性も開けてきた。あらゆる手段を駆使して、政治体系における党の実態を捉えることこそ、中国研究を志す者の永遠のテーマであろう。

　また、現実を把握したうえで、「中国的」と片づけられがちな党の実態や機能を比較研究の俎上に載せることにより、中国政治に対する理解はより深まるであろう。毛里和子は、中国共産党の現状と、藤原帰一が「政府党体制」として概念化した1970～1980年代の東南アジア諸国の政党体制とりわけインドネシアのスハルト体制を支えたゴルカルとの間に、強い類似性を指摘する（毛里、2012）。共産党のたどってきた歴史とその統治構造に見出せる多様な変数の因果関係を地域の縛りを取り払い、普遍的な概念を用いて描き出す努力も、翻って中国理解の助けとなるだろう。

---

1) 中国語では、党の国家に対する指導を、単なる「指導（guidance）」と区別し、「強制力を伴う指揮」という意味合いを込めて「領導（leadership）」と称する。本章では日本語訳の慣例に準じて「指導」を用いる。
2) 中国共産党の生存能力の解明に正面からとり組んだ著作として、デイヴィッド・シャンボー（David Shambaugh）*China's Communist Party: Atrophy and Adaptation*（中国共産党――萎縮と適応）(Shambaugh, 2008)、菱田雅晴編著『中国共産党のサバイバル戦略』がある（菱田、2012）。後者は、党のイデオロギー、党員の構成、組織機構、政治機能、党のイメージ等を扱う13篇の論文を収録し、日本における中国共産党研究の結集といえる。
3) 例えば、リチャード・ウォーカー（Richard Walker）、ウォルター・ロストウ（Walter Rostow）、カール・ウィットフォーゲル（Karl Wittfogel）は、こうした立場から中国論を展開した（Walker, 1955 ; Rostow, 1954 ; Wittfogel, 1960）。

4)『チャイナ・クォータリー (*China Quarterly*)』誌上で展開されたウィットフォーゲルとベンジャミン・シュウォルツ (Benjamin Schwartz) の論争は注目を集めた (Wittfogel, Schwartz, & Sjaardema, 1960)。
5) ジェームズ・タウンゼントも、権力闘争のツールであるイデオロギーの可変性を強調した。タウンゼントによれば、イデオロギーとは、具体的な解決法を示さぬまま、重要な政治選択を正当化するためのツールとして利用されるため、団結のみならず対立をも生み出す (Townsend, 1974：169)。イデオロギーに対する道具主義的理解は、共産主義イデオロギーと中国共産党史観に影響されていた過去の研究に新たな視点を提起した。例えば、中国革命についても、地方の公文書のリサーチやフィールド・ワークを踏まえ、共産党勝利の源泉を社会主義イデオロギーの実践やナショナリズムではなく、共産党の意図を離れた「偶然」性に求める研究が数多く発表されるようになった。例えば、キャスリーン・ハートフォード (Kathleen Hartford) とスティーヴン・ゴールドスタイン (Steven M. Goldstein) 編による著作は、こうした視点に貫かれている (Hartford and Goldstein, 1989；高橋、2006)。
6) 文部科学省科学研究費補助金プロジェクト「中国共産党に関する政治社会学的実証研究」(研究代表者：菱田雅晴)。本調査の結果は、菱田雅晴編著『中国共産党のサバイバル戦略』にまとめられている (菱田、2012)。
7) 元々20世紀初頭の中国で受け入れられた社会主義が、ナショナリズムの色濃いものであったことは、ルシアン・ビアンコ (Lucien Bianco) がその著 *Origins of the Chinese Revolution : 1915-1949* (中国革命の起源 1915-1949) において、「マルキシズムは、社会的不義と闘うためのみならず、100年にわたり脅かされた民族の尊厳を回復させるためにも、最も有用な『主義』であるように思われた」と書いている通りである (Bianco, 1971：50)。また、ロラン・ルー (Roland Lew) は、「中国の『現実社会主義』とは、実のところ、ナショナリズムの変種の歴史であり……国家主義的、権威主義的、かつ反民主的だという特徴がある。……大衆の解放への切望は、それが国家政党の論理、国力の必要性、革命的かつ全土的な動員への追従と相容れる限りにおいてしか、実現される可能性はない」と論じた (ルー、2004)。
8) 江沢民は1990年5月、首都青年五四記念報告会における講話のなかで、「今日の中国において、愛国主義と社会主義は本質的に同一のものである」と述べた。
9) 共産党保守系雑誌『求是』(2009年3月16日号) は、「西側の民主や憲政の概念を『普遍的価値』とし、中国の指導思想にするべきだとの主張があるが、これはマルクス主義指導思想への挑戦だ」と論じた。
10) リンチとアシュレイは *Taiwan Journal of Democracy* (2007年7月号) で論争を展開した。
11) 村民委員会選挙の導入に際し展開された、党の指導との両立をめぐる議論については、O'Brien & Li (2000) に詳しい。
12) 文部科学省特別推進研究「日韓米独中における3レベルの市民社会構造とガバナンスに関する総合的比較実証研究」(代表者：辻中豊)。

13) 例えば、カリフォルニア大学ロサンゼルス校の East Asian 図書館等に所蔵されている『中共重要歴史文献資料彙編』など。

参考文献
【日本語】
浅野亮（2009）『中国の軍隊』創土社。
川井伸一（1981）「ソビエト官僚制と中国共産党――一長制の導入と摩擦」『アジア研究』第 27 巻第 4 号。
小嶋華津子（2009）「中国工会の課題――人民団体から利益団体への模索」『現代中国研究』第 25 号、2009 年 10 月。
―――（2011）「中国都市部居住区のガバナンスをめぐる政治力学」『アジア経済』第 52 巻第 5 号、2011 年 5 月。
―――（2012）「エリート層における党の存在――中国エリート層意識調査（2008～9）に基づいて」菱田雅晴編著『中国共産党のサバイバル戦略』三和書籍。
朱建栄（2012）「党中央の研究機関――『学習型政党』建設と"調研"活動」菱田雅晴編著、前掲書。
鈴木隆（2012）『中国共産党の支配と権力――党と新興の社会経済エリート』慶應義塾大学出版会。
諏訪一幸（2008）「中国共産党の党内選挙制度――限定的自由化と上級党組織の権限強化」『メディア・コミュニケーション研究』54 号、61-77 頁。
高橋伸夫（2006）『党と農民――中国農民革命の再検討』研文出版。
辻中豊・李景鵬・小嶋華津子編著（2014）『現代中国の市民社会・利益団体――比較の中の中国』木鐸社。
唐亮（1997）『現代中国の党政関係』慶應義塾大学出版会。
菱田雅晴編著（2012）『中国共産党のサバイバル戦略』三和書籍。
毛里和子（2012）『現代中国政治［第 3 版］――グローバル・パワーの肖像』名古屋大学出版会。
矢吹晋（2003）『鄧小平』講談社。
ヴォーゲル、エズラ（2013）『現代中国の父　鄧小平（上）（下）』（益尾知佐子・杉本孝訳）日本経済新聞出版社。
ヤン、ベンジャミン（1999）『鄧小平　政治的伝記』（加藤千洋・加藤優子訳）朝日新聞社。
ロラン、ルー（2004）「中国共産党体制の『現実社会主義』」（岡林祐子訳）（http://www.diplo.jp/articles04/0410-4.html　2014 年 10 月 1 日閲覧）。

【英　語】
Ashley, Esarey W.（2006）*Caught between State and Society: The Commercial News Media in China*. Columbia University Ph. D Dissertation（UMI Number: 3209344）．

Barnett, Doak A. with a contribution by Ezra Vogel （1967） *Cadres, Bureaucracy, and Political Power in Communist China*. New York: Columbia University Press.

Bianco, Lucien （1971） *Origins of the Chinese Revolution: 1915–1949*. Stanford, Calif.: Stanford University Press.

Brady, Anne-Marie （2007） *Marketing Dictatorship: Propaganda and Thought Work in Contemporary China*. Lanham, MD: Rowman & Littlefield.

Brodsgaard, Kjeld Erik （2004） "Management of Party Cadres in China," in Kjeld Erik Brodsgaard & Zheng Yongnian （eds.） *Bringing the Party Back in: How China is Governed*. Singapore: EAI, pp.57–91.

Brodsgaard, Kjeld Erik & Zheng Yongnian （eds.）（2004） *Bringing the Party Back In: How China is Governed*. Singapore: EAI.

Burns, John P. （1994） "Strengthening Central CCP Control of Leadership Selection: The 1990 Nomenklatura," *The China Quarterly*, No.138 （June 1994）, pp. 458–491.

Chang, Julian （1997） "The Mechanics of State Propaganda: The People's Republic of China and the Soviet Union in the 1950s," in Cheek, Timothy and Tony Saich （eds.） *New Perspectives on State Socialism in China*. Armonk, N.Y.: M. E. Sharpe.

Chen, Jerome （1965） *Mao and the Chinese Revolution*. London: Oxford University Press.

Dickson, Bruce （2000–2001） "Cooptation and Corporatism in China: The Logic of Party Adaptation," *Political Science Quarterly*, vol.115, no. 4, Winter 2000–2001.

—— （2008） *Wealth into Power: The Communist Party's Embrace of China's Private Sector*. New York: Cambridge University Press.

Evans, Peter B., Dietrich Rueschemeyer, and Theda Skocpol （1985） *Bringing the State Back In*. Cambridge: Cambridge University Press.

Goodman, David S. G. （2000） "The Localism of Local Leadership Cadres in Reform Shanxi," *Journal of Contemporary China*, vol. 9, no. 24, （2000）, pp.159–183.

Gries, Peter Hays （2004） *China's New Nationalism: Pride, Politics and Diplomacy*. Berkeley, Calif.: University of California Press.

Harper, Paul （1969） "The Party and the Unions in Communist China," *The China Quarterly*, no. 37 （Jan.–Mar. 1969）.

Hartford, Kathleen and Steven M. Goldstein （eds.）（1989） *Single Sparks: China's Rural Revolutions*. Armonk, N.Y.: M. E. Sharpe, inc.

Holbig, Heike and Bruce Gilley （2010） "In Search of Legitimacy in Post-revolutionary China: Bringing Ideology and Governance Back In," GIGA （German Institute of Global and Area Studies） Working Paper, no.127, March 2010.

Holbig, Heike （2013） "Ideology after the End of Ideology. China and the Quest for Autocratic Legitimation," *Democratization*, vol. 20, no.1 （January, 2013） pp. 61–81.

Hughes, Christopher R. （2006） *Chinese Nationalism in the Global Era*. London: Routledge.

Johnson, Chalmers （ed.）（1973） *Ideology and Politics in Contemporary China*. Seattle and

London: University of Washington Press.

Kojima, Kazuko and Ryosei Kokubun (2004) "The *Shequ* Construction Programme and the Chinese Communist Party," in Kjeld Erik Brodsgaard & Zheng Yongnian (eds.) *Bringing the Party Back in: How China is Governed*. Singapore: EAI, pp. 217-238.

Laundry, Pierre F. (2008) *Decentralized Authoritarianism in China: The Communist Party's Control of Local Elites in the Post-Mao Era*. New York: Cambridge University Press.

———, Deborah Davis and Shiru Wang (2010) "Elections in Rural China: Competition without Parties," *Comparative Political Studies*, vol. 43, no. 6 (June 2010), pp.763-790.

Lee, Hong Yung (1991) *From Revolutionary Cadres to Party Technocrats in Socialist China*. Berkeley: University of California Press.

Lu, Xiaobo (2000) *Cadres and Corruption: The Organizational Involution of the Chinese Communist Party*. Stanford, Calif.: Stanford University Press.

Lynch, Daniel C. (1999) *After the Propaganda State: Media, Politics, and "Thought Work," in Reformed China*. Stanford: Stanford University Press.

Manion, Melanie (1985) "The Cadre Management System, Post-Mao: The Appointment, Promotion, Transfer and Removal of Party and State Leaders," *The China Quarterly*, No.102 (June 1985), pp. 203-233.

——— (2009) *Corruption by Design: Building Clean Government in Mainland China and Hong Kong*. Cambridge, MA: Harvard University Press.

O'Brien, Kevin J. and Lianjiang Li (2000) "Accommodating 'Democracy' in a One-Party State: Introducing Village Elections in China," *The China Quarterly*, no.162, Special Issue: Elections and Democracy in Greater China, Jun., 2000, pp. 465-489.

Oksenberg, Michel (1969) "Local Leaders in Rural China, 1962-65: Individual Attributes, Bureaucratic Positions, and Political Recruitment," in Barnett, A. Doak (ed.) *Chinese Communist Politics in Action*, Seattle: University of Washington Press.

Pei, Minxin (2006a) "The Dark Side of China's Rise," *Foreign Policy*, vol. 62, no. 4 (March/April 2006).

——— (2006b) *China's Trapped Transition: The Limits of Developmental Autocracy*. Cambridge, MA: Harvard University Press.

Perry, Elizabeth J. (1997) "Shanghai's Strike Wave of 1957," in Timothy Cheek & Tony Saich (eds.) *New Perspective on State Socialism in China*. Armonk, N.Y.: M. E. Sharpe.

Rostow, W.W. (1954) *The Prospects for Communist China*. The Technology Press of Massachusetts Institute of Technology and John Wiley & Sons.

Schram, Stuart (1969) *The Political Thought of Mao Tse-tung*. Harmondsworth: Penguin Books.

Schurmann, Franz (1966) *Ideology and Organization in Communist China*. Berkeley: University of California Press.

Schwartz, Benjamin (1960) "The Legend of the "Legend of 'Maoism'," *The China Quarterly*,

April-June 1960.

Shambaugh, David（2007）"China's Propaganda System: Institutions, Process, and Efficacy," *China Journal*, no. 57（January 2007）.

―――― （2008）*China's Communist Party: Atrophy and Adaptation*. Washington, D.C., Woodrow Wilson Center Press.

Townsend, James R.（1974）*Politics in China*. Boston: Little, Brown and Company.

Walder, Andrew G.（1986）*Communist Neo-Traditionalism: Work and Authority in Chinese Industry*. Berkeley: University of California Press.

―――― （2006）"The Party Elite and China's Trajectory of Change," Kjeld Erik Brodsgaard and Zheng Yongnian（eds.）*The Chinese Communist Party in Reform*. London, New York: Routledge.

Walker, Richard L.（1955）*China under Communism: The First Five Years*. New Haven: Yale University Press.

Wang, Zheng（2008）"National Humiliation, History Education, and the Politics of Historical Memory: Patriotic Education Campaign in China," *International Studies Quarterly*, no.52, pp. 783–806.

―――― （2012）*Never Forget National Humiliation: Historical Memory in Chinese Politics and Foreign Relations*. New York: Columbia University Press.

Wittfogel, Karl A.（1960）"Part 1: The Legend of "Maoism"," *The China Quarterly*, January, 1960, pp. 72–86.

―――― （1960）"The Legend of "Maoism"（concluded）," *The China Quarterly*, April-June, 1960, pp. 16–34.

Wittfogel, Karl A., Benjamin Schwartz, and Henryk Sjaardema（1960）"Controversy," *The China Quarterly*, October-December, 1960.

Wu, Guoguang（2008）"From Post-imperial to Late Communist Nationalism: Historical Change in Chinese nationalism from May Fourth to the 1990s," *Third World Quarterly*, vol.29, no.3, pp. 467–482.

Zhao, Suisheng（2004）*A Nation-State by Construction: Dynamics of Modern Chinese Nationalism*. Stanford, California: Stanford University Press.

Zheng, Yongnian（1999）*Discovering Chinese Nationalism in China: Modernization, Identity, and International Relations*（*Cambridge Asia-Pacific Studies*）. Cambridge, N.Y.: Cambridge University Press.

第4章
人民解放軍の役割

毛利亜樹

はじめに

　本章の目的は、現代中国政治と人民解放軍の関係を扱った英語圏と日本における主要先行研究の議論を、なるべく体系的に整理することである[1]。

　人民解放軍（以下、解放軍と略記）は、外敵から中国を防衛する国軍の機能を帯びた、中国共産党の守護者すなわち党の軍隊である。党指導者と解放軍指導者は、革命の経験を共有する「一体不離」（若松、1968）、「共生（symbiosis）」（Perlmutter, 1981；Shambaugh, 1991）の関係にあると表現されてきた。ところが、この政治と軍の関係は無風状態にあったのではなく、むしろ毛沢東、鄧小平時代には激動の中国政治の中核をなしていた。第一に、文化大革命（以下、文革と略記）期の1969年、中央における軍代表の比率は党のシビリアンを凌駕し、「党が軍を指揮する」という党の掲げる原則と大きな開きが生じた。第二に、1989年の第二次天安門事件（以下、「天安門事件」と表記）で軍はデモを鎮圧し、中国の人々の間に「人民の軍隊」という党のイデオロギーに対する深刻な疑念を生じさせた。現代中国の政治史は、解放軍が中国共産党の命運を握るアクターであることを示している。

　従来の研究では、西側諸国における中国の政軍関係研究の多くは、サミュエル・ハンチントン（Samuel P. Huntington）のプロフェッショナリズム（professionalism）概念に基づいていたとされる（Paltiel, 1995；Bickford, 2000；浅野、2007）。この指摘は、解放軍の専門化（professionalization）を扱う先行研究に限れば妥当である。しかし研究史を概観すれば、解放軍の専門化は論点のす

81

べてではなかったから、政軍関係理論のみが支配的な分析視角とはいえない。むしろ、中国政治という条件を無視した理論の適用に対する批判は根強く、政治と軍事を分離するという意味での「党軍関係」の想定すら批判されていた。そこで本章では、現代中国政治における解放軍を扱う議論の分布をなるべく把握し、それらの関係性の説明に努めたい。

　ここで、膨大な先行研究を整理する枠組を述べておこう。本章は、英語圏と日本の研究史の再構成という手法をとり[2]、特に冷戦期には宣伝との区別が困難であると同時に情報のトレースが難しいといわれた香港、台湾、中国大陸の著作を、国際共同研究を除き扱っていない。しかし、分析対象を英語圏と日本の研究に絞ることで、分析枠組をめぐる議論の変遷をより明確に追うことができる。さらに、実務家と研究者の仕事が交差するこの分野の実学の側面に光を当てられるという利点もある。以下、第一に、研究をとり巻いた環境と主な分析枠組を整理し、第二に、研究史を概観する。そのうえで、研究史の変遷の含意を検討する。

I　研究へのアプローチ

1　中国の軍事、安全保障研究の誕生

　現代中国の軍事と安全保障は、「象牙の塔」に閉じ込められた研究分野ではない。アメリカでは、政府機関スタッフ、シンクタンクの研究者、元制服組といった実務家に近い人々と大学に所属する研究者とが緊密に協力し、軍事や安全保障政策研究にとり組んできた。その背景のひとつには、朝鮮戦争への介入、台湾海峡と朝鮮半島における中国との対立という戦後アメリカの東アジア関与があった。アメリカは冷戦を戦うために官民の集合知を動員したのである。

　実務と研究の融合例に、朝鮮戦争への中国の参戦を検討したホワイティング（Allen S. Whiting）の業績がある（Whiting, 1960）。同書は朝鮮戦争研究の「里程標」（朱建栄）とされる重要な業績であるが、「敵を知るための学者と政府の冷戦期における協力の産物」（Brown, 2004）の側面ももっていた。つまり、中国の軍事、安全保障研究は、現実政治に向き合う政策志向の強い分

野として誕生した。ポスト冷戦期にもこの特徴は維持されている。

　官民の集合知による軍事、安全保障研究が発展したアメリカに対し、日本では、これらが研究課題として社会的に受容されるまで曲折があった。1970年代頃までの日本社会では、「軍事力による平和という権力政治」を徹底的に否定しようとする風潮が強かった（神谷、2012）。この社会環境のもとで、戦後日本の現代中国論はイデオロギー的、道義的、文化的親近感の立場をとるのが一般的であった[3]。ところが1964年の中国の核実験成功を契機に、日本の安全保障に中国が与える影響を冷厳に検討すべきとの問題意識が強まった（中島、1964：286-287；石川、1965；高坂、1965）。1968年には若松重吾（伊達宗義）が人民解放軍に関する戦後初めてのまとまった業績を刊行した（若松、1968）。しかし、軍事力に関わる研究は日本社会に容易に受け入れられなかった[4]。

　それでも、1980年代の日本では解放軍の研究が本格化し始めた。この分野で多くの業績を残した平松茂雄は、自らの研究は改革開放や軍事改革という中国情勢に合致したと振り返る（平松、2005：230）。アメリカでも、この時期では中国軍の専門化が最も注目された（Bickford, 2000：13）。しかし次節に見るように、軍の専門化以外にも、研究史には政治と解放軍を扱う複数の枠組が登場していた。

2　主要な分析枠組

　中国政治と軍隊の研究史を概観するにあたり、あらかじめ、代表的と考えられる分析枠組を抽出しておこう。これらの枠組は一度に出揃ったのではない。現実政治の展開や他の研究分野における知見から刺激を受け、そのつど有力な分析枠組は変動した。加えて、各枠組には重複する部分があり、相互補完的でもあった（Latham, 1991）。

（1）党軍関係（party-army relations）

　党軍関係は、中国政治における解放軍を扱う伝統的な枠組である。この枠組を最初に用いたエリス・ヨッフェ（Ellis Joffe）は、中国でのシビリアンの定義は西側諸国のそれより広いと指摘し、革命世代の政治指導者が軍務経験

をもっていた中国政治の現実に配慮した。しかし、このような留保にもかかわらず、党軍関係の枠組は理念的に党と軍を分離可能な制度あるいは組織として把握するため、党と軍という制度の間に何らかの紛争を想定する傾向をもつ。この傾向は、後述の軍事専門主義を扱う時に顕著になる。

しかし文革期に党と軍を貫く属人関係のネットワークが複数存在するとの見方が強まると、党と軍の制度間紛争という枠組は中国政治の現実を捉えていない、と批判された。また、1980年代以降の中国政治の変化のなかで、党軍関係は統治機構における関係性のひとつという位置づけになってきた。とりわけ国家中央軍事委員会が創設され、軍を国家機構に位置づける法制度化が進展すると、党軍関係のほか国家と軍の関係を検討する必要が出てきた。さらに、2002年に「三つの代表」によって中国共産党が企業家をとり込むと、政策決定過程に関与するアクターは伝統的な党、国家、軍から多元化したと考えられた。要するに、党軍関係は党による暴力の独占と軍事政策の決定における最も重要な関係性だが、それのみでは中国政治における解放軍の位置づけや役割を充分に捉えられなくなっている。

(2) 軍事専門主義 (military professionalism)

この分析枠組は党と軍の間に軍事専門主義をめぐる葛藤を想定する。ここには二つの重要な前提がある。第一に、軍はプロフェッショナリズムの倫理をもつ組織であり、その政治行動は組織の専門的利益を守るための努力とみなされる。第二に、党の軍に対する行動は、専門化する軍隊による党の政治的価値観からの逸脱を管理する、軍隊統制の取組として理解される。これらの前提は、解放軍が専門化すると、1) 専門に基づく集団的利益 (corporate interest) をもつ、2) 党から自律する潜在性をももつ (あるいは、そのように認識される)、と想定する点において、党軍関係を論じており、かつハンチントンの古典的政軍関係理論[5]に根ざしている。

ただし、軍の専門化が政治的中立をもたらすというハンチントンの仮説は学会で論争の的であった[6]。中国政治研究でも、文革や天安門事件のように軍の政治関与の現実があった時期には、解放軍の専門化が政治的超然性をもたらすとの主張は抑制され、軍の専門主義と党の政治統制を対立関係と解す

る視座も批判された。しかし1980年代に軍事改革が始動し、江沢民政権が安定した1990年代半ば以降は、ハンチントンの政軍関係理論を中国に適用する傾向が強まった。解放軍は次第に政治関与しなくなり、シビリアン指導者も軍を専門に集中させつつ統制するという、「客体的シビリアン・コントロール」[7]に近づいたとの議論である。日本では、解放軍の政治関与の減少は、党の軍隊でなくなる脱政治化ではなく、あくまで党軍として専門的な自律性を高めてきたという意味で論じられることが多い。

(3) 軍の政治関与(political involvement of the military)

この枠組は、党と軍を分離可能な制度とみなし、その間に紛争を想定した先行研究に対する修正主義的観点として、1980年代以降に議論されるようになった。軍の政治介入をプロフェッショナリズムの倫理に反し党の優位に挑戦する問題行動と理解する立場に対し、この枠組は中国政治における軍の役割を正統な関与とみなす。つまり、党と軍の相互浸透(interpenetration)あるいは共生と表現されるように、中国革命の成功と内戦の勝利における軍の役割に注目し、軍を政治システムの一部とみなす点にこの枠組の特徴がある。

この枠組は、政治と軍事が密接であるために、軍の支配は政治指導者の党内での権力基盤の強化につながる、翻って軍は政治的影響力をもつという前提のもと、軍の政治関与の形式、条件や要因、軍の政治的影響力の度合いを検討する。具体的には、軍の動機に注目する立場として、専門的集団としての利益確保に注目する利益集団説、保守的で穏健な軍人の信念に注目するシステム不均衡の調停者説がある。また、政治指導者側の動機に注目する立場には、軍の政治関与を指導者の選択や政治戦略の帰結と解する議論もある。この枠組は軍を政治の参与者とみなす点で次の軍事官僚制と相互補完的であるが、政治や社会が不安定な時期の軍の動きも分析射程の範囲内に収めている。

(4) 軍事官僚制(military-bureaucracy)

軍事官僚制の枠組は、1970年代末の改革開放路線により、外国人研究者が利用可能な資料や情報が格段に増えたことで本格化した、中国の官僚制度

研究の一分野である。そのため、この枠組による研究は、主に 1980 年代以降の軍をめぐる専門主義に基づく党、国家、軍の役割、および権限の制度化と成文化の過程に焦点を当てる傾向が強い。ここには、1）解放軍の行動パターンは次第に制度化されつつある、2）解放軍は軍事の専門領域に基づく組織利益の実現を政治指導者に働きかける、という前提がある。軍事官僚制の枠組は、政治とは分離できる軍の集団的利益を想定する点で、党軍関係と軍事専門主義の延長線上にある。さらに、軍を官僚政治におけるアクターのひとつと理解するこの枠組は、軍の政治関与を論じているが、安定した政治環境における制度化された政治過程の説明に有効である。

この枠組には実証面の困難もある。軍は政策決定過程に影響力をもつと推測されるものの、そのルートや程度を資料に基づいて評価することは容易ではない。しかもこの作業は、時代が新しくなるにつれ、情報不足のため、より困難になる。これを緩和するために、関係者へのインタビューや入手可能な中国語資料に基づき、過去のある時点の政策決定過程における軍の役割や、軍に対する統制制度の運用実態を明らかにする努力が行われている。

以上この節では、この分野の議論で代表的と考えられる四つの分析枠組をあらかじめ抽出した。以下では、これらの分析枠組の登場背景とそれぞれの議論を整理していこう。

II これまでの研究

1 軍事専門化と政治統制の葛藤

1960 年代の西側専門家たちは、米ソに対する核と通常兵器での中国の圧倒的な劣勢にもかかわらず、解放軍で革命戦争時代の教義が信奉され、軍隊の士気や戦闘効率が政治イデオロギーの問題として理解されていたことに関心を寄せていた（George, 1967）。朝鮮半島や台湾海峡における米軍との対峙を経て、中国の政治、軍事指導者たちはその脆弱な軍隊を近代化する必要性を痛感したと西側専門家の間では考えられていたからである。実際、1950 年代の中国はソ連との協力により技術と装備を近代化し、専門知識をもつ人材育成を試みていた。ところが、1950 年代後半の大躍進政策の頃から、解

放軍では専門主義批判が激しくなり、政治工作や大衆運動の重要性が強調された。この展開は、朝鮮戦争後の革命・平等主義の放棄による軍の専門化から、政治統制の再強化とかつての革命・平等主義への回帰という「輪」を描いていた（George, 1967：ix）。

上記の現象を党軍関係と軍事専門主義の枠組で分析したのは、先述のイスラエル人研究者ヨッフェである。ヨッフェは解放軍における専門将校団の成長に注目し、軍の専門化と党と軍上層部で共有された革命の価値との間で緊張が生じ、1959年の彭徳懐国防部長の解任（彭徳懐事件）でひとつの頂点に達した、と指摘した（Joffe, 1965）。ヨッフェの議論以来、党軍関係は中国政治における解放軍を扱う伝統的枠組になった。

建国から1960年代前半までの党軍関係の緊張を扱った研究は、二つの立場に大別できる。第一の立場は、党と軍の指導者層をあるグループに分け、それらの対立を強調する立場である（Zagoria, 1962）。チャールズは、彭徳懐がフルシチョフと連絡をとって大躍進政策を攻撃した反党グループ指導者であったと分析した（Charles, 1961）。日本でも、文革を同時代に扱った山下龍二らが、彭徳懐や劉少奇が「ブルジョア軍事路線」をとり、毛沢東思想に基づく「プロレタリア軍事路線」と対立した（朝日新聞安全保障問題調査会、1967：Ⅱ；山下、1969：第10、11章）という、文革期中国の報道が提供する図式を受け入れていた。これらの研究のように彭徳懐が党の優位に挑戦したとの評価には踏み込んでいないが、軍における専門化志向と政治イデオローグとの対立を強調する立場もある（Hsieh, 1962：176；若松、1968）。第一の立場にたつ諸研究は、党軍間に軍の専門化をめぐる紛争が存在すると理解する立場と整理できる。

これに対し第二の立場は、軍近代化の必要性そのものが党と軍の紛争の主要因ではなかった点に注意を喚起し、軍の役割や安全保障についての最高指導者層の認識変化に注目した。この立場によれば、大躍進政策期の党軍関係の悪化は、軍の専門化傾向に派閥の発生や党への忠誠心の面で懸念を感じとった、党と軍の古参幹部の不信と過剰反応によるものであった。朝鮮戦争を受け解放軍で専門化が推進されると、同志的結合に基づく解放軍の伝統的な人間関係が階級制へ再編されるなど、革命時代の行動様式に修正を求める

動きが強まった。これに不信を深めた党と軍の古参幹部が、朝鮮戦争の休戦協定後の平時建設の局面で大衆工作と生産活動という非軍事的役割を軍に性急に求め、軍内の反発を引き起こしたという（ルイス、1964；Joffe, 1965；Gittings, 1967：Chapter 9；Griffith, 1967：Chapter13, 15）。また、彭徳懐の解任を対ソ政策上の不一致と見る立場もあった。毛沢東がソ連との協力関係から大躍進政策の生産拡大による「自力更生」へ中国共産党を牽引した時期に、彭はソ連との防衛協力を通じた中国の安全保障を追求する立場にあったという指摘である（Gittings, 1967：Chapter11；平松、1986：247-251）。

第二の立場は、軍の専門に基づく自律性の範囲を政治がどこまで認めるかという「線引き」の問題を議論していた。典型的には、毛沢東の政治統制による軍の専門化の混乱（Jencks, 1982；平松、1984、1986、1991：第2章）という図式が示されていた。これらの研究は、専門化する軍隊に対する党の管理戦略とその問題に注目したといえるだろう。

では、党軍関係アプローチをとる研究は、党と軍の紛争や党の政治統制に対する軍の抵抗の程度をどのように評価したのだろうか？　1960年代前半まで、英語圏研究者の間では、党軍間の紛争を限定的と見る解釈が支配的であった。軍人エリートたちは紅軍以来の共通の経験をもち、基本的に党と政府に忠誠的であるため、軍の役割や安全保障での不一致は「党と軍の調和のなかの世代間紛争」(Joffe, 1965)、「組織的背景のないオピニオン・グループ間の議論」(Nathan, 1973) にとどまるという（ルイス、1964；Gittings, 1967；Joffe, 1965）。

ところが、文革直前から表面化した激しい対立は、現代中国のエリート紛争をコンセンサスに基づく限定的対立とみなしてきた西側研究者の解釈を動揺させた。文革開始後にまとめられた日本の解放軍研究も、彭徳懐主導の専門主義に基づく軍隊建設が毛沢東軍事路線により阻まれたと見るか（若松、1968：392-401）、ブルジョワ軍事路線と毛沢東軍事路線との対立と見るか（山下、1969）の隔たりは大きいものの、共にエリート間の不一致を強調していたのである。

2 解放軍の政治行動

1960年代末、解放軍幹部が中央と地方の党と政府の機関を掌握したことで、解放軍は文革期中国の強力な政治アクターとして大きな社会的、学術的関心を集め始めた。エーデルマン（Jonathan R. Adelman）によれば、1960年代まで、共産主義国家の政軍関係の説明ではハンチントンやジャノヴィッツ（Morris Janowitz）らの全体主義モデルが支配的であった。この全体主義モデルでは、党は恐怖と追放によって軍を支配するとされていたが、ソ連や中国では軍が強力な政治アクターである現実をうまく説明できなかった（Adelman, 1980, 1982）。そこで、全体主義モデルから逸脱した現実を理解するために、西側諸国の研究者たちは、共産主義体制における軍隊の政治行動を再検討し始めた（Herspring and Volgyes eds, 1978）。以下、その一環である文革期における解放軍の政治行動の研究を整理しよう。

(1) 派閥説

派閥説は、文革期エリート政治の説明概念として最も有力視された。派閥とは、忠誠と義務感をもつメンバーや共通の運命にある人間との間で共有された、経験、相互に入り組んだキャリア、現在の官僚政治の責任によって束ねられたグループとされる（Lieberthal and Oksemberg, 1988：59）。解放軍に関連する派閥説で、最も広く受け入れられたのは野戦軍（field army）の人脈という派閥形成論理であろう。元陸軍大佐でランド研究所中国研究局長（当時）のウィットソン（William W. Whitson）が香港の研究者の協力を得てまとめた研究によれば、中国革命を通じて形成された五つの野戦軍派閥間のバランスと連携が中国政治における軍人エリートの権力と影響力のパターンを説明するという。各野戦軍のメンバーたちは1930年代に危険と経験を共有し、強固な属人関係を築いた。この非公式なネットワークへの所属が、建国後もエリート関係の基礎になっているという（Whitson, 1973）。この野戦軍派閥説は、日本の研究にも取り入れられた（川島、1978、1989；唐、2003；浅野、2007）。

もっとも、文革期の派閥のあり方について、研究者の間に一致した見解はなかった。ネイサン（Andrew Nathan）によれば、文革期のエリート政治の枠組は「組織化されていないオピニオン・グループ」間の議論から、野戦軍、

軍指揮官対政治委員、党対軍といったさまざまな形式で議論される利益集団の政治的連携と対立へと変化した (Nathan, 1973:34-35)。このほか、中央統制下の主力軍と地方軍の対立 (Nelsen, 1977:38-43)、中央の急進派に対抗する穏健派の軍 (Pang-yu Ting, 1982；Joffe, 1987)、軍政治委員とそれに反対する軍指揮官と党グループの連合や、林彪と第四野戦軍系の軍人たちとその反対者 (Whitson, 1973；川島、1978) といった枠組でも論じられた。このような派閥説には、中国政治のすべての紛争を派閥対立に帰する種類の分析に陥りかねない、との批判もあった (Parish, 1973, Domes, 1977)。

しかし、複雑な現実の不完全な説明であっても、派閥説は文革期の支配的なダイナミクスを捉えられると考えられた (Nathan, 1973；Tsou and Nathan, 1976)。それは、派閥説が公式の制度が著しく弱められた時期の中国政治を動かす、党と軍にまたがる非公式な属人的ネットワークの連携と亀裂の枠組を提供したからである。ただし派閥説、野戦軍派閥の枠組は所与とされるべきではなく、本質的に党や官僚機構が著しく弱められていた毛沢東時代や文革の政治的文脈でのみ有効だとの指摘もあった (Parish, 1973；Bickford, 2001：8-11)。さらに林載桓（イムジェファン）によれば、派閥説では長期間にわたる制度変化のメカニズムを説明できない。1971年の林彪事件で林彪グループが権力を失っても軍部統治の状況は続き、1970年代末に基本的に解消した。この軍部統治の継続と解消の論理は、林彪派閥の権力の消長では明らかにできないという (林、2014)。

(2) 利益集団説

ソ連軍をひとつの利益集団とみなしたコルコウィックス (Roman Kolkowics) は、軍は専門集団化すると共に軍事的合理性に基づく自律性を求めるようになり、軍を効果的に政治統制しようとする党と緊張関係にあると主張した (Kolkowics, 1978)。この利益集団アプローチには、政治と軍事とは制度や組織面で分離可能という重要な前提がある。この政治と軍事を二分しうるとみなす部分が、コルコウィックスの利益集団アプローチと、中国の党軍関係アプローチをとる一部の先行研究とは共通していた。先述のように、文革前の事象を扱った党軍関係アプローチによる分析は、軍事専門主義と党の政治統

制(「専」と「紅」の対立と表現された)という、異なる価値観に根ざした制度間の紛争を想定していたのである。

しかし文革以降の研究では、利益集団説が想定する党と軍という単純な分類は、中国政治の現実を説明できない、との指摘が相次いだ[8]。エーデルマンによれば、政治と軍事は切り離せるとの前提下では、軍の政治への浸透は近衛兵主義(praetorianism)[9]や軍の政治化と性格づけられる。しかし、中国の政治家は軍人でもあり、中国革命における役割は軍の正統性の源でもあるから、軍の政治参加は当然であるという(Adelman, 1982:207)。また、サンドシュナイダー(Eberhard Sandschneider)によれば、文革期の中国軍は、プロフェッショナリズムの倫理に基づく共通の政治的利益をもつ一枚岩の主体としてシビリアンに抵抗している、と到底みなせなかった(Sandschneider, 1989:342-343)。党軍関係アプローチの先駆者であるヨッフェも、軍内の亀裂の深刻さはよくわからないとしつつ、少なくとも北京の急進派の林彪らと地方の軍事指導者が対立していたと分析した(Joffe, 1973)。

党と軍を二分する党軍関係アプローチの前提を、政軍関係理論の中国政治への不用意な適用という観点から批判したのはゴッドウィン(Paul H. B. Godwin)である。彼によれば、「専」と「紅」の対立というヨッフェの党軍関係研究は、専門化された軍隊は政治的に中立化するというハンチントンの政軍関係理論を暗黙の前提にしていた。しかし、戦闘に加え大衆運動と生産活動の任務も帯びる解放軍の専門はハンチントンの定義よりも幅広いため、中国での現象を専門的軍人と政治的イデオローグの対立と概念化するのは誤解を招くという(Godwin, 1978)。中国政治における解放軍の正統な任務が広範囲にわたることを指摘したゴッドウィンの批判は、次に扱う軍の政治関与につながる議論であった。

(3) システム不均衡の調停者

この分析視角は、党と軍を二分し、その間に紛争を想定した先行研究に対する批判として1980年代に本格的に議論されるようになった。この立場によれば、革命の成功と内戦の勝利に軍が大きな役割を果たした中国では、軍はカウンター・エリートではなく政治システムの一部である。それゆえ政策

形成への軍の関与は正統であり、しかも強力な政治的役割を果たすと考えられる。したがって研究の問いは軍の政治への関与の範囲と形式に置かれるべきだという（Adelman, 1982；Sandschneider, 1989；Latham, 1991）。では、軍の政治関与をもたらした要因はどのように議論されていたのだろうか。

　第一の立場は、毛沢東の役割に着目する。ヨッフェによれば、軍は文民レジームに不満があったとか、文民指導者により侵害された部門の利益を守りたかったのではない。他の政治指導者との紛争において毛沢東が軍を権力基盤として利用し、軍を政治介入させたのだという（Joffe, 1973：452）。解放軍の政治介入だけでなく、軍部統治の拡大と長期化をも貫く論理を検討した林載桓は、毛沢東による制度選択という要因を再重視した（林、2014）。

　第二の立場は、解放軍は過激な革命勢力として文革に介入したのではなく、中国の政治システムにおける不均衡の調停者という役割を果たしたと主張する（Adelman, 1982）。すなわち、1）党・国家のリーダーシップの分裂、2）政治や社会秩序の不安定、3）党の正統性後退という国内政治の深刻な不安定が生じるとき、解放軍は麻痺した党と政府の機能の代替や穏健派の支持という形で政治介入し、体制を安定化させる役割をもつ、という説明である（Joffe, 1973；Pang-yu Ting, 1982；Harding, 1987）。

　ハーディング（Harry Harding）によれば、第二の立場は第一の立場と相互補完的である。すなわち、党内や社会が不安定なとき、軍の政治関与はシビリアン指導者の教唆だけでなく、軍人のイニシアティブによっても生じる。反対に、政治が比較的安定しているとき、軍は官僚政治のアクターのひとつにすぎず、政策決定機構を通じた通常の手続きによってその集団的な利益を追求するが、大きな影響力をもたないという（Harding, 1987）。

　要するに、第一の立場は軍を政治の完全な受動者とみなすのに対し、第二の立場は特定の政治環境における軍の主体的な行動に焦点を当てていた。二つの立場は解放軍の政治に対する姿勢の評価の面では異なっていたが、共に党内政治や社会といった解放軍をとり巻く環境に注目した議論であったといえる。これらの知見は天安門事件を先取りするような議論であった。その前に、次節では1980年代の研究の焦点になった鄧小平の軍事改革に注目しよう。

3 改革開放時代の政治と軍事

1970年代末に着手された改革開放路線を背景とする中国政治の動向に刺激され、1980年代以降の中国の政治と軍事をめぐる研究は新たな展開を見せた。

第一に、1980年代に党中央で国際情勢や戦争観が変化したことを背景に、解放軍の政治的役割を縮小し、革命軍から国防の専門集団へ脱皮させ、党の軍に対する政治統制を確認するという、広範な軍事改革が始動した。西側の研究者たちは、この「鄧小平の軍事改革」（平松茂雄）の内容の検討、いわばファクト・ファインディングにとり組むことになった。

第二に、外国人研究者にアクセス可能な資料や情報が増大した。中国共産党によって現代史に資する資料が次々に刊行され始め[10]、中国政府関係者や研究者が外国人研究者の訪問をより積極的に受け入れるようになった。外国人研究者は当局者や周辺の人々へのインタビューを通じ、中国指導部内の状況や意思決定過程についての洞察を得られるようになったのである（Pollack, 1983；バーネット、1986）。この変化は、ネルセン（Harvey W. Nelsen）の労作である解放軍組織の研究（Nelsen, 1977, 1981）が、乏しい中国語報道の行間を読むという手法に頼らざるを得なかった状況と、明らかに一線を画していた。

中国の変化に政治も研究動向も呼応していた。1972年から1989年までは、日米中三カ国の「黄金時代」と呼ばれている。ソ連に対する強い警戒心を共通の基盤として日米中がその二国間関係のなかで戦略的な対話を進め、日米は中国の「四つの現代化」による経済発展を支援したのである（Vogel, Ming, and Tanaka, 2002）。とりわけ、1980年代のアメリカは限定的ながら中国と軍事交流も行っていた。このなかで、中国との軍事交流が国際環境にもたらす含意と、カウンター・パートとなった中国の国家安全保障政策の決定の構造とプロセスの解明という、実務的性格を帯びた研究課題が浮上してきた。

こうして1980年代以降、中国の対外戦略の内容や、その国際紛争への関与が地域安全保障にもたらす含意を検討する、安全保障研究（China security studies）が活性化した。それまでも毛沢東中国の国際紛争への関与を扱った優れた業績はあったが、顕著に研究が蓄積され始めた。中国の国力と国際的影響力の増大に伴い、1990年代以降には中国の安全保障は中国研究だけで

なく東アジアやグローバルな国際関係という観点から論じられるようになった。本章の分析対象は中国政治における解放軍の研究史であるため、ここでは1980年代以降に安全保障研究が活性化したことを確認するにとどめ、その整理は別の機会に譲る。

(1) 軍の専門化と法制度化

1980年代には、中国の国家安全保障政策の再編過程に注目し、改革の進展と課題を検討する研究が出てきた。一方では、軍の専門主義と軍事官僚制の枠組に基づき、軍事改革の内容を明らかにし、専門化と改革の進展を評価する研究が進んだ。その一方で、改革の阻害要因に注目する立場も少なくなかった。以下、研究の分布を概観しよう。

第一に、1980年代に着手された軍事改革の射程と内容が検討された。鄧小平の軍事改革は、装備や編成というハード面だけでなく、意思決定と指揮系統、軍事ドクトリン、研究開発や人材育成などのソフト面にも及んだ（Jencks, 1982；Joffe, 1987）。また、鄧小平の軍事改革には、専門主義に基づく党、国家、軍の役割と権限の制度化と成文化も含まれていた（Godwin ed., 1983；Johnston, 1984；Joffe, 1987；平松、1989；浅野、1996）。1980年代の中国共産党では、党国家体制の改革の一環として党政分離が議論されたが、軍の法制度化とも連動していた。具体的な現象に、1）党中央委員会や中央政治局という政策形成機構における軍代表ポストの急速な削減、2）党政分離改革の一環としての党軍分離論、3）1982年憲法における国家中央軍事委員会の創設（1982年）と中央軍事委員会法制局の設置（1988年）がある。後述するように、党、国家、軍をめぐる法制度化が1990年代に進展したことを「軍隊の国家化」の傾向と解釈する研究も後年に出てくる。

第二に、鄧小平時代における軍の専門化と政治統制の関係は毛沢東時代とは異なると考えられた。ヨッフェやティン（William Pang-yu Ting）は、文革後の急進的指導者たちの更迭により、かつてなく党と軍は団結し、解放軍の専門化に広範なコンセンサスがあると主張した。鄧小平、政治指導者、そして専門将校の間には予算配分や装備更新の速度をめぐる意見の違いはあるが、対立は官僚機構の交渉により解決しうる程度にとどまるという（Panyu-yu

Ting, 1982；Joffe, 1987：Chapter 7）。ジョンストン（Alastair I. Johnston）は鄧小平の改革手腕に注目し、中央と地方に協力的な軍指導者を配することで、鄧小平は軍の権限を限定しつつ、軍を自らの改革アジェンダに協力する存在に作り替えていると分析した（Johnston, 1984）。

　第三に、鄧小平の軍事改革の制約と阻害要因も注目されていた。専門集団化したソ連軍がソ連共産党の価値にしばしば反対したことから、解放軍の専門化をめぐって中国の党軍関係も緊張しうるという、ハンチントンの政軍関係理論を念頭に置いた見通しもあった（Jencks, 1982：Chapter1）。これに対し、文革期に革命的軍隊として高い権威を誇った軍隊が容易に政治的役割を放棄するのか（安藤、1982；平松、1984）という、実証面から軍における鄧小平の改革の進展に疑問を呈する立場もあった。さらに、軍事改革に関して宣言された政策と実際の執行に食い違いがあるという指摘（Latham, 1991：110-111）、解放軍の専門化に注目する研究は改革の進展を実際より高く評価しがちという批判（Bickford, 2001：15）もあった。

(2) 政策決定過程における軍

　1980年代には、中国でのインタビューに基づく外交、安全保障政策の決定過程とその構造の研究が増えた。1980年代以前にも、朝鮮戦争初期の中国人捕虜（George, 1967）、香港や台湾における文献と亡命者（Nelsen, 1977, 1981）に対するインタビューに基づく、解放軍内の制度研究は編まれていた。これらにより、解放軍内に政治委員や政治部、党委員会といった党の軍隊統制制度が張りめぐらされていることは知られていたのである。しかし、制度の運用実態を把握するには情報や資料が不足していた。

　この状況に新風を吹き込んだのは、中国政府関係者にインタビューする機会を得たドーク・バーネット（A. Doak Barnett）の研究である。バーネットは、対外政策への軍の影響すなわち軍事と対外政策の調整メカニズムという重要な論点を提起した。彼によれば、1970年代初めより解放軍の政治的役割を低下させる措置がとられているにもかかわらず、疑いもなく、数人の軍最高指導者たちはすべての政策決定に強力に関与できた。軍の対外政策決定過程への関与は、1）鄧小平、2）党や政府の指導者に対し、個人的あるいは

軍としての見解を伝える、というシステムの最高レベルで行われると考えられるという。しかし、軍事政策と対外政策とを関連づける機関はなく、外交と軍事はそれぞれ比較的独自の活動を行い、調整不足であるようだという（バーネット、1986：99-104：138-147）。最高指導者レベルの政策統合という知見は、後年から見れば、1989年春の北京でのデモに対する武力鎮圧の意思決定の特徴を先取りしていた。

4 天安門事件（1989年）

1989年6月、解放軍は戒厳令下の北京市内で学生や市民を排除した。この天安門事件から数年間に発表された主要な研究では、鄧小平ら保守派長老たちの決定がこの顛末をもたらしたとの見方は共有されていた。他方で、軍の役割には議論があった。

第一の立場は、解放軍を政治の受動者として捉えた。党内権力政治に勝利した保守派長老たちが最終意思決定者となり、軍はその決定を執行したとされる。軍には秩序と安定を選ぶ傾向があり、デモをめぐる政治指導者たちの分裂状況を軍が介入によって打破したとか、軍部が権力を掌握したのではない（Joffe, 1991；Jencks, 1991）。武力鎮圧によって党内の影響力を増したのは、軍全体ではなく楊尚昆・楊白冰兄弟という特定の保守派だと考えられた（Dreyer, 1991；Swaine, 1992：164）。保守派は戒厳令によってデモ抑制を意図したが、かえって人々の怒りを買い、保守派の命令を受け入れた軍には悪役を引き受けた被害者の側面があるともいわれる（Joffe, 1991）。

第二の立場は、党との相互浸透あるいは歴史的に形成された共生に基づき軍は天安門事件に介入したが、世代交代や軍隊の専門化に伴って党と軍の共通の基盤が失われる方向にあると主張する。軍、党、国家を密接に結びつけていたのは制度や人の融合だけでなく、革命戦争期に形成されたアイデンティティ（Shambaugh, 1991）や政治指導者と軍人の価値観の結びつき（滝口、2000）といった個々人の信念、規範、慣習と考えられた（林、2014：53）。しかし、この中国の政治、軍事エリートの共通の基盤は革命の経験をもたない世代への交代と共に薄れ、その一方で1980年代以降の解放軍では軍近代化に伴う専門化志向が強まったと考えられている（Shambaugh, 1991；滝口、2000）。

軍隊の専門化に伴う党軍関係の変化を示唆する動向として、デモ鎮圧命令に対する軍内のためらいの声、鎮圧行動により大衆の信用を失ったことへの不満、国内政治に巻き込まれることで軍近代化が遅れるという懸念、鎮圧行動による軍内の結束やモラルの動揺が注目された（Jencks, 1991；Joffe, 1991；Scobell, 1992；Shambaugh, 1991；Swaine, 1992：161；Li, 2010）。シャンボー（David L. Shambaugh）によれば、軍の専門化に伴う自律性の兆しに不安を抱いた党が、天安門事件後に政治工作の強化や人事の刷新により軍への統制を強めたことは、革命時代のアイデンティティに基づく共生関係の変化を示唆した（Shambaugh, 1991, 2002）。第一の立場は解放軍を政治の受動者と捉えて軍と政治を暗黙のうちに分離したが、この立場では党と軍を不可分の関係と捉え、軍の専門化に伴いその関係が変化すると想定した点に特徴がある。

これに対し第三の立場は、専門化が進展しても軍の党と国家に対する忠誠は変化していないとみなし、むしろ党のガバナンスを問題視する。ラサム（Richard J. Latham）によれば、党国家体制はその政治目的のために軍を用いるのであるから、軍の政治への関与は当然である。しかし1980年から改革をめぐって党内の政治紛争があり、このために党が軍を指揮しているかどうかでなく、誰が軍を統御しているのかが不明確であった[11]。このため天安門事件には、軍の党に対する忠誠ではなく、リーダーシップの分裂という党の問題に基づく指揮系統の混乱があったという。つまり、解放軍は共産主義政権の軍としての倫理に基づき党の命令を受け入れるが、ある派閥が通常の政治参加の期待を超えて軍の政治関与を要求したときに、党軍関係は緊張しうるという（Latham, 1991）。この立場は、1980年代以来の改革には、政治指導者といえども意のままに軍を動員できるわけではなく、専門領域への不当な介入を制約する規範を内包していたことに基づいている[12]。

ラサムが指摘した統帥権をもつ最終的権威の所在が不明確という1980年代以来の問題は、スウェイン（Michael D. Swaine）によれば、中国の高層政治で維持されていた属人的要素に由来していた。後継者の決定が制度化されておらず、激しい政治抗争が繰り広げられたというのである[13]。しかしこの政治抗争は、天安門事件における保守派長老の勝利によってひとつの決着を見た。統帥権は趙紫陽ら次世代の指導者たちではなく鄧小平ら長老たちに

あることが明確になり、長老勢力は党の最終的な政治的権威を軍事力に依拠したという (Swaine, 1992)。しかし、鄧小平が趙紫陽を解任し、鄧の権威という属人的要素に依拠して軍隊を動員したことは、1980年代以来鄧自身が取り組んできた権力移行と権力行使を制度化する改革に逆行したとも考えられた (Jencks, 1991；Swaine, 1992；Scobell, 1992)。つまり、1980年代の改革を経ても、中国の統帥権を握る権威は、依然として制度上の地位より最高指導者個人の権威とその非公式な属人関係に宿っていたというのである (Pollack, 1992；Swaine, 1992)。しかし鄧小平ら革命世代の政治的権威と属人関係は、鄧小平から江沢民政権への移行においてシステムの安定と秩序をもたらしたという (Swaine, 1992)。とはいえ、自然の摂理による高齢の革命世代指導者たちの淘汰は時間の問題であった。

Ⅲ　現状と展望——ポスト鄧小平時代の政軍関係

1990年代には、海外の研究者たちの間で中国の政軍関係に変化が生じるとの見通しが強まった。1997年に鄧小平が死去し、党、国家、軍のすべてに精通したカリスマ指導者が退場した。また、国家主席であった楊尚昆のように党国体制全体に関わる軍人もいなくなった。さらに、1997年に中央軍事委員会副主席であった劉華清が引退した後、党中央政治局常務委員会に軍人のポストはなくなった。これらの変化はどのように議論されたのだろうか。

1　制度による軍隊統制と軍の官僚化

鄧小平時代以来、最高指導者の権威の源泉がカリスマ的支配から制度による合法的支配に移行しつつあったことが注目された。スウェインによれば、従来は党の軍に対する統制が強調されるとき、それは実質的に最高指導者層の支配的長老による軍隊掌握を指していた (Swaine, 1992 : 18)。これに対し江沢民は、党総書記、国家主席、党と国家の中央軍事委員会主席を兼務して制度に則った最高指導者の座についたものの、弱い指導者とみなされていた。ポスト革命世代の指導者たちには革命や建国の功績に基づく名声や属人関係を基礎にした支持者のネットワークがない (Joffe, 1996, 2006)、毛沢東と鄧小

平以降、軍のコンプライアンスは条件つきになり、最高指導者は軍の支持を獲得しなければならない（Mulvenon, 2001）、このため江沢民の制度上の権威と実際の解放軍における彼の権力には大きなギャップがある（Joffe, 1996：309）といわれた。また、最高指導者の支配スタイルの変化には、毛沢東への過度な権力集中（個人独裁ともいわれる）を教訓とした中国共産党の集団指導体制の導入があるため、江沢民以降の中国では、党総書記、国家主席、中央軍事委員会主席を一人が兼務しない限り、実質的な最高指導者になることができないという（松田、2009：177-178）。これらの議論は、世代交代に伴う最高指導者の軍隊に対する権威の変化と党内ガバナンスの変化が重なりあい、ポスト鄧小平時代では制度による軍隊統制がより重要になったことを示している。

　これに対し、ハンチントンの政軍関係理論に即して、ポスト革命世代指導者のシビリアン・コントロールを議論した研究もある。村井友秀は、毛沢東や鄧小平よりも格段に弱く、強力な軍隊の保持を国家戦略上の重要な目標とする江沢民にとっては、法的枠組に基づく客体的コントロールに移行し、解放軍を「党軍から国軍」（後述）に変化させることが合理的だと主張した（村井、1996）。米海軍大学のナン・リー（Nan Li）も、鄧小平時代の軍隊統制に制度はあまり重要でなかったが、ポスト鄧小平の最高指導者には、軍の専門性や制度的自律性を許容して軍近代化を推進する客体的コントロールを採用するインセンティブがあるという。特に胡錦濤は軍を対外的な任務に集中させ（externalization）、政治と軍事の境界を管理したという（Li, 2010）。これらの議論は、革命世代の指導者より弱いといわれる、ポスト革命世代指導者による軍隊統制の戦略に注目していたといえるだろう。

　もっとも、非力と見られた江沢民は軍の不支持による失脚もなく、次第に軍を掌握したといわれる。この変化を説明するには、江沢民の軍隊統制戦略の要因だけでは不十分とも考えられた。簡潔にまとめれば、1）人事面での軍事と政治の接点の減少、2）軍の機能の専門化（軍事問題への特化）による政治からの分離をもたらした、1980年代以来の政治環境の変化に注目すべきとの議論がある（Joffe, 1996；Li, 1999；浅野、2009）。すなわち、政治からの撤退と経済のバランスを崩さない漸進的な軍の専門化は、特定派閥の利益

ではなく政治指導者と軍幹部たちの共通認識に基づいているという（Li, 1999；浅野、2007：247-248）。これらは、1980年代以来の軍事改革によって、従来密接であった政治と軍事が分離していくトレンドに注目した議論であった。これらは、専門主義の導入という点で政治と軍事の分離は政治指導者と主流派の軍人のコンセンサスに基づいていたという重要な指摘をした。

では、政治指導者と軍幹部のコンセンサスに基づく政治と軍事の分離と軍の専門化が、ポスト革命世代政権の政軍関係に与えた含意に目を転じよう。第一に、軍は潜在的に政権や個々の指導者の命運を握っているが、政権交代が政治路線の大きな変化を意味しなくなると、軍は幅広い政策領域における一組織という位置づけになると考えられた。政治が安定すると、軍には政治に関与する必要も少なくなり、官僚政治のアクターの一主体になる（Harding, 1987）。つまり「軍の官僚化」が進展する（浅野、2009）。官僚化した軍は、政策決定機構を通じて専門に基づく集団的利益を追求すると考えられるが、官僚政治における影響力は限定的で、直ちに政治との強い緊張をもたらすとは限らない（Harding, 1987；浅野、2009）。要するに、江沢民政権の安定と共に軍事官僚化が1990年代に進展し、軍は官僚政治の一主体との位置づけで政治に参与することが常態化したという含意が導かれる。

さらに、政治参与者としての軍をとり巻く環境も変化した。中国の政治過程に関与するアクターが多元化している（岡部、1996）といわれていたが、この傾向は2002年の「三つの代表」でさらに進んだと考えられた。浅野亮は、対外政策決定過程への関与者に、伝統的な党、政府、軍に加え、企業と地方政府が加わったと主張した（浅野、2008）。ヤーコブソンとノックスは、対外政策の関与者を公式と非公式に分け、党、政府、軍に加えて実業界、地方政府、研究機関と学術界、メディアとネチズンも関与者とみなした（Jakobson and Knox, 2010）。ただし、外交・安全保障政策に影響力を行使しうるアクターの増加は、党中央が保持する最終決定権の分散化を意味しないともいわれている（防衛省防衛研究所、2013：6）。そこで、後述するように、外交・安全保障に関する党中央の意思決定に対する軍の関与のルートと影響力の程度の評価が研究課題になる。

第二に、国防政策における軍の役割が大きくなり、職責の範囲内で軍は自

律性を強めたと考えられた。湾岸戦争（1990～91 年）や第三次台湾海峡危機（1995～96 年）は、ポスト冷戦の国際環境が中国にとって複雑であることを示唆していた。そこで江沢民政権の国家安全保障政策では、軍人の知見が重要になったといわれる（Swaine, 1996；浅野、2009）。

2　軍隊の国家化？

　一部の研究者たちは、鄧小平の改革開放時代における解放軍の専門化と共に進んできた、党、国家、軍の関係を法の枠組によって規定する動向[14]を「軍隊の国家化」の証左とみなしていた。例えば、共生の党軍関係が変化していると主張するシャンボーは、専門的な自律性を求める軍、軍への統制を強化しようとする党、軍に対する法による統制を強めようとする国家の三者の暗闘という構図を描いた（Shambaugh, 2002）。スコベル（Andrew Scobell）は、軍に対する国家の規制や法の成文化がますます軍を国家に結びつけ、長期的には軍隊の国家化が進展すると主張した（Scobell, 2006）。

　軍隊をめぐる法制度化を「軍隊の国家化」と解する立場には、1）中国に法的枠組を尊重する「法治」が存在し（村井、1996：31）、2）国家の法による軍の規制と党の軍隊という伝統的な解放軍の性質との間に潜在的な葛藤がある（Bickford, 2000：463-464；Paltiel, 1995：787）という前提がある。後者に関し、憲法上の軍隊の位置づけを検討したパルティール（Jeremy T. Paltiel）によれば、全国人民代表大会（全人代）の法は、軍が党に負わされている政治的義務と潜在的に矛盾しうるという（Paltiel, 1995：787）。

　もっとも、解放軍が「党の軍隊」を脱し「国家の軍隊」となるとの見通しには、理論と現実の双方から厳しい批判があった。理論面では、浅野亮によれば、「軍隊の国家化」の主張は、軍隊は国家にのみ所属すべきである[15]とのハンチントンの政軍関係理論を前提にしているが、政軍関係は社会的、政治的条件に規定されるのであり、普遍的な性格を備えていない（浅野、2007：300）。さらに、党が軍の必要とする諸利益を与えられる限り、軍の専門化は党の指導と両立するともいわれ（Bickford, 2000：31；浅野 2007：269）、エージェント・モデルを用いた中国の政軍関係の説明もなされていた。他方、実証の立場からは、武装力の統制を要とする中国共産党の支配体制の性質を考

えれば、党が統帥権を手放すとは考えにくいとの見方は根強かった（川島、1988（上）：207-208；浅野、1996；安田、1996）。何より、天安門事件から20年以上もの間、解放軍に党か国家かを選ばせるような事件は起きていない（浅野、2009）。この天安門事件後の現実を説明することができないところに、解放軍が「党の軍隊」から「国家の軍隊」に変化する途上にあるというシャンボーらによる議論の最大の問題点がある（毛利、2012）。

　党、国家、軍をめぐる法制度化の研究を注意深く検討すれば、これを「軍隊の国家化」と特徴づけるのは誤解であることが示唆されている。まず、中国共産党が全人代を支配することで、軍に課せられた憲法上の義務と政治的義務との矛盾は避けられていた（Paltiel, 1995：787）。さらに具体例を挙げよう。安田淳の表現を借りれば、憲法と党規約の形式上、国家主席と党総書記が中国の統帥権を分け合っている。しかし党総書記、国家主席、党と国家の二つの中央軍事委員会主席を一人の指導者が兼務する形で、統帥権を保持している（安田、1996：5-6；浅野、2008：193；松田、2009：177-178）。これらを総合すると、党が全人代を支配し、最高指導者が党、国家、軍をすべて掌握するという制度運用により、党の軍隊は国家の軍隊でもあることが保障されている。この状況からいえば、党の軍隊から脱するという意味での国軍化は生じていない[16]。

　では、中国の高層政治で制度化が進展し、軍の官僚化が進むと、整然と政策が統合、体系化されるのだろうか？　次節では、政策決定過程の研究動向を検討しよう。

3　軍事と外交の調整

　1990年代には日米中の「黄金時代」（Vogel, Ming, and Tanaka, 2002）の前提条件が大きく変わった。日米の観点からいえば、東欧諸国の民主化とは対照的に、1989年6月に中国共産党が学生や市民を武力で弾圧したことで、従来の中国への経済建設支援の政策を凍結し、政治的、経済的制裁に踏み切らざるを得なくなった。さらに、ソ連崩壊によって中国との「共通の敵」が消滅した。そのうえ、米軍撤退後のミスチーフ礁での建造物の構築、度重なる核実験、台湾総統選挙を受けた台湾海峡での軍事演習のように、1990年代

半ばまで近隣諸国を威嚇するような中国の行動が繰り返され、その軍事力、経済力の成長に対する懸念が広がった。このように1980年代とは全く異なる日米と中国の関係を背景に、台頭する中国の外交・安全保障政策決定過程が改めて検討されることになった。

ここでは、1980年代にバーネットが指摘した、中国の対外行動における軍事と外交の調整不足という問題提起に絞ってとり上げよう。この論点では研究者の評価が分かれている。

第一の立場は、最高指導者レベルにおける政策統合を積極的に評価する。冷戦後の日中の安全保障関係を検討したドリフテ（Reinhard Drifte）は、中国には民主的政治システムにはない小規模な一貫性のある政治的リーダーシップがあるため、わずかな戦術的優位や策略を最適に利用しうると主張した（ドリフテ、2004：11）。中国の国家安全保障政策の構造と過程を検討したスウェインも、少なくとも公式には対外政策と国防政策の連携が最も弱いが、相互の意思疎通は決して不十分ではないと指摘した。彼によれば、公式には、外事工作領導小組や中央書記処という党の政策調整機関において、軍代表は党指導者たちや対外政策領域に接している。そして非公式には、システムの頂上で軍事指導者たちはシビリアンとの協力や相談の形式により、対外政策の決定にインプットしているという（Swaine, 1996, 1998）。

これに対し第二の立場は、中国における縦割りの官僚制度のなかで、軍事と外交の調整に問題が生じていると見る。中国の安全保障政策の統合に注目した松田康博によれば、先述のスウェインが取り上げた外事工作領導小組などの中央直属小組の役割の拡大は、党、国務院、軍の調整が必要でありながら、その統合の結節点が最高指導者という高いレベルになっていることと関連すると指摘し（松田、2009）、政策統合が不十分であると評価した。1980年代以来の解放軍組織の変化を検討したリーは、党は軍を統制しているが、国家と軍の調整が欠けていると主張した（Li, 1999, 2010）。彼によれば、軍は党中央政治局に報告義務はあるが、全人代の監督を受けていない。リーはここに生じる問題に、1）より強硬な観点をもつ軍が外交部と対立する、2）外交と現場の軍事行動は調整されるべきところ、国家と軍の調整機能の欠如により、偶発事件の管理において中国側で時宜を得た対応ができない可能性が

ある、3）国務院の改革に軍が抵抗すること、を挙げた（Li, 1999：313-322, 349）。中央政府と現場の軍事行動の調整という点では、ポラック（Jonathan D. Pollack）が、現場指揮官は戦争の決定はできないものの、中央からの指令を解釈し、現場での意思決定を行う責任をもつと指摘していた（Pollack, 1992：168）。これは、中央は意思決定の権限をもつが、その解釈と執行は下位の組織で行われるという指摘であり、中央では偶発事件の対処が遅れる可能性があるというリーの議論を補強していた。

中国の対外行動では軍事と外交はどのように関連づけられているのか。このバーネットの問題提起は、中国の統治機構では最高指導者以外に軍事と外交を関連づける組織がないことに注目していた。今日では、政策調整組織がいくつか確認されている。しかし、それらが機能しているのかについて、入手可能な情報が少なく実証研究は困難な状況である。

おわりに

本章では、現代中国政治における人民解放軍を扱った英語圏と日本での主要な先行研究を、なるべく体系的に整理するように努めた。研究史の大きな流れをつかむために、前節までの議論を分析枠組レベルに即して簡潔にまとめよう。

第一に、この研究分野では、日米を問わず実務家と研究者の仕事が交差し、国際環境と中国政治の展開に刺激を受けてきた。それゆえ、そのつど有力な分析枠組が変遷したのは自然であった。アメリカにおけるこの分野の研究は、いわば東アジア冷戦での米中対立の産物として1950年代に始まった。これに対し、日本における中国の軍事、安全保障研究は、1960年代後半すなわち文革期に萌芽したが、その本格化は1980年代からである。1980年代の日米中三カ国は、ソ連に対する警戒感を共通の基盤とする戦略関係にあったといわれた。しかしこの戦略関係は天安門事件とソ連崩壊により変化せざるをえなかった。ポスト冷戦期の日米では、中国の軍事力の伸張と国際的振る舞いへの懸念を背景に、研究が蓄積されてきた。

第二に、現代中国政治における人民解放軍の分析枠組の変遷は、党内政治

の状況と人民解放軍の役割は因果関係にある、という一般的構図を反映しているように思われる。単純化を恐れずに整理すれば、党内政治が安定し団結を保っているとき、軍事専門主義の枠組が有力視された。逆に党内政治が不安定で分裂したときに、軍の政治関与の枠組が有力視された。解放軍の政治関与を、プロフェッショナリズムに反し党の支配に挑戦する問題行動と見る立場もあったが、軍は政治や社会が不安定な時にシステムの不均衡を調停するとの議論が1980年代には登場していた。中国革命と建国に大きな役割を果たした解放軍は、時に個々の指導者の運命を左右することはあったものの、党の優位自体に挑戦する自律的な組織として振る舞ったことはないと指摘されてきたのである。

　第三に、江沢民政権が天安門事件の動揺を乗り越え、政権交代が政治路線の大きな変更を意味しないことが明らかになると、軍事専門主義と軍事官僚制の組合せが有力な分析枠組になった。軍事官僚制の枠組は、軍の政治関与を論じているが、相対的に安定した政治環境における制度化された政治行動の説明に有効である。この枠組は、政治指導者と主流派の軍幹部とのコンセンサスのもとに、1980年代より党内および国内政治からの軍の分離と軍事問題への特化が制度化されてきた現実に、フィットしていた。軍は技術的な性格を強め、国家安全保障政策における役割を増したと考えられている。

　これらの点を総合すると、現代中国政治と解放軍の関係を扱った研究史では、解放軍の役割は、政治や社会環境に規定されるとの知見が示唆されているといえるだろう。解放軍は最終的な中国の政治システム不均衡の調停者としての役割を担っている。しかし、中国共産党がリーダーシップの分裂、党・政府機能の麻痺による社会秩序の崩壊という、国内政治の深刻な不安定を回避しうる限り、解放軍は統治機構における多様な関係性のひとつという位置づけにとどまると考えられる。ただし、国内政治における解放軍の役割が限定されたとしても、中国の対外行動が国際環境に与える影響が大きい今日、軍事と外交の調整という中国のガバナンスは、国際的な関心事でもある。ところが、その評価のための情報は不足している。このため、不完全な情報に基づかざるを得ないが、現状分析の蓄積が重要であるといえる。

1) 本章が組み入れることができなかった研究領域に、軍と社会の関係がある。歴史研究の分野では、膨大な檔案資料を読み解いた阿南友亮は、社会変革の成功により農民が自発的に党指導下の軍隊に参加したという中国共産党の言説が 1920 年代から 30 年代の広東における現実を反映していなかったと指摘した（阿南、2012）。また、中国の社会変容が解放軍に与える影響（Finkelstein and Guness eds., 2007）の研究書も編まれている。さらに、解放軍の経済活動（Bickford, 2006；駒形、2007）と軍民両用技術をめぐる政治力学（Chueng, 2013）も研究されている。関連して、脱稿後の入手となったため内容を反映できなかったが、党国家体制における軍事制度の実証研究もある（土屋貴裕『現代中国の軍事制度 —— 国防費・軍事費をめぐる党・政・軍関係』勁草書房、2015 年）。

2) 本章では、ある論点が登場する時代背景を理解したうえで研究史を整理する努力を行った。その際、『チャイナ・クォータリー』、『国際政治』等に掲載された多数の書評の時代性を反映した記述を参考にした。さらに、アメリカと日本の安全保障政策の異なる発展過程、1960 年代以来の日本の安全保障研究や現代中国研究をとり巻いた社会環境について、先達からの教えにヒントを得た。秋山昌廣、浅野亮、神谷万丈、国分良成、中山俊宏、福本出、村井友秀、益尾知佐子、松田康博、吉田正紀（五十音順、敬称略）。お名前を挙げることが適当でない方々にも、謝意を表したい。なお、論文中の誤りの責任は筆者にある。

3) 1955 年に戦後初の中国専門研究機関として設立された中国研究所の『中国年鑑』創刊号を例にとろう。まえがきには、中国の政治・経済・文化の建設状況の正しい知識があってこそ日中の「ほんとうの交流」ができるとあるが、軍事の文字は見当たらない。『中国年鑑』には政治の一部として「軍事制度と軍事力」の節が設けられたが、他節に比べ著しく短い記述にとどまっていた（中国研究所、1955）。戦後しばらくの日本の中国論は、社会主義に同調的な日本共産党系親中論者による中国共産党の革命理論にほぼ全面的に依拠していたとわれる（馬場、2010：第 1 章）。この状況では、中国を日本の安全保障の視座から検討する動きは活発化しにくかったであろう。

4) 1964 年の中国の核実験も、日本では安全保障研究に社会的承認をもたらす契機にはならなかった。そのことは、当時は防衛庁勤務というだけで学会や研究会から締め出されることもあったという（平松、2005：230）、平松茂雄の証言から窺える。

5) ハンチントンは、「専門技術、社会的責任、団体性」で構成される軍人のプロフェッショナリズムを極大化することが軍の政治介入を回避し、有効なシビリアン・コントロールに繋がると説明した（Huntington, 1957）。

6) 専門化により軍隊は政治的に中立化するというハンチントンの仮説に対し、ジャノヴィッツ（Morris Janowitz）が専門的軍人は使命感から政治意欲を高めるという立場、サミュエル・ファイナー（S.W. Finer）はシビリアンと異なるアイデンティティをもつ軍は組織的利益に基づいて政治介入するとの立場から反論した（三浦、2010：157-158）。今日では、プロフェッショナリズムの確立と政治非介入の傾向とはまったく独立の事象として考えるべきだとの見解が支配的になりつつあるという（河野、2009：

175)。
7) ハンチントンは、シビリアン・コントロールの基本的な問題を「いかにして軍人の権力を極小にしうるか」と定義し、これに対し二通りの方法を提示した。ひとつは、軍部に対する文民グループの権力を極大化する主体的シビリアン・コントロール（subjective civilian control）である。この方法の本質は軍独自の活動分野を否定するところにあるという。もうひとつは将校団のプロフェッショナリズムを極大化することで、軍の権力を縮小する客体的（客観的とも訳される）シビリアン・コントロール（objective civilian control）である（Huntington, 1957：Chapter 4）。後者には、軍人は軍事に専念することで政治的に中立化するという仮説が推論されている。この仮説に対する批判については本章注6を参照。
8) ただし、1980年代に始動した軍事改革を念頭に、解放軍の専門化が進展するにつれ、専門主義に基づく集団的な利益をもつようになるという指摘も、後年になされている（Harding, 1987：229-233）。本章注12も参照されたい。
9) パールマターは、現代の軍隊は政治や政策への影響力を最大化する志向をもつと想定し、軍隊を三つに分類した。すなわち1）高度に制度化された政治システムにおける専門軍、2）あまり制度化されていない政治システムにおける政治介入傾向をもつ近衛兵（praetorian）、3）革命に参加し国家形成に関与するも政治リーダーシップに挑戦しない革命軍である。中国人民解放軍はイスラエル軍と共に革命軍に分類されている（Perlmutter, 1977, 1981）。パールマターによる革命軍の議論に対し、文革期に解放軍と政治リーダーシップとは緊張関係にあったのではないかとの反論もある（安藤、1982）。
10) 1980年代には軍幹部の回想録や、建国以来の党内史料を参照してまとめられた中国の軍事史を扱った著作が刊行されている。これに加え、『現代国際関係』（1980年創刊）、『世界経済与政治』（1979年創刊）、『中国軍事科学』（1987年創刊）等、対外関係や軍事を扱う学術雑誌も1980年代に相次いで創刊された。
11) ラサムのいう1980年代の党内の権力闘争の背景に、鄧小平時代に取り入れられた集団指導体制があると考えられる。松田康博によれば、非制度的かつ非公式な政策決定を行った毛沢東の個人独裁が教訓となり、鄧小平時代以降は「誰が最高指導者なのか不明確な『集団指導体制』を取るようになった」（松田、2009：177）。
12) もっとも、この改革が内包した規範が指導者たちに内面化されているかどうかは、別の問題である（毛利、2012）。他方で、ハーディングによれば、紅衛兵や四人組の干渉に対する抵抗に見られたように、軍には専門領域への不当な介入に抵抗し、自律性を担保する共通の利益があるという（Harding, 1987：230-231）。
13) これに対し、江沢民政権から胡錦濤政権にかけては中国指導部の制度化が進み、派閥争いは後退しているとの見方もある。その一方で、中国の対日政策は、中国の政治体制や日中関係の歴史的特殊性により、中国国内での権力闘争を増幅しやすい構造があるとの指摘もある（井上、2014）。
14) 近年、全人代における軍の立法活動は、中国の外交・安全保障政策決定過程への軍

からのインプットを確認しうる、ほぼ唯一の公開されたチャンネルとして注目されている（防衛省防衛研究所、2012：40-42）。この解放軍の立法活動の源流を考えるとき、1982年の国家中央軍事委員会の創設は従来いわれてきたような形式的措置ではなく、軍の立法活動の基盤を整備した重要な一歩であったと考えられる（毛利、2012）。

15) ハンチントンによれば、「軍隊専門職業は国家によって独占されている」(Huntington, 1957：14-15)。浅野の批判は、シャンボーらがこのハンチントンの規範を中国の政軍関係に当てはめ、軍隊は党ではなく国家に属するべきであるとの主張に読み替えていることに向けられていると考えられる。

16) ただし専門家の間では、しばしば解放軍で「軍隊の非党化、非政治化」や「軍隊国家化」が批判されていることが知られている。

参考文献
【日本語】

浅野亮（1996）「軍と政法：11期3中全会以後の変化と継続」『国際政治』第112号、48-62頁。

───（2007）「党軍関係と軍の派閥」村井友秀・阿部純一・浅野亮・安田淳編著『中国をめぐる安全保障』ミネルヴァ書房、298-315頁。

───（2008）「対外政策の構造と決定」天児慧・浅野亮編著『中国・台湾』ミネルヴァ書房、191-215頁。

───（2009）『中国の軍隊』創土社。

朝日新聞安全保障問題調査会（1967）『朝日市民教室「日本の安全保障」（第4巻）中国人民解放軍』。

阿南友亮（2012）『中国革命と軍隊──近代広東における党・軍・社会の関係』慶應義塾大学出版会。

安藤正士（1982）「軍の近代化と政軍関係研究序説──文革期を中心に」衛藤瀋吉編『現代中国政治の構造』日本国際問題研究所、132-161頁。

石川忠雄（1965）「中共の現実をどうみるか」『自由』3月号、33-41頁。

井上一郎（2014）「政権交代における中国外交の変化と継続性」日本国際政治学会編『国際政治』第177号、11-25頁。

林載桓（イムジェファン）（2014）『人民解放軍と中国政治──文化大革命から鄧小平へ』名古屋大学出版会。

岡部達味（1971）『現代中国の対外政策』東京大学出版会。

───（1996）「中国外交の古典的性格」『外交フォーラム』第100号、110-117頁。

神谷万丈（2012）「日本的現実主義者のパワー観」『国際安全保障』第39巻第4号、66-81頁。

川島弘三（1978）『中国人民解放軍』教育社（入門新書）。

───（1988-1989）『中国党軍関係の研究』（上）（中）（下）慶應通信。

───（1990）『社会主義の軍隊』講談社現代新書。

川島真編（2015）『チャイナ・リスク』（シリーズ日本の安全保障）岩波書店。
高坂正堯（1965）「中国問題とは何か」同『海洋国家日本の構想』中公クラシックス（2008年に復刻）、112-141頁。
河野仁（2009）「政軍関係論——シビリアン・コントロール」武田康裕・神谷万丈編『安全保障学入門（第4版）』亜紀書房、161-179頁。
駒形哲哉（2007）「軍事財政」村井友秀・阿部純一・浅野亮・安田淳編著『中国をめぐる安全保障』ミネルヴァ書房、319-343頁。
―――（2007）「解放軍ビジネスと国防工業（軍民転換・軍民兼容）」同上『中国をめぐる安全保障』、344-375頁。
朱建栄（1991）『毛沢東の朝鮮戦争——中国が鴨緑江を渡るまで』岩波書店。
滝口太郎（2000）「党軍関係と中央統制の物理的基礎」天児慧編『現代中国の構造変動：政治——中央と地方の構図』東京大学出版会、275-304頁。
中国研究所編（1955）『中国年鑑』石崎書店。
唐亮（2003）「政治権力闘争の展開と軍指導権の掌握」国分良成編著『文化大革命再論』慶應義塾大学出版会、103-127頁。
中島嶺雄（1964）『現代中国論——イデオロギーと政治の内的考察』青木書店。
馬場公彦（2010）『戦後日本人の中国像——日本敗戦から文化大革命・日中復交まで』新曜社。
姫田光義（1968）「書評 John Gittings, *The Role of Chinese Army*, Oxford University Press, pp. 331, 1967」『国際政治』No. 36、155-159頁。
平松茂雄（1984）『中国の国防と現代化』勁草書房。
―――（1985）『中国の国防とソ連・米国』勁草書房。
―――（1986）『中国核大国への道』勁草書房。
―――（1987）『中国人民解放軍』岩波新書。
―――（1989）『鄧小平の軍事改革』勁草書房。
―――（1991）『甦る中国海軍』勁草書房。
―――（2005）『中国の安全保障戦略』勁草書房。
防衛省防衛研究所編（2012）『中国安全保障レポート』防衛省防衛研究所。
―――（2013）『中国安全保障レポート』防衛省防衛研究所。
松田康博（2009）「中国——中央政治局と中央軍事委員会」松田康博編著『NSC 国家安全保障会議——危機管理・安保政策統合メカニズムの比較研究』彩流社、174-201頁。
三浦瑠璃（2010）「滅びゆく運命？——政軍関係理論史」『レヴァイアサン』46号、155-163頁。
村井友秀（1996）「中国における政軍関係の現代化」『新防衛論集』第24巻第2号、20-34頁。
毛利亜樹（2012）「中国共産党の武装力——法制度化する党軍関係」加茂具樹・小嶋華津子・星野昌裕・武内宏樹編『党国体制の現在——変容する社会と中国共産党の適応』慶應義塾大学出版会、45-73頁。

毛里和子（2012）「政治的軍隊――人民解放軍」毛里和子『新版現代中国政治』名古屋大学出版会、201-228 頁。
安田淳（1996）「中国の党軍関係に関する一考察――党の軍隊に対する絶対的指導と軍の役割をめぐって」『新防衛論集』第 24 巻第 1 号、1-19 頁。
山口信治（2013）「党軍関係と軍の近代化」国分良成・小嶋華津子編『中国政治外交の原点』慶應義塾大学出版会、27-42 頁。
若松重吾（1968）『中国人民解放軍』朝雲新聞社。
山下龍三（1969）『中国人民解放軍――その政戦略思想』勁草書房。
ドリフテ、ラインハルト（2004）『冷戦後の日中安全保障――関与政策のダイナミクス』（坂井定雄訳）ミネルヴァ書房。
バーネット、A. ドーク（1986）『現代中国の外交――政策決定の構造とプロセス』（伊豆見元・田中明彦共訳）教育社。
ルイス、ジョン・ウィルソン（1964）「毛沢東体制と中国工作通訊を分析する」(1)～(4)（中村菊男訳）『世界週報』5 月 12、19、26 日、6 月 2 日号。

【英　語】

Adelman, Jonathan R.（1980）*The Revolutionary Armies: The Historical Development of the Soviet and the Chinese People's Liberation Armies*. Westport and London: Grenwood Press.
―――（ed.）（1982）*Communist Armies in Politics*. Colorado: Westview Press.
Bickford, Thomas J.（2000）"Regularization and the Chinese People's Liberation Army: An Assessment of Chinage," *Asian Survey*, vol. XL, no.3, pp. 456–474.
―――（2001）"A Retrospective on the Study of Chinese Civil-Military Relations Since 1979: What Have We Learned? Where Do We Go?," Mulvenon, James C., Andrew N.D. Yang（eds.）*Seeking Truth from Facts: A Retrospective on Chinese Military Studies in the Post-Mao Era*. California: RAND.
―――（2006）"The People's Liberation Army and Its Changing Economic Roles," Nan Li（ed.）*Chinese Civil-Military Relations: The Transformation of the People's Liberation Army*. London and New York: Routledge, pp. 161–177.
Brown, Jeremy（2004）Book Review, Allen S. Whiting. *China Crosses the Yalu: The Decision to Enter the Korean War*. New York: MacMillan, 1960, University of California, San Diego Modern Chinese History research site,〈http://ucsdmodernchinesehistory.wordpress.com/2010/01/29/239/〉, 2014 年 12 月 20 日アクセス。
Charles, David A.（1961）"The Dismissal of Marshal P'eng The-huai," *The China Quarterly*, no. 8, pp. 63–76.
Cheung, Tai Ming（2013）*China's Emergence as a Defense Technological Power*. New York: Routledge.
Domes, Jürgen（1977）with a contribution by Marie-Luise Näth, *China after the Cultural Revolution: Politics between Two Party Congresses*, 1st American ed.（translated from the

German by Annette Berg and David Goodman) London: C. Hurst and Company.
Dreyer, June Teufel (ed.) (1989) *Chinese Defense and Foreign Policy.* New York: Paragon House.
―――― (1991) "Tiananmen and the PLA," Yang, Richard H. (ed.) *China's Military: The PLA in 1990/1991.* SCPS Year Book, National Sun Yatsen University, Kaohsiung, Taiwan, Westview Press, pp. 35-50.
Finkelstein, David M. and Kristen Guness (eds.) (2007) *Civil-Military Relations in Today's China: Swimming in a New Era.* New York and London: M. E. Sharpe.
George, Alexander L. (1967) *The Chinese Communist Army in Action: The Korean War and its Aftermath.* New York and London: Columbia University Press.
Gittings, John (1967) *The Role of the Chinese Army.* London: Oxford University Press.
Godwin, Paul H. B. (1978) "Professionalism and Politics in the Chinese Armed Foces: A Reconceptualization," in Herspring and Volgyes (eds.) *Civil-Military Relations in Communist Systems.* pp. 217-240.
―――― (ed.) (1983) *The Chinese Defense Establishment: Continuity and Change in the 1980s.* Colorado:Westview Press.
Griffith, Samuel B. (1967) *The Chinese People's Liberation Army.* London: Weidenfeld and Nicolson.
Harding, Harry (1987) "The Role of the Military in Chinese Politics," Falkenheim, Victor (ed.) *Citizens and Groups in Contemporary China.* Ann Arbor: University of Michigan Center for Chinese Studies, pp. 213-256.
Herspring, Dale R. and Ivan Volgyes (eds.) (1978) *Civil-Military Relations in Communist Systems.* Colorado: Westview Press.
Huntington, Samuel P. (1957) *The Soldier and the State: The Theory and Politics of Civil-Military Relations.* Cambridge, MA: The Belknap Press of Harvard University Press (reprented in 1985).
Hsieh, Alice Langley (1962) *Communist China's Strategy in The Nuclear Era.* Westport, Conneticut: The RAND Corporation.
Jakobson, Linda, and Dean Knox (2010) *New Foreign Policy Actors in China.* SIPRI Policy Paper no.26.
Jencks, Harlan W. (1982) *From Muskets to Missiles: Politics and Professionalism in the Chinese Army, 1945-1981.* Colorado: Westview Press.
―――― (1991) "Civil-Military Relations in China: Tiananmen and After," *Problems of Communism*, no.40, 3, pp.14-29.
Ji, You (1999) *The Armed Forces of China.* London and New York: I.B. Tauris.
Joffe, Ellis (1965) *Party and Army: Professionalism and Political Control in the Chinese Officer Corps, 1949-1964.* Cambridge, Massachusetts: East Asian Research Center, Harvard University.

―――― (1973) "The Chinese Army after the Cultural Revolution: The Effects of Intervention," *The China Quartely*, no. 55, pp. 450-477.
―――― (1987) *The Chinese Army After Mao*. London: Weidenfeld and Nicolson.
―――― (1991) "The Tiananmen Crisis and the Politics of the PLA," Yang, Richard H. (ed.) *China's Military: The PLA in 1990/1991*. Colorado: Westview Press, pp. 19-33.
―――― (1996) "Party-Army Relations in China: Retrospect and Prospect," *The China Quarterly*, no. 146, pp. 299-314.
―――― (2006) "The Chinese Army in domestic Politics: Factors and phases," Nan Li (ed.) *Chinese Civil-Military Relations: The Transformation of the People's Liberation Army*. London and New York: Routledge, pp. 8-24.
Johnston, Alastair I. (1984) "Changing Party-Army Relations in China, 1979-1984," *Asian Survey*, vol.24, no.10, pp. 1012-1039.
Kolkowics, Roman (1978) "Interest Groups in Soviet Politics: The Case of the Military," Herspring and Volgyes (eds.) *Civil-Military Relations in Communist Systems*. Colorado: Westview Press, pp. 9-25.
Latham, Richard (1991) "China's Party-Army Relations After June 1989: A Case for Miles' Law?," Yang, Richard H. (ed.) *China's Military: The PLA in 1990/1991*. Colorado: Westview Press, pp. 103-123.
Li, Nan (1999) "Organizational Changes of the PLA, 1985-1997," *The China Quarterly*, no.158, pp. 314-349.
―――― (2010) "Chinese Civil-Military Relations in the Post-Deng Era: Implications for Crisis Management and Naval Modernization," China Maritime Studies Institute, New Port: U.S. Naval War Collage.
―――― (ed.) (2006) *Chinese Civil-Military Relations: The Transformation of the People's Liberation Army*. London and New York: Routledge.
Lieberthal, Kenneth and Michel Oksenberg (1988) *Policy Making in China: Leaders, Structures, and Processes*. New Jersey: Princeton University Press.
Mulvenon, James C. and Andrew N.D. Yang (2001) *Seeking Truth from Facts: A Retrospective on Chinese Military Studies in the Post-Mao Era*. California: RAND.
Mulvenon, James C. (2001) "Civil-Military Relations and the EP-3 Crisis: A Content Analysis," *China Leadership Monitor*, no.1, pp. 1-11.
―――― (2001) "China:Conditional Compliance," in Alagappa, Muthiah (ed.) *Coercion and Governance: the Declining Political Role of the Military in Asia*. Stanford, California: Stanford University Press, pp. 317-335.
Nathan, Andrew J. (1973) "A Factionalism Model for CCP Politics," *The China Quarterly*, no. 53, pp. 34-66.
Nelsen, Harvey W. (1977, reprinted in 1981) *The Chinese Military System: An Organizational Study of the Chinese People's Liberation Army*. Colorado, Westview Press.

Paltiel, Jeremy T.(1995)"PLA Allegiance on Prade: Civil-Military Relations in Transition," *The China Quarterly*, no. 143, pp. 784-800.

Pang-yu Ting, William (1982)"The Chinese Army," in Adelman, Jonathan, R. (ed.) *Communist Armies in Politics*. Colorado: Westview Press, pp. 31-43.

Parish, William L. Jr.(1973)"Factions in Chinese Military Politic," *The China Quarterly*, no. 56, pp. 667-699.

Perlmutter, Amos (1977) *The Military and Politics in Modern Times: On Professionals, Praetorians, and Revolutionaly Soldiers*. New Heaven and London: Yale University Press.

―――― (1981) *Modern Authoritarianism: A Comparative Institutional Analysis*. New Heaven and London:Yale University Press.

Perlmutter, Amos and Valerie Plave Bennett (eds.) (1980) *The Political Influence of the Military: A Comparative Reader*. New Heaven and London: Yale University Press.

Pollack, Jonathan D. (1983) "Rebuilding China's Great Wall: Chinese Security in the 1980s," Paul H. B. Godwin (ed.) *The Chinese Defense Establishment: Continuity and Change in the 1980s*. Colorado: Westview Press, pp. 3-20.

―――― (1992) "Structure and Process in the Chinese Military System," Lieberthal, Kenneth G. and David M. Lampton (eds.) *Bureaucracy, Politics, and Decision Making in post-Mao China*. California: University of California Press.

Rhoads, Edward J. M.(1964) *The Chinese Red Army, 1927-1963: An Annotated Bibliography*. Cambridge Massachusetts: East Asian Research Center, Harvard University.

Sandschneider, Eberhard (1989) "Military and Politics in the PRC," Dreyer, June Teufel (ed.) *Chinese Defense and Foreign Policy*. New York: Paragon House, pp. 331-349.

Scobell, Andrew (1992) "Why the People's Army Fired on the People: The Chinese Military and Tiananmen," *Armed Forces and Society*, vol. 18, no. 2, Winter, pp. 193-213.

―――― (2006) "China's Evolving Civil-Military Relations: Creeping Guojiahua," Nan Li (ed.) *Chinese Civil-Military Relations: The Transformation of the People's Liberation Army*. New York: Routledge, pp. 25-39.

Shambaugh, David L.(1991) "The Soldier and the State in China: The Political Work System in the People's Liberation Army," *The China Quarterly*, no.127, pp. 527-568.

―――― (2002) "Civilt-Military Relations," Shambaugh, David L., *Modernizing China's Military: Progress, Problems, and Prospects*. California: University of California Press, pp. 11-55.

Swaine, Michael D. (1992) *The Military and Political Succession in China: Leadership, Institution, Belief*. Santa Monica: RAND.

―――― (1996) "The PLA and Chinese National Security Policy: Leaderships, Structures, Processes," *The China Quarterly*, no.146, pp. 360-393.

―――― (1998) *The Role of the Chinese Military in National Security Policymaking*, Revised Edition. Santa Monica: RAND.

Tsou, Tang and Andrew J. Nathan (1976) "Prolegomenon to the Study of Informal Groups in CCP Politics," *The China Quaterly*, no. 65, pp. 98–114.

Vogel, Ezra F., Yuan Ming, Tanaka Akihiko (eds.) (2002) *The Golden Age of the U.S.-China -Japan Triangle, 1972–1989*. Harvard Universtiy Asia Center.

Whiting, Allen S. (1960) *China Crosses the Yalu: The Decision to Enter the Korean War*. California: Stanford University Press.

Whitson, Willian W. with Chen-hsia Huang (1973) *The Chinese High Command: A History of Communist Military Politics, 1927–71*. New York: Praeger Publishers.

Wortzel, Larry M. (1998) *China's Military Modernization: International Implications*. New York: Greenwood Press.

Zagoria, Donald S. (1962) *The Sino-Soviet Conflict, 1956–1961*. Princeton: Princeton University Press.

第Ⅲ部

政治体系への「入力」に関わる要素

第5章
政治参加

中岡まり

はじめに——「政治参加」とは何か？

　本章で扱う政治参加は、イーストン（David Easton）の定義による政治体系の「入力」に相当する。1970年代に、ヴァーバ（Sidney Varba）とナイ（Norman H. Nie）による政治参加の形態の4分類が発表された（Varba, Nie, 1972）。その内容は、①投票、②選挙運動の手伝いをするなどの「選挙関連の活動」、③「地域活動」への参加（町内会・自治会など）、④政治家や官僚へ直接陳情や頼みごとを行ったりするような「個別的接触」である。ヴァーバとナイの定義は、民主主義体制における政治参加を対象とするため、暴動などの激しい体制外の政治参加を含めない。

　だが、権威主義体制が「ふつうの」政治体制として認識され始めた今日においては、民主主義体制のみを前提とする政治参加の定義では不十分である。その権威主義体制の多くの国では、投票と選挙関連の活動は政治活動の周辺部分を占めるにすぎない。このため、利益表出のためには民衆はマスメディアやSNSを通じた意見の表明、陳情、デモ、暴動などさまざまな手段を用いざるを得ない。政治的に不安定な第三世界を扱ったハンチントン（Samuel P. Huntington）とネルソン（Joan M. Nelson）はこれらの行為を政治参加に含めている（Huntington, Nelson, 1976: 1-7）。ハンチントンとネルソンは政治参加を「民間の市民たちによる政府の政策決定に影響を与えようと意図された活動」と定義し、「抵抗や暴動、デモなどや反政府暴力の形をとるものであっても、それが公的な権威に影響を与えようとするものであれば、政治参加の

形態である」と定義している。

そこで、本章では中国における政治参加をめぐる研究動向とその変遷および課題について検討するため、制度化された政治参加の中心的概念である投票に加えて、制度外の政治参加と準制度的な政治参加をテーマとする研究をとりあげる。

I 現代中国の政治参加へのアプローチ

ヴァーバとナイが設定したように、投票こそは政治参加の核心にあると考えられてきた。しかし、中国における政治参加の主要な形態が投票であるとはいいがたい。したがって、上述したとおり、中国における政治参加を分析するにあたって、この概念は拡張される必要がある。さしあたり、中国における政治参加の形態は次の3種類に分類できよう。

ひとつ目は、制度内政治参加である。これは公式に認められており、すでに法によって制度化されている政治参加で、具体的には人民代表大会（以下人代と略す）直接選挙、村民委員会と居民委員会で行われる基層自治選挙、共産党への入党と党内での活動が挙げられる。共産党への入党と党内での活動は国家の法体系によっては制度化されていないが、党規約によって公的な制度となっていると考えられる。ただし、本書では権力機構の章に詳述を譲る。

二つ目は、制度外政治参加である。これは公式に認められておらず、制度化されていない政治参加を指し、具体的にはデモなどの集団抗議や政治文化の涵養などを指す。

三つ目は、準制度的な政治参加である。これは法的には正当であるが、当局の判断で必要に応じて無力化しうる政治参加である。具体的には陳情、維権運動、法に依拠した抵抗（rightful resistance）、「協商民主」などを指す。

中国における政治参加の特徴は、二つあり、第一点は三つの政治参加の形態が組み合わされて用いられ、時に有効に機能していること、第二点は制度内政治参加の中にも非制度的政治参加が埋め込まれていることである。

第一点は、これら三つの政治参加の形態が、党・政府によって本来意図的

に設計されたものではないにしても、しばしば絶妙に組み合わされ、結果的に権威主義体制の維持に有効に機能する点であろう。基層での政治参加の拡大や行政訴訟・陳情などの準制度的政治参加が権威主義体制の弾力性（authoritarian resilience）を高め、共産党政権の正統性を強化する要素となっていることはネイサン（Andrew J. Nathan）も指摘している（Nathan, 2003）。

　制度的政治参加の拡大は、政権の支配に影響する可能性があるが、当局にとって、大衆のために非制度的・準制度的政治参加の経路を開放しておくことは、民衆の社会的・経済的状況や政権に対する支持に関する情報を得るだけでなく、彼らの不満を地方政府に向かわせ、中央政府の威厳を保てるという利点がある。他方、大衆にとっても大きな成果の見込めない制度的政治参加の拡大や民主化といった壮大な要求を追求する代わりに、非制度的・準制度的政治参加の経路を利用して身近な問題解決を図り、不満を解消することは十分に意義のあることである。

　これらの三つの政治参加の形態、特に制度的政治参加と準制度的な政治参加は共産党によって時々でバランスを変えて並行的に人々の前に提示され、利用される。政治参加を望むものもまた、状況に合わせて三つの政治参加のうち最も有効と判断する形態を選択するだろう。そのため、ある時には権威主義体制の維持に役立つ組合わせが、政治形態の用い方のバランス次第では体制を動揺させる要因にもなりうる。

　第二点は、制度的政治参加である人代選挙制度や人代の運営に際して、党組織や政府の各部署による非制度的利益表出が組み込まれている点である。これは、制度的政治参加に対する党の介入とも解釈できるが、制度的政治参加のプロセスに党による選抜や利益の取捨選択を埋め込むことで、利益集約の幅をコントロールし、選挙民の政治的有効感を維持しつつも体制を安定させているといえる。

II　これまでの研究

　政治参加に関する中国研究は、当然のことながら、政治参加に関連する政治学の理論研究の発展の影響を大きく受け、その研究対象を拡大し、変化さ

せてきた。

1 1950〜60年代──全体主義モデルからの脱却

　J・R・タウンゼント（James R. Townsend）によれば、1950〜60年代の中国研究においては、全体主義の諸理論が魅力的で有用と考えられていた[1]。しかし、中国と全体主義モデルとの間にいくつかの重要な不一致が見られたことと、1960年代に入り全体主義モデル自体の妥当性に疑問が示されたこと[2]によって、全体主義モデルの中国研究への適用は控えられ、代わって共産主義体系の比較研究が行われるようになった。しかし、欧州と中国との比較は研究者にとって資料収集と分析の点で技術的に困難で難易度が高く、中ソ対立と全体主義論争の影響もあり、比較共産主義の観点からの中国研究はあまり発展しなかった（タウンゼント、1980）。

　1950年代、60年代の政治参加に関する研究対象は、大衆動員と小さな組織（生産隊・生産大隊・作業場・工場・居民委員会など）の代表者選出や話し合い、大字報の執筆、陳情、組織（婦女連、工会、民主党派など）などであった。

　冷戦期に入り、全体主義モデルに代わって利益団体モデルが登場した。これは、共産党は圧倒的なものではなく、いくつかの利益団体（グループ）による内部の分立に悩まされていることが明らかになったためである。しかし、この時点では、研究対象として、一般の人々の個々の政治参加はまだ視野に入っていない。それは、全体主義モデルにおいても、利益団体モデルにおいても、一般の人々の活動が政策決定過程に関与するには何らかの制度によって道筋がつけられ、それを通過する必要があると考えられたためであった。そこでは制度的な政治参加しか想定されていなかったのである。

　1960年代には、南北間の、格差の原因を説明する理論として、伝統的な社会から工業化することにより「離陸」をはかり、大量消費社会へと発展していく単線的な発展段階説を唱える近代化論が現れた。しかし、社会経済発展と政治参加の相関性の理論においては、中国は「異常な」ケースと位置づけられてしまった。

2　1970〜80年代——「政治参加」の定義拡大から研究対象の拡大へ

1970年代に入り、先に述べたようにヴァーバとナイによって、「政治参加」の定義が拡大された。つまり、政治組織体がなくとも、選挙（投票）を通じてではなくとも、利益を求める行動は可能である、とされたのである。

中国自身の変化も、中国研究における「政治参加」の定義拡大と研究対象の拡大を促進した。1970年代終わりに始まった改革開放に続いて、80年代には経済・政治体制改革が進められた。このことによって、研究者たちは党中央の権力構造のみではなく、中国政治・経済・社会における中間層と基層にも目を向けるようになった。国交が正常化したことによって、フィールドリサーチに出る機会を得て、その研究対象は村、工場、官僚組織へと広がった（Harding, 1993）。

3　1980年代以降——民主化を促進するのか

1970年代半ばに、権威主義体制下にあった国々が民主主義体制へ移行し始めた。南欧からラテンアメリカへと拡大したその趨勢は、さらにフィリピン、韓国、台湾にも及び、東欧・ソ連の体制崩壊が始まるに至り、権威主義体制の廃棄と民主主義体制への移行は必然とみなす研究者もいた（ウィーアルダ、2000：111-117）。

中国研究においても、民主主義体制への移行は大きな研究テーマとなっていた。ジェームス・マン（James Mann）が『危険な幻想（原題：*The China Fantasy,* 2007）』において批判的に指摘したように、1990年代初めからアメリカのジャーナリズムと政治家の間には経済成長の著しい中国に対して強い民主化への期待があった（マン、2007）。

中国における政治参加に関する研究においても、当然「その政治参加は権威主義体制から民主主義体制への移行を促進するものなのか？」が重要な設問となった。こうした問いをもって人代直接選挙や基層における村民委員会選挙といった体制内の政治参加に関する研究が行われていった。しかし、フィールドワークに基づく事例研究によって明らかになったのは選挙や政治参加の制度化が、必ずしも民主化を促進する要素にはならず、時には権威主義体制を強化するものでさえあるという事実であった（O'Brien and Zhao,

2011)。

　現実の政治と社会においても、研究の結果においても、制度内の政治参加に対しては民主主義体制への移行を促進することが期待できない状況下で、研究者のまなざしは制度外と準制度内の政治参加に向かい始めた。法改正や制度改革によって、表面上は政治参加を促進する状況にあるにもかかわらず、現実には一向に進展しない政治参加の拡大のもとで、制度外および準制度内の政治参加によって、国家－社会関係や大衆の政治文化になにがしかの変化が生じているのかどうか、そしてその変化が将来的に何をもたらすのか、という問いかけがなされている。

III　研究の現状と課題

1　米中における研究の相違

　政治参加に関する研究において、米国での研究と中国での研究は、分析の視点が大きく異なっている。米国での研究は政治に参加するアクターの側に、中国での研究は政治参加のルールを作る為政者の側に視点がある。米国での研究は、権威主義体制からの体制移行の可能性や、一般市民や社会的組織の立場から政治参加というツールを利用し、いかに民主化を推進するかを主要な関心とし、民主化の可能性やその過程で起こる変化について検討するものが多い。一方で、中国での研究は、多くが主として共産党の立場から、政治参加のために作った制度をいかに安定的に管理・運営し、ガバナンスの向上に役立てるかを追究しており、共産党の支配する権威主義体制からの移行を前提とすることはない。したがって、視点の相違と言語的障壁によって、同じ政治参加を研究していながら、両者の間において議論が交わされることは少ない[3]。

　米国での研究は、人代直接選挙や基層自治選挙といった制度内政治参加に対して、民主化を促進するものとの期待をもっていた。しかし、その期待は裏切られ、制度内政治参加は民主化というベクトルにおいては行き詰まりを見せたため、次に制度外および準制度的政治参加に関心が向けられるようになった。そこで、大きく分けて二つの研究の方向性が現れた。第一に制度外

の政治参加や政治文化の変化から民主化への影響の有無を探るものと、第二に制度内の政治参加の拡大がなぜ予期されたような民主化をもたらさず権威主義体制が維持されているのかを探るものである。前者は依然としてやはり民主主義体制への移行を最終目標に想定しているが、後者はこうした移行論を回避して（Carothers, 2002）、権威主義体制を標準となり得る体制として研究する近年の比較政治学の趨勢に合致したものである。

　中国での研究は、米国とは異なり、地域研究から比較政治学へというディシプリンの移行の影響を受けているものはまだ一部の若手研究者に限られる。制度内政治参加においては、人代直接選挙研究と基層自治選挙研究では大きく視点が異なっていた。前者は党と政府の立場から、これをいかに効率的に運営・管理するかという分析視点が中心でであった。他方、後者は、米国でのそれと同様に民主化を促進する可能性を探る視点が共有されていた。それは、民政部や中国社会科学院がフォード財団およびカーターセンターからの資金的援助を得ていたためでもあった（O'Brien, Li, 2000: 483-484、http://www.cartercenter.org/peace/china_election/index.html）。しかし、制度内政治参加に関する研究の発展には限界があった。人代直接選挙研究は、イデオロギー的拘束から逃れた学術的に優れた研究であればあるほど党の指導との矛盾を回避できないため、研究プロジェクトの資金獲得と地方政府からの研究上の協力を得ることが困難になりつつある[4]。基層自治選挙研究は、基層民主の影響が基層にとどまり、上級や国家に波及することがなかった点で民主化を射程に入れた視点での研究は行詰まりを迎えた。

　こうした状況をうけて、米国では制度外政治参加へと研究者の関心は向いたが、中国では行き詰まる「選挙民主」の研究に代わって「協議民主」（中国語では協商民主）の研究が盛んになっている。これは、準制度的政治参加の一形態といえる。現在のところ、中国における政治参加に関する研究は、その中心的な目的が国家体制の安定と維持にあるため、手詰まりの状況にあるといえよう。

2 研究の現状——民主化の可能性と権威主義体制の維持の間で
(1) 制度内の政治参加——民主化をもたらすものなのか
人代制度と選挙

まず、人民代表大会の機能について論じたアメリカを代表するオブライエン（Kevin J. O'Brien）の研究 *Reform Without Liberalization*（1990）は、人代が自由化や政治的自律性を高め、人民の利益を直接的に代表する方向には向かっていないとしつつも、立法活動の活発化や監督機能の強化によって、その役割が強化されていることは評価している。その約20年後のチョー（Young Nam Cho）による研究は、上海、広州、天津での綿密な調査に基づき、地方議会が立法機能と政府に対する監督機能を強化し、地方政治において重要な政治的勢力となっていることを証明している（Cho, 2009）。その際に、地方議会が党と政府に対し対立的ではなく協調的であることが、チョーの指摘の特徴である。この指摘は、制度内の公式的な政治参加と国家の法体系から見て制度外の政治参加である党組織の活動の協働が成立していることを示している。制度内政治参加に制度外政治参加が精巧に埋め込まれて機能していることは、中国的な政治参加の特徴のひとつといえるのではないか。

またチョーは、現在の人民代表たちは監督・政策提起の機能を果たし、党と国家の関係や立法制度の過激な変更を伴うことなく代表性を高めていると評価している。こうした代表の機能は、党のトップの指導者にとっても地方政府の政策執行を監督し腐敗を抑圧するという利点がある。したがって、人代制度のなかでは、オブライエンの指摘したように、自由化が伴わないままに党にとっても利益のある改革が進行しているといえよう。

人代の選挙過程と人民代表の関係にも、正規の政治参加の中に非正規の党のシステムが組み込まれ、うまく機能している例が見られる。マニオン（Melanie Manion）は、党が選挙結果をコントロールできるように選択肢を限定したうえで選挙民に限定的な選択の自由を与えている選挙制度の設計を明らかにしている（Manion, 2000）。マニオンは代表が選出されるまでに党という「選抜者（selectorate）」による選抜と選挙民（electorate）による選挙の二段階を経なければならないことを指摘し、そこに独特な中国的民主化の態様を見出している。

中国での人代制度研究は、党と政府の立場から、これをいかに効率的に運営・管理するかを提案するものが主流である。また傍流として、市民や民間組織の立場から選挙制度を利用していかに利益表出を行うのかを探る研究がある。前者の代表は、史衛民（中国社会科学院政治学研究所研究員）と蔡定剣（元全国人民大会常務委員会研究室、中国政法大学教授）で、後者の代表は李凡（世界与中国研究所所長）である（史衛民,2000；蔡定剣,1996；李凡,2012）。ただし、史も蔡もいわゆる保守や御用学者ではなく、党・政府の視点に立ちつつも、より民意を反映するにはどのような制度設計と運用がなされるべきかを考えている。史の『公選与直選──郷鎮人大選挙制度研究』（2000）が示すように、体制の維持・存続を前提としたうえで、法律を遵守する形で、なおかつより民主的で選挙民の期待にこたえる選挙の実施方法を探る、というのが史の基本的なスタンスである。

　蔡は『中国人民代表大会制度』（1992、1996に第2版）で人代制度の高度な民主理論と実践とのギャップが最大の問題であるとし、解決策として、普通・平等・直接選挙を実施し、国家の公職にある者に対する罷免権を保障し、監督権を行使できるようにすることを求めている。蔡は体制内部から、社会主義の政治体制の理論的枠組を離れることなく、しかしその範囲内での可能な限りの選挙工作の改革を提案している。

　一方、李は『中国基層民主発展報告』を2000年から2013年まで連続して出版し[5]、体制外から選挙制度を通した政治参加の方策を提案し続けている。李の著作と活動は、従来制度外で政治参加を行っていた人々を制度内の政治参加へ参入させる手引書とワークショップの役割を果たしている。

投票行動

　投票行動に関する研究においては、中国を全体主義体制としてよりも権威主義体制としてとらえなおす認識の変化が大きな影響を与えている。米国では、全体主義国家や共産主義社会の研究者は投票行動ではなく棄権について研究していたが（Shi, 1999）、権威主義体制ととらえることで投票行動に関心が及ぶようになった。投票行動に関する代表的な研究であるシー（史天健 Tianjian Shi）の *Political Participation in Beijing* は、1988～89年のフィールド

調査に基づき北京市民の政治参加と投票行動を研究したものである（Shi, 1997）。史は、環境によって機能が変わる制度を単純に比較することは危険であると考え、比較政治学の視点よりも地域研究の視点に基づいて研究を行うよう主張している。そして、1984年と88年の北京の直接選挙における投票行動について分析し、中国のような半競争的選挙においても、民主と民主化を支持する選挙民や腐敗した官僚を罰したいと強く願う選挙民、そして自身が政治的に影響をもつ能力があると信じる選挙民は選挙において投票する可能性が高い、との結論を得ている。また、1999年に発表した研究においても、以下のように指摘している（Shi, 1999）。無競争選挙においては、高学歴で情報量の多い人々は自らの政治的信念を伝えるために棄権することを選ぶが、一方で、半競争的選挙においては、同じタイプの人が、無競争から半競争への変化を明らかな体制改革として、限られた政治的影響力を行使する意義のある機会を与えるものだと考え、投票する。しかし、1995年に同様の調査を行ったジエ・チェン（陳捷、Jie Chen）とヤン・ジョン（鐘楊、Yang Zhong）は異なる結論を導き出した（Chen, Zhong, 2002）。それは、より強い民主主義的志向とより敏感な内的有効感をもつ人々は、半競争的選挙では投票する確率が低い。その一方で、体制の一員との自己認識があり権威に対し感情的愛着がある人々はより投票に行く、というものであった。史の研究結果との相違は、対象地域と調査時期が異なったためであると陳と鐘は分析している。陳と鐘の研究が、既得権益をもつ社会的経済的エリート層が体制擁護のために投票するとしているのに対して、孫龍の研究は政治的有効性感覚が投票の動機として重要であると指摘し、新たな積極的政治参加者の存在を示唆している。孫は、『公民参与――北京城市居民態度与行為実証研究』(2011)において、2006年に雷弢と共同で行ったアンケート調査データに基づき、投票行動に影響する要素に関するロジスティック回帰分析を行い、①政治的有効性感覚と政治関心と年齢が高いほど投票率に積極的に影響し、政治体制への支持も影響すること、②高収入と男性であること・高学歴は、政治社会学のこれまでの研究結果とは反対に投票率を上げないこと、③党籍が投票率の向上に影響しないことを明らかにしている。

　比較政治学で多変量解析を用いることはいまや当然のことになっているが、

母集団の性質の違いは多変量解析を行ってもその影響を排除することはできないという問題点は依然として残っており、また、共産党の指導下にあっては制度の執行や環境に強い影響が及ぶため、史の指摘するように地域研究の手法を完全に放棄することはまだ保留すべきであろう。

21世紀に入り新たに現れた研究課題は、「独立候補（independent candidate）」と呼ばれる立候補者たちによる政治参加の意義である。この研究課題は、これまで制度外政治参加を行っていた人々が制度内政治参加に越境するプロセスと当局の反応を提示している。ジュンジー・ハー（何俊志、Junzhi He）は、独立候補の出現は、対立政党が存在しない国における新しいタイプの権威主義体制下での、民主化に向かう構造的な変化の初期の段階を示す、静かな証拠の一部となるかもしれない、と慎重に述べている（He, 2010）。また、状況と立候補者のタイプによって当局の管理の柔軟さが異なることを指摘している点も何論文の特徴である。

中国で人代選挙をめぐる政治参加研究を牽引しているのは、何俊志・邱家軍、孫龍である。彼らはイデオロギー的視点から比較的自由であろうとし、比較政治学の視点から中国における人代選挙を通じた政治参加を分析している[6]。しかし、何自身が認めているように、このときに問題になるのが「党の指導」の影響である。中国を「地域研究」のひとつのジャンルとしてではなく、比較政治学の研究対象とする際に、この「党の指導」とその影響をどのように扱うかは多くの中国研究者が直面する問題である。

基層自治選挙

80年代末からソ連・東欧で相次いで共産主義政権が崩壊し、民主化したことから、残された共産主義国家である中国の体制移行に関心が集まっていた。こうした状況と相まって、1987年から試行され、1997年の「村民委員会組織法」によって正式に全国的に展開していった村民委員会選挙と基層自治は民主化を促進するものか否かが多くの注目を集め、米中の研究者の研究課題もこの点で一致していた。

この問いに対して、マニオンの初期の研究（Manion, 1996）は選挙プロセスが村内の意見の融和をもたらすとして肯定的評価を与えていたが、多くの研

究は、基層自治選挙が民主化の萌芽となるという見方に対して否定的であった。

オイ（Jean C. Oi）とロジール（Scott Rozelle）は選挙が必ずしも当選した村委会主任の支配の正統性の獲得を保証するわけではないことを論証している（Oi, Rozelle, 2004）。彼らによれば、民主的選挙のプロセスよりも、その村の産業化の程度と村の境界から外の経済と村民のつながりの性質といった経済的条件が、選挙で選ばれる村委会主任と党の指名する村党支部書記との間での村の中枢権力の行方を決定する。オブライエンとリェンジァン・リー（李連江、Lianjiang Li）（2000）は、村民委員会選挙が民主化をもたらすものではなく、一党独裁による民主主義の「飼いならし」（Accommodating Democracy）でしかないと結論づけた。オブライエンによれば、村民委員会制度には、彭真の設計当初の意図がまだ生きている。すなわち、選挙は、党に対する大衆の支持を増すために設計されており、基層民主は党の強い支配と全く矛盾しないと理解されている、と指摘している。最近の研究でもオブライエンと趙（O'Brien and Zhao: 2011）は、中国における基層選挙は出発点からして民主化と同程度に国家建設を目的としており、現在では、現政権を正統化する役割を果たしているとしている。

中国での研究では、基層での直接選挙を積極的に評価する見解が主流であった。基層自治研究の拠点のひとつとして有名な華中師範大学の徐勇（1997）は、村民委員会選挙と村民自治について、国家権力が社会に返される第一歩として積極的評価を与えていた。徐は民主選挙が必ずしも予期されたような結果を伴わないこともあると留保しながらも、権力の移行や誤りを正すメカニズムとなりうるとした。于建嶸の『岳村政治』（2001）は、農村政治研究に具体的なケーススタディによる実証研究を導入した嚆矢となる作品である。そのなかで、于も村民自治の中に将来における民主的な政治発展の展望を見出している。他方、これに対して疑義を唱える意見も現れた。沈延生（中国科技大学）は、直接選挙によって選出された村委会主任と村党支部の間に緊張関係が生じた結果、村民自治が麻痺状態に陥っていることを指摘し、基層で改良を加えるような改革では上級での転換は起こりえないと主張した（沈、1998）。また党国印（中国社会科学院）は、正常な状態であれば、

農村は政治改革が最後に及ぶところであるとして、村民自治が中国の政治民主化の起点となる可能性を否定した（党、1999）。

その後、中国における基層自治や選挙に関する研究は停滞傾向にある。2005年に実施された農業税の廃止が、農村幹部と村民の間の摩擦を大幅に解消する一方で、基層政府財政の困窮化により公的サービスの低下を招くなど村落社会の崩壊を加速化させることになった。これによって、中国における基層自治の抱える中心的な研究課題は、政治参加の拡大よりも脆弱化した農村社会に対する統治管理へと移っていった（華中師範大学中国農村問題研究中心、2012）。

(2) 制度外政治参加——民主化しないなら、何が起きているのか？

制度外政治参加の研究は、民主化を期待するものと権威主義体制が維持されている理由を探るものの二つに分かれる。

ツァイ（Yongsun Cai）は集団的抗議について、ある集団行動が成功する一方で、なぜ別のものが失敗するのかを検証している（Cai, 2010）。ツァイの研究の特色は、社会的抵抗に対する政府の反応を調査することで、中国の政治体制の弾力性と、それが中国における社会と政治的発展に与える示唆について焦点を当てて、社会の側の変化だけではなく、国家の対応の変化にも注目している点である。ツァイは農民、労働者、不動産所有者など社会グループの集団的抵抗を考察し、抵抗者の行動の力強さと政府の「コスト－利益計算」を操作する分析的枠組を利用して、中国における社会抵抗の成果を説明している。集団的抵抗が国家－社会関係に与える影響としては、集団的抵抗に対する政府の、時として"弾力性"をもつ対応について積極的に評価し、制度外の政治参加が体制移行にポジティブに影響するとの考えを示している。

制度外政治参加による民主化の可能性を探るもうひとつの領域は政治文化への影響である。政治参加の果たす役割のひとつに、市民が政治参加を通してよりよい民主的市民に成長することが挙げられる。史天健は、これに対して農村での草の根選挙は人々の権力と権威に対する態度を変えていないし、改革を支持するようにも変えていない、と否定的である。彼は中国の近い将来に政治的変化が起こるか否かは、決定的役割を果たすエリートにかかって

いるとした (Shi, 2004)。他方、ヤン・ジョン (Yang Zhong) は江蘇省南部をフィールドに農民の政治文化に着目し、中国の農民は政治的に保守的な勢力であるという従来の型にはまった見解に反して、農民たちは、政府人員に対する民主的選挙、政治に対する大衆の参加、言論の自由など民主主義的原則の核心的部分に対して極めて支持的であったとしている (Zhong, 2012)。彼らは北京の都市部の住民よりも民主主義的な価値を支持しており、さらに、結果よりもプロセスが民主的であることを重視する傾向があるという点で、農民が民主主義的手続きを重視する公民の資質をすでに得ていることがわかるという。ジョンはこうした政治文化を理由に民主化の方向性を示唆している。

次に、なぜ権威主義体制が維持されているのか、に焦点を当てる研究について見てみよう。すると、制度内政治参加と制度外および準制度的政治参加の併用が権威主義体制維持に貢献していることが明らかになる。ペリー (Elizabeth J. Perry) とゴールドマン (Merle Goldman) が編集した *Grassroots Political Reform in Contemporary China* (2007) は、政治改革をテーマとしながらも民主化の可能性を探るものではないとしている。ここでは、政治改革のもうひとつの重要な目的は専制的で腐敗した幹部の態度を抑制し、基層の権力者たちの対応力を高めることであり、それは共産党の指導者たちが共産党の独裁国家の延命のために打ち出した施策であるとする。不正を働いた幹部や村の指導者たちを罰することは、国家レベルでの選挙を求めるよりも、農民にとってはずっと大きな利益であるため、そのために国家的な政治改革の進展を先延ばしにすることは、一般の中国人にとっては、十分に受け入れ可能なトレードオフであると考えられる、とペリーらは主張している。つまり、党指導部にとっては、非制度的および準制度的政治参加による利益表出のルートを確保しておくことによって、大衆の社会的・経済的状態や権力者に対する彼らの態度を知るための情報を得ることができるだけではなく、制度内政治参加に対する要求が拡大する危険性を回避することもできるのである。しかし、こうした措置の効果が恒久的なものであるとは考えられないともペリーらは指摘している。

ツァイ (Lily L. Tsai) は、*Accountability without Democracy* (2007) というタイトルの通り、農村において民主的手続き抜きで村民に対する効率的な対

応が行われている理由を探り、サブタイトルである Solidary Groups（共同の利益を持った集団）の存在がそのカギとなると指摘している。ここでは選挙などのフォーマルな政治参加の制度よりも、従来の農村に存在する道徳や倫理を結節点とする人的ネットワークの存在が地方幹部と結びつくことの方が、効率的な統治や公共財の提供には有用であると指摘されているのである。つまり非制度的な政治参加が体制内のアクターと結びつくことによって、効率的なガバナンスを実現することが示される。

(3) 準制度的な政治参加

準制度的政治参加の特徴は、法を利用した政治参加であるものの、その行為が許される程度に関しては党と国家が恣意的な決定権をもっている点にある。党の側は準制度的政治参加をコントロールして党と政府への支持を獲得しようとし、他方で参加者の側はこれによって政治参加のルートをこじ開け拡張しようとする。米国での研究は、これが民主化を促進する何らかの助けになるかどうか、という関心を維持しており、中国での研究は、制度内政治参加ではカバーしきれない領域を補完する機能をもち得ることに関心を寄せている。

オブライエンと李（Liangiang Li）は *Rightful Resistance in Rural China* において、村民が全国性法規や地方性法規などを利用して自分たちの要求を貫こうとする、法を利用した抵抗（rightful resistance）をとりあげ、こうした活動が国家－社会関係に影響を与えることを積極的に評価した。法を利用した抵抗の結果、参加者の中に公民権意識が芽生え、参加の過程で公共圏に通用する法や契約に関わる思考と言説を身につけた人々が出現し、公共圏の創出が期待できる、とオブライエンたちは予測していた（O'Brien and Li, 2006）。

だが、2013 年に発表された *Rightful Resistance Revisited* においては、オブライエンはこの予測を修正している。法を利用した抵抗が発展を続けた場合には、権威主義的支配の終わりを早めるよりは、全国レベルでの民主化といった遠大な変化を求める声を挫いて、体制の回復力に貢献するだろう、としている。

中国における研究としては陳情と「協商民主」をとりあげる。陳情に関す

る于建嶸（2012）の研究は、人治の要素が含まれる準制度的政治参加が法治で運営される制度内政治参加のあり方に影響を与え、相互作用をもつことを指摘した点で重要である。陳情の特徴は、法治による政治参加とは異なり、最終的には人治に依拠した政治参加であるにもかかわらず、法と国家と党によって制度化されている点にある。しかし、陳情制度の拡大や定着は、人々に対して人治の有効性を実感させ、人代制度を通じた利益表出という法治を軽視する結果となるため、法治および憲政の実現を阻害する要因となると于は指摘している。

　于とは対照的に、準制度的政治参加が制度内政治参加を補完することに対して肯定的な見解をもつのが「協商民主」に関する研究である。

　本来、熟議民主主義（deliberative democracy）は、選挙民主のような間接デモクラシーの弊害を補完するものとして、または社会に偏在する利益や価値が多様化し、既存の「中央集権的な国家による社会・政治秩序の制御が困難となった現代における「ポスト国家的統合」様式の基軸となる原理」である（田村、2008）。しかし、近年中国において選挙民主と並立する形で重視されている協議民主（中国語では協商民主）は、鈴木（2012）が指摘するように、熟議民主主義を「換骨奪胎」したものでしかない。

　フィシュキン（James S. Fishkin）によれば、熟議においては、情報・実質的バランス・多様性・誠実性・考慮の平等が高いレベルで満たされるべきである（フィシュキン、2011）。本来の熟議は開かれた公共空間において平等な情報と立場をもつ人々の間で交わされるものであるが、共産党はこれを共産党が主導的な立場をとる統一戦線の場で展開するものと読み替えている。そこでの「協商民主」の議論のポイントは、①共産党の指導、②政治過程における人民の政治参加の拡大、③協議過程を通じたガバナンスの強化、の三つの要素の均衡的発展である（鈴木、2012）。

　こうした共産党の方針は、研究にも反映され、協議民主は共産党の指導の下に置かれ、選挙民主と相互補完関係にあるものと位置づけられている。肖立輝（中央党校）は、「社会主義協商民主」を西側の協議民主と比較してより高い意識をもって広い領域と多くの層をカバーするものとしているが、そこでは、あらゆる人が平等な立場で参加する公共空間における熟議とは全く

異なる、党が主導権をもつ選別されたグループが参加する協議の場が現れる（肖、2013）。

　中国での協議民主に関わる研究は、多くがこのような論調であるが、他方で少数ではあるが、浙江省の温嶺市などの具体的事例に基づく実証研究では協商民主による行政効率の向上や政府機関の管理能力の向上が明らかにされている（慕毅飛、2005；李凡、2009）。フィシュキン（2011）は温嶺市で討論型世論調査を行った結果、中国のような一党独裁政権下においても、一党制の脅威にならないイシューに関して平等でオープンな代表性を確保し、正確な情報を提供すれば、住民の意思を正確に反映した政策の優先順位を導くことができ、その結果政府の権威も高まることを明らかにしている。同時に参加者の公共精神も高まるとしている。

　選挙民主の改革の行き詰まりから派生している協議民主の研究は、党の政策を称揚するにとどまるのか、あるいは行政効率の向上や協議民主への参加から市民に公共意識が芽生える可能性まで射程に入れ、公共圏の形成の可能性を含むのか、注視する必要がある。同時にこれは制度内政治参加に対して、準制度的政治参加が協働的に作用するのか、あるいは下の指摘するように制度内政治参加の役割を限定し矮小化しようとするものかを見極めねばならない。

おわりに——研究の課題と展望

1　研究の課題

　中国における政治参加の研究の課題として、ディシプリンへの対応と研究対象の相互関連性の問題が挙げられる。

　第一の課題は、地域研究から比較政治学へという分析枠組の変更と「中国の特殊性」の扱いの関係についてである。80年代後半から90年代の中国の政治参加をめぐる研究は、共産主義国である中国の特殊性を説明しようとする地域研究の視点から、権威主義体制のひとつとして中国を分析しようとする比較政治学の視点へと主流を移していった。9・11の同時多発テロ事件は、地域研究の衰退がもたらした他者に対する正確な理解の欠如という問題点を

露呈し、アメリカでの中東やイスラーム研究の重要性が見直される契機となったが（油井、2007）、米国での中国研究はやはり地域研究から比較政治学へとその主流を移しつつあるだろう。

近年の研究では、フィールドリサーチをもとに得られたデータを、多変量解析を用いて分析することがほぼ必須であるように見える。そこでは、地域研究の分析においては当然の配慮を払われていた政治体制の特殊性や歴史的背景は考慮されず、中国も他の比較対象と同様に扱われ、分析される。史の研究と陳と鐘、孫のそれはデータ自体の背景とデータを取り巻く環境が異なっているときに、これらを同様に扱うことの危険性を示している。何、邱、孫の研究も比較政治学の視点からの研究を追究した優れた研究であるが、そうであるがゆえに、中国の政治体制の大前提である「党の指導」をいかに分析に反映させるのかが課題となる。史天健が指摘した地域研究の視点の重要性はやはり無視することはできないのではないだろうか。

第二に研究対象の相互関連性についての課題が挙げられる。制度内の政治参加と制度外および準制度的政治参加の研究は互いにそれぞれの範囲で完結し、互いの関係がとりあげられることは少ない。

より完全な政治参加の様相を描き出すためには、制度外および準制度的な政治参加について、それが、制度化された政治参加と補完関係にあるのか、阻害要因となるのか、両者の相互の影響についても研究が必要である。また、今後、独立候補たちのように、従来は制度外の政治参加に従事していたアクターが制度内の政治参加に参入するケースも増えるだろう。彼らのこうした越境は、党と政府が管理する公共圏に、これまで対抗的公共圏にいたアクターが侵入してくることを意味する。その際には、対抗的公共圏の住人たち自身が新たに公共圏で語る言語と態度を身につける場合もあれば、公共知識人や人権派弁護士のように公共圏の言語と態度に精通した媒介者たちが現れる場合もあるだろう。こうしたアクターが制度外の政治参加と制度内の政治参加を行き来する動向を捉えるためにも、制度内と制度外および準制度的な政治参加を関連づけて視野に入れた分析が必要である。

2　中国の政治参加の展望

　現在、中国における政治参加の形態には変化が生じつつある。人々の利益は多様化し、また同時に分化する一方で、制度内での利益表出の機会は制限され、支配的エリートによって調整されている。さらに人々の利益は分化したまま、相互に連携することも認められず分断されている。出稼ぎ労働者や失地農民、少数民族など社会的弱者は利益表出の機会から疎外されており、彼らに残されているのは制度外の政治参加のみであるため、過激で暴力的な手段が選ばれることも多々ある。このため、党の支配と両立する形で、こうした社会的弱者の利益集約・利益表出を行うことは政権の安定にとって不可欠である。

　しかし、党は人代直接選挙に代表される制度内政治参加を社会的弱者に対して拡大することには消極的である。それを補うために党が行ってきたのが、基層における政治参加の拡大であり、「協商民主」であり、幹部による視察や上層から末端に至るまで党組織が展開している「調査研究」による利益集約である（房・楊, 2014）。だが、こうした根本的な政治改革を伴わないままに制度的な適応と政策の調整によってガバナンスを向上させようとする「権威体制の復元性」には、ネイサンやリー（Li Cheng）から疑義が呈されている（Nathan, 2013；Li, 2012）。

　今後の研究は、制度内政治参加の諸形態、つまり人代直接選挙と村民委員会選挙を対象とする統計学的分析がますます発展すると同時に、制度外・準制度的政治参加を行う人々の動機や相互作用に関する研究が進むであろう。また、制度外・準制度的政治参加を行っていた人々が制度内政治参加に法で保障されたルートを使って参入しようとするケースについても目配りする必要がある。これに加えて、支配エリートが自主的に設定する利益集約の場が政治参加を拡大するのか、縮小させるものなのかも注目すべき点であろう。そして肝心なのは、それぞれの政治参加の形態について詳細を明らかにするだけでなく、政治参加の諸形態の相互作用とその均衡が、従来通り権威主義体制の安定維持に資するものか、あるいは長期的に見て体制移行の契機となるものなのかという視点を忘れないことであろう。

1) 以下、1950年代から70年代にかけての米国での中国研究の動向については、J・R・タウンゼント（小島朋之訳）『現代中国——政治体系の比較分析』慶應通信、1980年および Tianjian Shi, *Political Participation in Beijing*, Harvard University Press, 1997. を参照。
2) 第二次世界大戦後、全体主義の概念は、ナチズムとソ連共産主義体制との共通性や類似性を強調することによって、しばしば反共主義に利用された。1960年代に入り、こうした冷戦イデオロギー的な性格に対する批判が高まり、全体主義は価値評価的概念との批判がなされた（川崎・杉田編、2012：150-151）。
3) 米国で発表される英文論文における先行研究の検討は、欧米の政治学や比較政治学の文献が多く、中国での研究が引用されることは少ない。一方、中国で発表される中国語論文では、英文の先行研究が引用されることはほとんどない。
4) 中国における人代制度研究はプロジェクト資金の採択率が低く、メジャーな学術誌には掲載されにくいため、若手研究者は敬遠する。また、研究に際して地方人代の協力も得にくくなっており、この分野から退出する研究機関・研究者も多い。
5) 2000年から2010年まではISBN（国際標準図書番号）が付与された刊行物であるが、2011年から2013年は自主出版の形をとらざるを得なくなっている。
6) 中国国内の一流大学においては、英文での論文刊行がすでに昇格条件の一部となっているという。優秀で野心的な研究者は共産党史観に沿った研究から離れ、比較政治学的視点からの研究に取り組み米国や英国で英文での発表を行う。その一方で、国内の学術誌に掲載される論文の多くは研究領域に対する理論的貢献を目指すよりも共産党史観に沿った現状肯定的なものにとどまる。とすれば、今後、政治参加の分野における中国での研究には空白状態が生じると考えられる。

参考文献
【日本語】
于建嶸（2012）「陳情制度改革と憲政の建設——「陳情条例」改正をめぐる論争」毛里和子・松戸庸子編著『陳情——中国社会の底辺から』東方書店。
川崎修・杉田敦編（2012）『現代政治理論・新版』有斐閣。
鈴木隆（2012）『共産党の支配と権力——党と新興の社会経済エリート』慶應義塾大学出版会。
田村哲樹（2008）『熟議の理由——民主主義の政治理論』勁草書房。
油井大三郎（2007）「日本における地域研究の現状とこれから」『アジア経済』XLVIII-9、58-68頁。
ウィーアルダ、ハワード・J（2000）『入門比較政治学——民主化の世界的潮流を解読する』（大木啓介訳）東信堂。
タウンゼント、J・R（1980）『現代中国——政治体系の比較研究』（小島朋之訳）（慶應通信。
マン、ジェームズ（2007）『危険な幻想——中国が民主化しなかったら世界はどうなる？』（渡辺昭夫訳）PHP研究所。

フィシュキン、ジェイムズ・S（2011）『人々の声が響きあうとき──熟議空間と民主主義』（曽根泰教監修、岩木貴子訳）早川書房。

【中国語】

蔡定剣（1996）『中国人民代表大会制度』法律出版社。
党国印（1999）「"村民自治"是民主政治的起点嗎？」『戦略与管理』1999 年第 1 号、85-96 頁。
房寧・楊海蛟主編（2014）『中国政治発展報告（2014）』社会科学文献出版社。
華中師範大学中国農村問題研究中心（2012）『中国農村研究』2012 年巻上・下、中国社会科学出版社。
李凡主編（2009）『温嶺試験与中国地方政府公共予算改革』知識産権出版社。
─────（2012）『2011-2012 中国基層人大代表選挙滙集──競選編』世界与中国研究所。
沈延生（1998）「村政的興衰与重建」『戦略与管理』1998 年第 6 期、1-34 頁。
史衛民（2000）『公選与直選──郷鎮人大選挙制度研究』中国社会科学出版社。
孫龍（2011）『公民参与──北京城市居民態度与行為実証研究』中国社会科学出版社。
慕毅飛主編（2005）『民主懇談──温嶺人的創造』中央編訳出版社。
肖立輝（2013）「社会主義協商民主的内涵、制度体系及価値」『中国党政幹部論壇』2013 年 7 月号、15-18 頁。
徐勇（1997）『中国農村村民自治』華中師範大学出版社。
于建嶸（2001）『岳村政治』商務印書館。

【英　語】

Cai, Yongsun（2010）*Collective Resistance in China*: *Why Popular Protects Succeed or Fail*. Stanford, California: Stanford University Press.
Carothers, Thomas（2002）"The End of the Transition Paradigm," *Journal of Democracy*, 13（1）: 5-21, Baltimore, MD: Johns Hopkins University Press.
Chen, Jie and Yang Zhong（2002）"Why Do People Vote in Semicompetitive Elections in China?" *The Journal of Politics*, vol.64, no.1, Feb, New York: Cambridge University Press.
Cho, Young Nam（2009）*Local People's Congress in China: Development and Transition*. New York: Cambridge University Press.
Diamond, Larry, Ramon H. Myers（eds.）（2004）*Elections and Democracy in Greater China*. New York: Oxford University Press.
Easton, David（1957）"An Approach to the Analysis of Political System," *World Politics* 9, no.3, New York: Cambridge University Press.
Harding, Harry（1993）"Evolution of American Scholarship on Contemporary China," Shambaugh, David（ed.）*American Studies of Contemporary China*. Washington, D.C.: The Woodrow Wilson Center Press.
He, Junzhi（2010）"Independent Candidates in China's Local People's Congresses a Typo-

logy," *Journal of Contemporary China*, 19:64, pp. 315-317, UK: Routledge.

Huntington, Samuel P. and Joan M. Nelson（1976）*No Easy Choice: Political Participation in Developing Countries*. Cambridge, Mass.: Harvard University Press.

Li, Cheng（2012）"The End of the CCP's Resilient Authoritarianism? A Tripartite Assessment of Shifting Power," *The China Quarterly*, no.211, pp. 595-623, UK: Cambridge University Press.

Manion, Melanie（1996）"The Electoral Connection in the Chinese Countryside," *American Political Science Review*, vol.90, no.4, Dec., Washington, D.C.: American Political Science Association.

────（2000）"Chinese Democratization in Perspective: Electorates and Selectorates at the Township Level," *The China Quarterly*, no.163, pp. 764-782, UK: Cambridge University Press.

Nathan, Andrew J.（2003）"Authoritarian Resilience," *Journal of Democracy*, vol.14. no.1, pp. 6-17, Baltimore, MD: Johns Hopkins University Press.

────（2013）"Foreseeing The Unforeseeable," *Journal of Democracy*, vol.24. no.1, pp. 20-25, Baltimore, MD: Johns Hopkins University Press.

O'Brien, Kevin J.（1990）*Reform Without Liberalization: China's National People's Congress and the Politics of Institutional Change*. New York: Cambridge University Press.

O'Brien, Kevin J., and Li Liangiang（2000）"Accommodating "Democracy," in a One-Party State: Introducing Village Election in China," *The China Quarterly*, no.162, Special Issue: Elections and Democracy in Greater China, pp. 465-489, New York: Oxford University Press.

────（2006）*Rightful Resistance in Rural China*. New York: Cambridge University Press.

O'Brien, Kevin J., and Suisheng Zhao（eds.）（2011）*Grassroots Elections in China*. New York: Routledge.

O'Brien, Kevin J.（2013）"Rightful Resistance Revisited," *Journal of Peasant Studies*, vol.40, no.6. pp. 1051-1062, UK: Routledge.

Oi, Jean C., and Scott Rozelle（2004）"Elections and Power: The Locus of Decision-Making in Chinese Villages," Diamond, Larry and Ramon H. Myers（eds.）*Elections and Democracy in Greater China*. New York: Oxford University Press.

Perry, Elizabeth J., Merle Goldman（eds.）（2007）*Grassroots Political Reform in Contemporary China*. Cambridge, MA: Harvard University Press.

Shi, Tianjian（1997）*Political Participation in Beijing*. Cambridge, MA: Harvard University Press.

────（1999）"Voting and Nonvoting in China: Voting Behavior in Plebiscitary and Limited-Choice Elections," *The Journal of Politics*, vol.61, no.4, Nov, New York: Cambridge University Press.

────（2004）"Cultural Values and Democracy in the People's Republic of China," Diamond, Larry and Ramon H. Myers（eds.）*Elections and Democracy in Greater China*. New York: Oxford University Press.

Tsai, Lily L.（2007）*Accountability without Democracy: Solidary Groups and Public Goods Provision in Rural China*. New York: Cambridge University Press.

Verba, Sidney and Norman H. Nie（1972）*Participation in America: Political Democracy and Social Equality*. New York: Harper & Row.

Zhong, Yang（2012）*Political Culture and Participation in Rural China*. New York: Routledge.

第 6 章

中国政治と「市民社会」

小嶋華津子

はじめに

　本章では、中国の政治体系における市民社会の機能について、今日までの研究動向を整理する。総論で言及されたように、権力の中枢から市民社会への対象の拡がりこそ、1990 年代以降の中国政治研究のひとつの潮流といえる。しかしながら、相対的に見れば、日本の中国政治研究において、市民社会研究は一貫して亜流であり続けた。そこには、「市民社会」という西欧的概念に、居心地の悪さ、胡散臭さを感じる日本の風土が影響しているのかもしれない。以下、中国の市民社会研究を回顧するとともに、市民社会研究における日本からの発信の可能性を展望したい。

I　政治学における市民社会論の復活

　1990 年代以降、政治学においては「市民社会論のルネサンス」と呼ばれる状況が現出している。それには二つの背景要因が指摘できる。ひとつは、民主化の担い手としての市民社会に対する期待の高まりである。1989 年に東欧で生じた民主革命の波は、経済ブルジョアジーに限定されない幅広い市民の連帯が、時に体制を覆すほどの力をもちうるということを世界に印象づけた。民主化および民主主義の定着過程において、市民社会はどのような機能を発揮するのか——多くの研究者がその体系化に挑んだ。

　いまひとつは、リベラル・デモクラシーの形骸化に対する危惧である。い

わゆる「西側先進社会」においては、大衆消費社会の到来により、人々の関心がもっぱら私的利益の追求に注がれ、公共の利益や政治に対する関心は急速に失われていった。こうした状況を前に、いま一度人々に「市民」としての自覚を促し、公共空間を再建することの必要がさまざまな立場から提唱された。ハンナ・アレント（Hannah Arendt）は、早くも1958年に出版した著作『人間の条件』のなかで、大衆社会に生きる人々を「隷属状態」から脱せせるには、他者とのコミュニケーションから成る人為的な公的領域を取り戻すことが必要であると説いた（アレント、1994）。欧米では、住民の参加と熟議を通じた地域共同体としての「共通善」実現を主張するコミュニタリアニズムの思潮が、1980年代より一部の支持を得ていった[1]。1990年代には、公共心に富む市民の間の信頼と協力が、ロバート・パットナム（Robert Putnam）により「社会関係資本（social capital）」と称され（パットナム、2001）、「政府の失敗」、「市場の失敗」を克服しよきガバナンスを構築するための処方箋として推奨されていった。

　東欧の民主化に衝撃を受けたユルゲン・ハーバーマス（Jürgen Habermas）は、1960年代に執筆した著書『公共性の構造転換』に1990年新たに序言を加筆し、現代の市民社会のありようを次のように論じた。「近代を特徴づけるものとしてヘーゲルやマルクス以来慣例となっている……『市民社会 brürgerliche Gesellschaft』への翻訳とは異なり、市民社会という語には、労働市場・資本市場・財貨市場をつうじて制御される経済の領域という意味はもはや含まれていない。……『市民社会』の制度的な核心をなすのは、自由な意思にもとづく非国家的・非経済的な結合関係である」と（ハーバーマス、1994：xxxviii）。ハーバーマスの市民社会論の画期性は、ヘーゲル＝マルクス主義の系譜における市民社会の解釈——国家に対し「私」の権利を主張するブルジョア社会——を否定し、国家の専横のみならず市場の暴走にも対抗する力として市民社会を構想した点にある。ハーバーマスがここで市民社会の存立形態として想定したのは、教会、文化サークル、学術団体、スポーツ団体、レクリエーション団体、弁論クラブ、メディア、市民フォーラム、市民運動、同業組合、労働組合、政党など、大衆的市民による自発的なアソシエーションであった。これらを担い手として「理性的なコミュニケーション」を活性

化させることにより、失われた公共圏を再建すること——それがハーバーマスの主張であった。

　市民社会の定義については諸説ある。しかし、市民社会論の体系化に向けたハーバーマスらの試みが、一国・一地域の政治社会のありようを時系列的あるいは水平的に比較研究するための枠組みを提供することにより、政治学の展開に大きな影響を及ぼしたことは疑いようもない。第Ⅱ節に述べるように、同時代の中国研究もまた、「市民社会論のルネサンス」の影響を色濃く受けることになった。

Ⅱ　市民社会研究史——民主化の萌芽を求めて

　改革開放後、中国社会は一定程度の自由を享受し、多元化の徴候を強めた。共産党の一党支配下に現れた自律的な諸集団に、多くの研究者は民主化の担い手としての役割を期待した。

1　市場経済化と市民社会の発展

　改革開放へと踏み出した1980年代以降、中国社会は急速に多元化へと向かった。もちろん、「有国家、無社会」（「社会なき国家」呉、2001：34）が指摘される毛沢東年代にあってもなお、一定の自律的な「社会」は存在した。ゴードン・スキリング（Gordon Skilling）らがかつてソ連研究を通じて問題提起したように、われわれ自身が、冷戦的発想にとりつかれたあげく、共産主義国に安易に「全体主義」のレッテルを貼り、利益集団アプローチの対象からこれらの国々を除外しただけのことかもしれない（スキリング、1988）。しかし、イデオロギーが政治・経済・社会のすべてを規定していた時代にあって、個人的・局部的利益の表出は厳しく抑制され、国家から自律した社会の空間は限られたものであった。

　国家と社会の関係は、改革開放の中で劇的な変化を遂げた。対外的に何より強いメッセージを与えたのは、「北京の春」に続き各地にわき起こった学生・知識人による民主化要求運動であった。市場経済化は、いわゆる「市民社会」組織の形成をも促した。政府は経済・社会に対する直接統治から手を

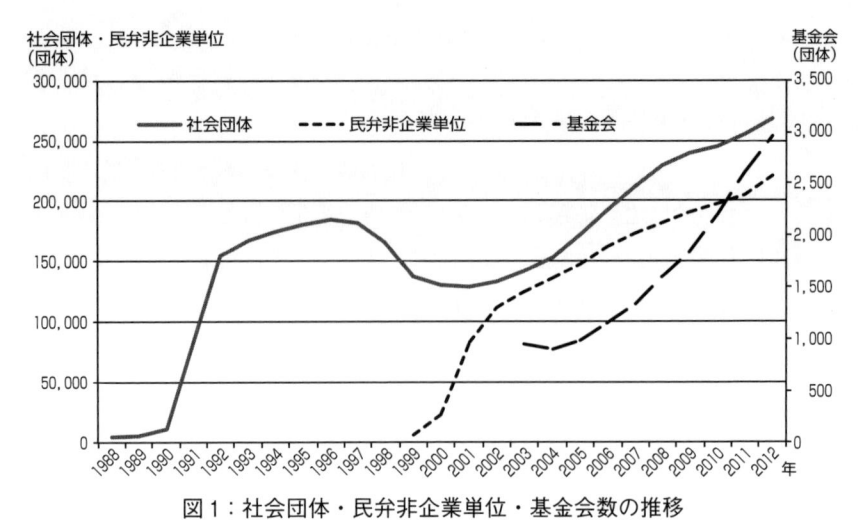

図1：社会団体・民弁非企業単位・基金会数の推移
出所：中華人民共和国民政部（2012）『中国民政統計年鑑2012（中国社会服務統計資料）』中国統計出版社、155頁より作成。

引き、計画経済体制期に肥大化した政府機構の縮小を進めた。これまで政府が担っていた経済的・社会的機能の一部は、政府主導で作られた社会団体や近隣住民組織へと移管された。「社会団体登記管理条例」制定時（1988年）には5,000団体に満たなかった社会団体が、1991年には8万団体を超え、2013年末には28.9万団体を超えた。1998年には社会公益事業を行う民弁非企業、2004年には基金会が社会団体から区分され、それぞれ発展を遂げてきた（図1参照）。改革開放にともなう一定の自由化は、ボトムアップ型の団体の活動をも活性化させた。信仰や同郷で結びついたネットワークが蘇生したほか、環境・教育・貧困救済等の分野では政府の承認・黙認のもと、草の根型のNGOが活躍するようになった。諸団体の国際化もいまや不可逆的な潮流となっている。政府の規制を受けつつも拡大の趨勢にある海外からの資金、人材、ノウハウの流入は、中国の「市民社会」組織がもはやグローバルな市民社会から隔絶されえないことを示している。

2 自律的市民社会による民主化への期待と挫折
(1) 民主化の担い手としての市民社会への期待と失望

急速に進む社会の多元化、とりわけ学生・知識人による民主化要求運動の高まりは、中国研究者の間に、新たな分析視角を用いた研究への意欲をかき立てた。また、1980年代末になると、東欧・ソ連に続き中国にも民主化の波が押し寄せるのではないかとの期待から、民主化の推進力としての「市民社会」に注目が集まった。中国研究者は競うように、中国に芽生えつつある自律的「市民社会」の萌芽を探し、ハーバーマスらによる市民社会論の立場から多くの研究成果を発表した。アーサー・ルイス・ローゼンバウム（Arthur Lewis Rosenbaum）編 *State and Society in China: The Consequences of Reform*（中国における国家と社会——改革の帰結）(1992年)は、さまざまな角度から改革開放後の変化と「市民社会」の関係を検証し、現時点では企業家と国家の共棲、知識人と国家の結託に見られるように、多元主義や「市民社会」を支える価値体系が受け入れられているとはいいがたいが、近代化と消費社会が進展するにつれ、自律的な「社会」の発展がますます不可逆的な趨勢となるだろうと結論づけた（Rosenbaum, 1992）。

他方、第二次天安門事件（1989年）以降の政治の保守化と、経済発展にともなう一党支配体制の「強靱化」を前に、市民社会の自律性やパワーに懐疑的な研究者は、より慎重な見解を打ち出すようになった。トニー・セイチ（Tony Saich）は1994年に公刊した論説において、「市民社会」論の安易な援用を戒め、中国で生まれつつある構造を「擬似国家コーポラティズム」と称した（Saich, 1994：262)[2]。マーガレット・ピアソン（Margaret Pearson）は、社会主義体制の特徴をもつ中国の国家コーポラティズム体制を「社会主義コーポラティズム」（Socialist Corporatism）とした（Pearson, 1994）。B・M・フローリック（B. Michael Frolic）は、「国家主導型市民社会」（state-led civil society）と表現した（Frolic, 1997）。ケネス・フォスター（Kenneth Foster）に至っては、山東省烟台市で実施した業界団体の調査（1999～2000）に基づき、中国の業界団体は地方政府行政機関の末端機構にほかならず、国家－社会間の対話に参加するアクターたりえていないと結論づけた（Foster, 2008）。

こうしたなかで、1990年代半ばになると、「市民社会」による民主化とい

うストーリーは、多元主義の文脈から離れ、コーポラティズムという抑制的な枠組の中で論じられるようになった。ゴードン・ホワイト（Gordon White）らは、中国の政治社会の現状を、状況対応的に地方別・部門別に形成された不安定なコーポラティズムであると特徴づけた上で、すでに90年代半ばより、国家的要素の強い従来型のコーポラティズムは社会コーポラティズムへの漸進的移行を促されつつあるのだと論じた（White *et.al*, 1996）。ジョナサン・アンガー（Jonathan Unger）らは、次のように述べている。「中国の国家コーポラティスト的団体は、徐々に会員の影響力の下に入り、社会コーポラティスト的性格を強め、市民社会の一部になると考えられる。ここに、民主化が社会コーポラティズムへの大転換を伴った、あるいは後者が前者に先立ってなされた台湾、韓国、日本の経験と類似したシナリオを描くことができる。これは、民主化なしでも起こりうることなのだ」と（Unger & Chan, 2008：67）。

　しかし、このような見解に対しては、理論的、実証的観点から懐疑的な見方も多い。ブルース・ディクソン（Bruce Dickson）は、国家コーポラティズムから社会コーポラティズムへの移行は、一党独裁体制が崩れ、民主化が達成されてはじめて実現するのだと強調した（Dickson, 2001）。また、ハイク・ホルビック（Heike Holbig）は、国家コーポラティズムの構造は、徐々に断片化され（fragmented）つつあるものの、たとえ現行のコーポラティズム体制の内部で個々のアクターが利益獲得のための交渉力を強めたとしても、崩壊することはないと主張した（Holbig, 2006）。

　以上のように、市民社会の自律性を過大視する傾向は是正される方向にあるが、自律的な市民社会の発展をもって民主化への胎動とする近代化論的発想は、依然として多くの研究者のなかに根づいているように思われる。こうしたロジックは、新たな市民運動の高まりを前にしたとき、ある種の興奮とともに語られる。例えば、今世紀に入り北京、上海、西安、南京、広州、深圳などの大都市では、住宅所有権者による権利要求の動きが活発化し、住宅所有権者から成る業主委員会の強化・連合、住宅所有権者と不動産管理会社との抗争事件、住宅所有権者のリーダーによる区・県人民代表大会代表選挙への出馬などが社会の注目を浴びた。こうした動きに対し、ベンジャミン・

リード（Benjamin L. Read）は、「権威主義体制内の経済改革は、政治的自由化・民主化を促すのだろうか？」との問題意識に基づき、業主委員会が国家や市場アクターにとって無視できない利益団体として発展を遂げることにより、漸進的な政治変革をもたらす可能性を論じた（Read, 2007）。

(2)「権威主義体制を強化する市民社会」という視座

他方で、一部の研究は、活性化する市民社会を民主化への担い手とみなすこと自体に疑問を突きつけている。これらの研究は、その論拠により二つに区分できる。

①階層による市民社会の断裂と保守化する富裕層

ひとつは、市民社会を指導的階級に有利に働くヘゲモニー装置とみなす、グラムシ主義やネオ・マルクス主義の観点と通底する考え方である。「超格差社会」といわれる中国において、一見活性化しつつある市民社会には、現実には古典的自由主義を担う企業家と、権威主義体制を支える官僚の癒着により生まれた特権階層によって半ば占有され、労働者、失業者、農民に対し十分に開かれていないという実態がある。そもそも現代的「市民社会」論は、アトム化された住民の間に、フェミニズム、エコロジー、反核など階層分化を超えた多層的な衝突が存在することを前提とするが、中国には、それ以前の近代的な階層分化が今も厳然と存在するのである。

市民社会の占有者である企業家の保守志向については、マーガレット・ピアソン、ブルース・ディクソン、ドロシー・ソリンジャー（Dorothy Solinger）らの研究が明らかにしているとおりである（Pearson, 1998；Dickson, 2008；Solinger, 2008）。彼らは、ハーバーマス・モデルの援用者が看過しがちな市民社会内部の権力性に目を向け、「市民社会」がそのまま民主化をもたらすという楽観論を排する。

②国家権力と市民社会の「良性の相互作用」

いまひとつは、活性化する市民社会を活用することにより、中国共産党のガバナンスは向上し、強靱化するという考え方である。こうした発想は、1990年代以降、アレクシ・ド・トクヴィル（Alexis de Tocqueville）、アントニオ・グラムシ（Antonio Gramsci）、ユルゲン・ハーバーマス、ジーン・コーエ

ン（Jean Cohen）、アンドリュー・アレイト（Andrew Arato）、レスター・サラモン（Lester M. Salamon）らの著作が続々と中国に紹介されるなか、「市民社会」、「NGO」、「公共空間」、「社会関係資本」、「エンパワーメント」等の概念を積極的に用いて中国社会の進むべき方向を論じてきた中国国内の政治学者の言説に見ることができる[3]。例えば、1992年以降香港誌『季刊中国社会科学』に市民社会に関する論文を発表し、中国学界における市民社会論をリードしてきた鄧正来（Zhenglai Deng）は、当時の中国が抱える問題について、次のように論じた。「これまで社会が国家から独立した領域を形成してこなかったがゆえに、国家権力の過度の集中や、権威の突然の喪失が生じやすくなっている。……国家と市民社会の二元的構造を構築し、両者の間に『良性の相互作用』を発揮させなければならない」と（鄧、1997：3）。同様に体制内改革派として中国の政治改革を論じてきたゼンカー・ハー（何増科、Zengke He）も、社会団体、民弁非企業などの国家から自律的な民間組織の発展を、社会の自治空間を広げ、市民の間に信頼・互恵といった社会関係資本を育み、理性・妥協・寛容の精神に貫かれた市民社会を導くものとして肯定的に評価する。その上で、何は、市民社会の担い手である中産階級が、政治の安定を志向しつつ、政治参加を通じて国家権力への監視機能を果たすところに、中国の理想的な民主のあり方を見出すのである（何、2004：18-19）。いずれも、市民社会の発展が、国家権力の弱体化ではなくむしろ強靱化をもたらすのだという発想である。

こうした発想は、中国国外の研究にも見出すことができる。例えば、ジェシカ・ティーツ（Jessica C. Teets）は、活性化する市民社会を利用することにより、共産党のガバナンスは改良され、既存の権威主義は「諮問的権威主義（consultative authoritarianism）」として、より弾力性を増すだろうと論じている（Teets, 2013）。

Ⅲ　中国の現実に即した市民社会理解の試み

以上に概観したように、市民社会を「自由意志にもとづく非国家的・非経済的な結合関係」と定義し、その「民主化の担い手」としての機能を論ずる

研究は、改革開放以降の中国政治のダイナミクスを捉えるのに有用なひとつの視角を提供した。依然として続く市民社会への弾圧と人々の抵抗の現実が、「国家 vs. 社会」の構図にリアリティを与えてきたことも否めない。

しかし他方で、中国で生じている多様な現象を、この構図に当てはめることにより、あるいはこの構図に当てはまるケースばかりをとり上げることにより、議論が過度に単純化され、見落とされてしまった部分もあるのではなかろうか。本節では、国家と市民社会の間に見られる多様な関係——対抗関係、協力関係、共棲関係、相互補強関係——をより実態に即し包括的に捉える試みについて論じてみたい。

1 「分析的市民社会論」と実態の量的把握

まず第一の試みとして紹介したいのが、「分析的市民社会論」に基づく実態の量的把握の試みである。すなわち、市民の自由意志に基づく結合であり、国家に対して自律的かつ対抗的であり、民主主義的志向をもつという従来の市民社会認識につきまとう規範を抜きにして、ありのままの市民社会の姿を面で捉えようという試みである。辻中豊は、中国を含む15カ国の市民社会組織の調査プロジェクトを実施するにあたり、「civic」概念がもつ規範的色彩を排し、「分析的市民社会論」の立場をとった。彼は市民社会を、構造については「政府でもなく、営利企業でもなく、家族でもない領域」、機能については「国家でもなく、市場でもなく、親密圏でもない領域」と措定する（辻中・森、2010：16)[4]。その上で、中国では北京市・浙江省・黒龍江省の省・市・県レベルの民政部門に登記された社会団体を対象に、二度にわたる大規模なアンケート調査を実施した[5]。

そこから浮かび上がったのは、決して一様ではない市民社会組織の態様であった（辻中・李・小嶋、2014）。自発的に設立された団体の一部に、あえて編制の分配を受けて自らを行政機構化することによりアドボカシー（政策提言）機能の強化を図る動きが見られるなど、国家と団体の間には統制とも対抗ともいえない共棲関係が形成されていた。また、地域別には黒龍江省、分野別には農業分野の団体が他の団体と比べ政府と疎遠である傾向をもつなど、国家と団体の間には、濃淡入り交じったまだら模様の関係図が描かれた。社

会団体にとって共産党との関係は国家との関係に比してさほどの重要性をもっておらず、党組織をもつ団体についても、党組織が団体の政治志向や人脈に及ぼす機能は地域ごとに異なっていた。

　量的分析の成果は、工会についても刊行されているが (Hishida, Kojima, Ishii, and Qiao, 2010)[6]、調査に関わる金銭的・人的コストが甚大であり、また国外の学者によるアンケート調査には依然として制約がともなう。また、サンプリングや設問の立て方など調査の技法、データ分析の手法が結果を大きく左右することにも留意し、実態の把握に努めなければならない。

2　規範的市民社会論からの脱却と多面的・多層的実態の質的把握

　実存する市民社会に即した新たな分析枠組を構築するための材料は、サーベイ調査に頼らなくとも膨大に存在する。フィールド・リサーチを通じ現場感覚を養うとともに、中国で刊行される無数のジャーナル、インターネット情報、アーカイブ資料、社会科学・文化人類学等にまたがる先行研究の蓄積等を駆使することにより、われわれは、ある時期・ある地域の市民社会の姿をおぼろげながら描き出すことができる。

　以下、規範的市民社会論を乗り越えるための視点を示しておきたい。

(1) 国家と市民社会の対抗性の相対化

　一点目は、国家と市民社会の対抗性を相対化する視点である。この点については、遠藤貢がアフリカ研究の文脈で次のように論じている。すなわち、国家とのより動的な関係の中に捉えるために、従来市民社会の要件とされてきた「抗国家性」を拡大修正し、「市民社会」を、国家からの一定程度の自由（外部性・自律性）を享受し、内部に協調・対立（多元性）を孕み、国家への「抑制・均衡」機能をもつものとして捉えるべきだと（遠藤、1999：126）。

　国家と市民社会の対抗性を相対化する試みは、日本という風土に育ったわれわれには受け入れやすい作業かもしれない。日本において市民および市民社会組織が公共の担い手として認知されるようになったのは、新自由主義の弊害が顕著になった1990年代、とりわけ1998年のNPO法制定以降のこととされる。それまでは、公共とはもっぱら政府や「官」によって担われるも

のとの認識が主流であった（今田、2004：vii）。こうした風土ゆえか、清末および中華民国期の市民社会組織研究についても、日本の研究は独特の立ち位置を保持していた。岸本美緒の明快な整理によれば、欧米の研究の論点が、当時の中国社会に、国家から自律した市民社会による政治的批判の場としての「公共圏」が成立していたか否かに置かれるのに対し[7]、内藤湖南、橘樸らがかつて行った研究は、郷団やギルドの内的結集力の直接的な延長線上に、近代的な国家統合を展望していた（岸本、2012）。

　強い市民社会が西欧型の民主主義をもたらすのではなく、国家を抑制しつつ均衡する、あるいはむしろ強い国家を生み出すという発想は、先述の中国の研究者たちの専売特許ではなく、日本の歴史においても共有できる感覚かもしれない。体制擁護の論調とは一線を画しつつ、より客観的な立場から国家と社会の多面的関係を論ずる知的作業が必要である。

(2) 自由意志に基づく市民社会の相対化

　いまひとつ解き放つべき縛りは、「自律的な個人」による「自由意志に基づく」良心的結合として市民社会を限定する発想であろう。ピーター・エケー（Peter Ekeh）は、アフリカにおいては、私的で道徳的な「原初的公共空間（primordial public）」こそが、「市民的公共空間（civic public）」以上にアフリカの人々の生活および政治に影響力をもっているとし、エスニシティや暴力もまたアフリカの市民社会を論ずるのに不可欠なファクターであると論じた（Ekeh, 1975）。また、毛里和子は、アジアの政治・経済・社会・国際関係を特徴づける「アジア性」として、①政治社会における「公領域と私領域の相互浸透」、政府および政府党体制と企業・経済の関係（政経不可分）、②「契約」とは異なる「家族」・「地域主義」などに特徴づけられる「関係性」（ネットワーク）の重要性、③集団主義、温情／依存、パトロン・クライアント関係の存在、儒教を挙げた（毛里、2007：13-14）。

　ティモシー・チーク（Timothy Cheek）とジュアン・リンドウ（Juan D. Lindau）は、中国社会を規定する親密圏の重要性を、公共圏の欠落をもたらすものとして論じた。すなわち、中国にしてもメキシコにしても、強い家族的価値に基づく市民の消極性、薄弱な公共の秩序に特徴づけられる政治文化が、

ハーバーマスの想定する市場と民主の関係（市場の自由化→民主化）を阻む独立変数として機能する。その結果、中国がプロパガンダ国家としての制度的筋力を減退させた後に現れるのは、活発な市民社会ではなく空っぽな公共空間であろう、というのである（Cheek and Lindau, 1998 : 6-9 ; 30）。これに対し、リリー・ツァイ（Lily Tsai）は、316村のデータに基づき、リネージ（血族関係集団）や宗教組織のありようが地域の公共財の提供において果たす役割を分析し、「アカウンタビリティを確保するためのフォーマルな制度が不足したところでは、他の諸条件が同じ場合、包括的で行政機関を埋め込むような（embedding）インフォーマルな共同体をもつ地方のほうが、同様の集団をもたない地方よりも、公共財の提供における政府のパフォーマンスがよい」という仮説を検証した（Tsai, 2007）。

アソシエーションやコミュニティにとどまらず、親密圏に多分に依拠したリネージや宗教、さらにはcivilityと相容れない暴力、やくざ組織等にまで対象を拡げることにより、より実態に即した公共空間の姿が浮かび上がってくるだろう。

(3) 公共空間の多層性への視座

藤田弘夫によれば、近代以前、公共性は多元的、多層的な形で存在していた。その後公共性は近代国家によって集約化され、独占されるようになったが、近年のグローバリゼーションのなかで、国民国家が統合してきた公共性がいま一度、多元的、多層的に変化しつつあるという（藤田、2010）。

公共空間の多層性を考える際、地方の役割を考慮することが必須である。高橋伸夫は、市民社会のありようを把握するにあたり、地方のガバナンスに着目する必要を次のように論じている。広大な中国にあって、民主主義的なシステムと効率的な官僚制が欠如するなか、地方政府（地方官吏）と中間団体を担う地方有力者の間に築かれた癒着構造（「『官』とも『民』ともつかない結合体」）は、中央の政策を多様な地方の現実に適合させるとともに、社会から一定の同意を調達する機能を果たしてきた。こうした国家権力の多層性に着目したとき、地方政府と市民社会の癒着は、地方レベルにおいては「国家コーポラティズムから社会コーポラティズムへの意図せざる漸次的移行」

として捉えられたとしても、国家規模で見れば「保護主義的な地方コーポラティズム」と国家の無力化を示すものとして描き直される可能性もある。高橋が描くのは、他を出し抜いて国家の一部と垂直的連携を結ぶことにより、「良性の相互作用」どころか国家と社会をともに切り刻んで弱体化させる連鎖反応すら引き起こしかねない市民社会の姿である（高橋、2008：47-48）。中国の市民社会を重層的権力との関わりのなかで捉える視点が重要となろう。

おわりに——日本からの発信：市民社会研究の展望

　以上のように、中国の市民社会に関する研究は、「自由意思にもとづく非国家的・非経済的な結合関係」である市民社会がどこまで発展しているか、それが国家権力との対抗の中で、「民主化の担い手」としてのパワーを獲得し得るか、という発想に縛られてきた。

　むろんこうした枠組は、中国の政治社会の一側面を捉えるには有効である。しかし、この枠組のみで中国の実態を捉えきることはできない。求められているのは、規範的市民社会論の縛りから脱し、量的分析・質的分析を効果的に組み合わせて、実存する市民社会の現実を捉えることである。それには、国家と市民社会の間に観察される対抗、協力、共棲、相互浸透等を、親密圏、暴力組織をも包摂する多様かつ多層的ネットワークとして捉える視点が必要となる。また、毛沢東時代、中華民国期さらには王朝期との連続性を視野に入れるとともに、国家横断的に比較する視点も有益であろう。

　日本の地域研究は実証性が高く理論志向が弱いといわれてきた。日本の地域研究者は、欧米発の政治理論や比較政治学が、各地域の現実といかに乖離しているかを指摘するにとどまり、しばしば理論の生産者ならぬ消費者と称された。しかし、そうした土壌は、偏見に満ちた規範から研究を解き放つ力ともなる。政治学の理論的潮流を十分に把握した上で、地域の現実からその限界を指摘するとともに、緻密な現実把握から何らかの因果関係を見出しモデルとして示していくこと——中国の市民社会は、そうした知的チャレンジのための題材の宝庫である。

1) 山口（2004）によれば、本来、リベラルな立場から市民社会論を主張する際には、加入・発言・退出の自由に基づくアソシエーションこそが市民社会の担い手とされ、「共同体的＝コミュニティ主義的人間関係」は克服すべき対象と認識されてきた。しかし今日、両者の区別は流動的なものになっている（山口、2004：185-186）。
2) ただし、後になってセイチは、国家の管理下に置かれた各社会集団が、一方で国家の干渉を極力排除しながら、他方で自らの政策提言能力の強化を図るべく、自治よりもむしろ国家とのパイプ作りを志向している事象を挙げ、「コーポラティズムという静態的枠組を用い国家－社会関係のトップダウンの側面ばかりに焦点を当てれば、本来極めて複雑であるはずの両者間の相互作用を過度に単純化し、変化への胎動を看過してしまう危険が生ずる」と述べている（Saich, 2000）。
3) 中国の学界における「市民社会」等諸概念の受容過程については、Ma（2006）に詳しい。
4) 遠藤貢も、アフリカの市民社会を分析するにあたり、「市民社会」を分析概念として用いるという自らの基本的立場を示している（遠藤、1999：125）。
5) 第一次調査は、科学研究費補助金海外学術調査A「現代中国を中心とした利益団体および市民社会組織の比較実証的研究」（課題番号12372001）の助成を受け、2001年から2004年にかけて、北京市、浙江省、黒龍江省の各行政レベルの民政部門に登記された8,897の社会団体を対象に実施し、2,858の有効サンプルを得た（有効回答率32.1％）。第二次調査は、文部科学省特別推進研究「日韓米独中における3レベルの市民社会構造とガバナンスに関する総合的比較実証研究」（課題番号：17002001）の助成を受け、2009年から2011年にかけて上記3地域の社会団体・民弁非企業・基金会計4,418団体を対象に実施し、2,641の有効サンプルを得た（有効回答率59.8％）。本調査に基づく研究成果としては、辻中・李・小嶋（2014）、Kojima, Choe, Ohtomo, and Tsujinaka（2012）などがある。
6) 文部科学省科学研究費プロジェクト「現代中国における社会の自律性に関する学術調査」（課題番号15402036）のチームは、中国労働関係学院のチームと協力し、2004年3月より2006年6月にかけ、基層工会主席計1,811サンプルを対象にアンケート調査を行った。
7) 例えば、ウィリアム・ロウ（William T. Rowe）が1992年の著作で、19世紀末の漢口に見られた商人の自発的結社を市民社会の萌芽と論じたのに対し（Rowe, 1992）、フレデリック・ウェイクマン（Frederic Wakeman）は、これらの結社は官僚の主導のもとに形成され、運営されていたと断じた（Wakeman, 1993）。

参考文献
【日本語】
今田高俊（2004）「はじめに　都市の公共世界：せめぎ合う『公』と『私』を超えて」今田高俊・金泰昌編『公共哲学13　都市から考える公共性』東京大学出版会。
遠藤貢（1999）「南アフリカと『市民社会』（civil society）概念」平野克己編『新生国家

南アフリカの衝撃』アジア経済研究所、第二章。
岸本美緒（2012）「『市民社会』論と中国」『地域社会論再考　明清史論集2』研文出版。
高橋伸夫（2008）「中国『市民社会』の歴史的展望を求めて」アジア政経学会監修、竹中千春・高橋伸夫・山本信人編著『現代アジア研究2　市民社会』慶應義塾大学出版会。
辻中豊・森裕城編著（2010）『現代社会集団の政治機能――利益団体と市民社会』木鐸社。
辻中豊・李景鵬・小嶋華津子編（2014）『現代中国の市民社会・利益団体――比較の中の中国』木鐸社。
藤田弘夫編著（2010）『東アジアにおける公共性の変容』慶應義塾大学出版会。
毛里和子（2007）「総論　『東アジア共同体』を設計する――現代アジア学へのチャレンジ」山本武彦・天児慧編『東アジア共同体の構築1　新たな地域形成』岩波書店。
山口定（2004）『市民社会論　歴史的遺産と新展開』有斐閣。
アレント、ハンナ（1994）『人間の条件』（志水速雄訳）筑摩書房。
スキリング、ゴードン（1988）『利益集団と共産主義政治』（中西治監訳）南窓社。
ハーバーマス、ユルゲン（1994）『第2版　公共性の構造転換――市民社会の一カテゴリーについての探究』（細谷貞雄ほか訳）未來社。
パットナム、ロバート（2001）『哲学する民主主義――伝統と改革の市民構造』（河田潤一訳）NTT出版。

【中国語】

鄧正来（1997）『国家與社会――中国市民社会研究』成都：四川人民出版社。
何増科（2004）「民主化：政治発展的中国模式与道路」『復印報刊資料　中国政治』2004年第7期。
呉錦良（2001）『政府改革與第三部門発展』北京：中国社会科学出版社。

【英　語】

Cheek, Timothy and Juan D. Lindau（1998）"Market Liberalization and Democratization: The Case for Comparative Contextual Analysis," in Juan D. Lindau and Timothy Cheek（eds.）*Market Economics and Political Change: Comparing China and Mexico*. Lanham: MD. Rowman and Littlefield Publishers.

Dickson, Bruce（2001）"Cooptation and Corporatism in China: The Logic of Party Adaptation," *Political Science Quarterly*, vol. 115, no. 4（2001）.

――――（2008）*Wealth into Power: The Communist Party's Embrace of China's Private Sector*. New York: Cambridge University Press.

Ekeh, P.P.（1975）"Colonialism and the Two Publics in Africa: A Theoretical Statement," *Comparative Studies in Society and History*, vol. 17, no. 1, pp. 91-112.

Foster, Kenneth W.（2008）"Embedded within State Agencies: Business Associations in Yantai," Jonathan Unger (ed.) *Associations and the Chinese State: Contested Spaces*. Armonk, N.Y.: M.E. Sharpe.

Frolic, B. Michael (1997) "State-Led Civil Society," in Timothy Brook and B. Michael Frolic (eds.) *Civil Society in China*. Armonk, N.Y.: M.E. Sharpe, pp. 46-67.

Hishida, Masaharu, Kazuko Kojima, Tomoaki Ishii, and Jian Qiao (2010) *China's Trade Unions: How Autonomous Are They?: A Survey of 1,811 Enterprise Union Chairpersons*. London; New York: Routledge.

Holbig, Heike (2006) *Fragmented Corporatism: Interest Politics in China's Private Business Sector*, Paper for the ECPR Joint Sessions 2006 in Nicosia Workshop 25 'Interest Politics in Post-Communist Democracies'.

Kojima, Kazuko, Jae-Young Choe, Takafumi Ohtomo, and Yutaka Tsujinaka (2012) "The Corporatist System and Social Organizations in China," *Management and Organization Review*, November, 2012.

Ma, Qiusha (2006) *Non-Governmental Organization in Contemporary China: Paving the Way to Civil Society?*. London: Routledge.

Pearson, Margaret M. (1994) "The Janus Face of Business Associations in China: Socialist Corporatism in Foreign Enterprises," *The Australian Journal of Chinese Affairs*, no.31 (Jan. 1994), pp. 25-46.

―――― (1998) "China's Emerging Business Class: Democracy's Harbinger?" *Current History*, vol.97, no.620.

Read, Benjamin L. (2007) "Inadvertent Political Reform via Private Associations: Assessing Homeowners' Groups in New Neighborhoods," in Perry, Elizabeth J. and Merle Goldman (eds.) *Grassroots Political Reform in Contemporary China*. Cambridge, Massachusetts: Harvard University Press, pp. 149-173.

Rosenbaum, Arthur Lewis (ed.) (1992) *State and Society in China: The Consequences of Reform*. Boulder: Westview Press.

Rowe, William T. (1992) *Hankow: Commerce and Society in a Chinese City 1796-1889*. Stanford, Calif.: Stanford University Press.

Saich, Tony (1994) "The Search for Civil Society and Democracy in China," *Current History*, vol. 83, no. 584 (Sep. 1994).

―――― (2000) "Negotiating the State: The Development of Social Organizations in China," *The China Quarterly*, no. 161 (Mar. 2000).

Solinger, Dorothy J. (2008) "Business Groups: For or Against the Regime?," in Bruce Gilley and Larry Diamond (eds.) *Political Change in China: Comparisons with Taiwan*. Boulder: Lynne Rienner Publishers.

Teets, Jessica C. (2013) "Let Many Civil Societies Bloom: The Rise of Consultative Authoritarianism in China," *The China Quarterly* 213: 19-38.

Tsai, Lily (2007) *Accountability without Democracy: Solidary Groups and Public Goods Pro-*

vision in Rural China. New York: Cambridge University Press.

Unger, Jonathan & Anita Chan（2008）"Associations in a Bind: The Emergence of Political Corporatism," in Unger, Jonathan（ed.）*Associations and the Chinese State: Contested Spaces*. Armonk, NY: M.E. Sharpe.

Wakeman, Frederic JR.（1993）"The Civil Society and Public Sphere Debate," *Modern China*, vol. 19, no. 2, April, 1993.

White, Gordon, Jude Howell, & Shang Xiaoyuan（1996）*In Search of Civil Society: Market Reform and Social Change in Contemporary China*. Oxford: Clarendon Press.

第Ⅳ部

政治体系からの「出力」に関わる要素

第7章
政策決定と政策過程

加茂具樹

はじめに

　政治を「価値の権威的配分の過程」と表現するのであれば（Easton, 1957）、その中心的な問いは、権威的配分という政策の決定がどのようにして形成され、そして決定された政策がどのようにして執行されてゆくのか、という政治過程を明らかにすることである。

　政治過程は二つの段階に区分できる。社会を構成する個人あるいは集団ごとに異なる価値を表している要求が、その権威的配分を決定する政策決定機構[1]に注入されてゆく過程と、政策決定機構が政策を決定し、執行する過程である。デイヴィッド・イーストン（David Easton）の政治体系（政治システム）論が提示したモデルにしたがえば、前者は「入力」の段階であり、後者は「出力」の段階である（イーストン、2002）。

　政治体系論は、政治過程を「入力」と「出力」、そして「出力」のあと「入力」の段階にフィードバックするひとつの循環系（サイクル）というイメージでとらえる。現実の政治において、政治過程を「入力」と「出力」の二つの段階に明確に区分することは難しい。またひとつの政治過程が次の政治過程とオーバーラップしている場合がほとんどである。ひとつの政治過程は、個別に完結しているのではなく、政策の執行の過程で発生した新たな問題が次の政治過程の発端となりうるし、それが前に決定した政策の変更を促すことにもなる。

　私たちは、政治過程を循環系として理解することをつうじて、政治過程の

161

分析とは政治体制の持続をめぐる問題の研究でもあることを知る。イーストンは「フィードバックの作用が欠けている場合、あるいはフィードバックされた情報に対する応答能力が存在しない場合には、いかなる政治体制といえども偶然による以外には長く生き残り得ない」と述べている（イーストン、2002）。

　イーストンがいう「応答能力」とは、社会が表出する価値（「要求」）に対して順応的な価値（政策）を政策決定機構が出力する能力のことである。そもそも社会を構成する個人あるいは集団の利益や目標、欲求にもとづく価値（「要求」）は、多様であり相互に対立的である。そうであるがゆえに、政策決定機構が権威的配分という政策決定を下すということは、政策決定機構が社会に対してあるひとつの価値を強いることを意味すると理解する必要がある（蒲島、1988）。

　政策決定に必要な情報が政策決定機構に適切に「入力」される場合、社会が表出した要求に順応的な政策が「出力」される可能性は高い。しかし適切に情報が「入力」されない場合、その政策は社会が表出した要求に適合する可能性は低くなる。社会の「要求」に対して拒否的な政策決定が繰り返されることによって、政策決定機構に対する社会の「支持」は減少し、政治体制の正統性は摩耗する。最終的に体制は崩壊の危機に直面することになる。

　「入力」の段階に対する理解を深めるためには、それを二つの過程に区分して考えるとよいだろう。ガブリエル・アーモンド（Gabriel A. Almond）とビンガム・パーウェル（G. Bingham Powell, Jr.）は、「入力」の段階を二つの過程に区分している。ひとつは「個人や集団が政策決定機構のなかにおける政策決定者に対して要求をおこなう」という利益の表出の過程であり、いまひとつは「要求を一般的な政策選択肢に変更する」という利益の集約の過程である（アーモンド、1988）。

　利益の表出の過程を理解することとは、社会が政策決定機構に対してどのようにして多様な要求を表出しているのかを明らかにするということ、政策決定機構がそのためにどのような機構や制度を設けているのかを明らかにする、ということである。また利益の集約の過程を理解するということは、社会が表出した要求を政策決定機構がどのように集約して政策決定を導き出し

ているのかを明らかにするということである。

　政治体制の正統性を強化あるいは摩耗させる要因は、「入力」の段階だけにあるわけではない。「出力」の段階もまた、政治体制の正統性に大きな影響を与える。

　政策決定機構による政策決定と、決定された公式の政策が国家の各機関をつうじて実施されてゆく政策執行の過程、そして実施している政策の継続や拡充、変更ないし廃棄等の決定を下す政策評価の過程もまた、社会の政策決定機構に対する「支持」に大きく影響する。政策執行の過程と政策評価の過程は、新たな「要求」を形成する段階でもある。このように整理すると、中国の政治過程を理解しようとする試みは、中国共産党による一党体制が持続する要因を明らかにする研究と深く関連していることがわかる。

　本章が与えられた課題は、このうち主に政策決定と政策過程という「出力」の段階にかんする研究の現状を明らかにするとともに、その研究の発展の可能性を論じてゆくことである。しかし中国の政治過程の特徴は「入力」と「出力」が渾然一体となっていることであり、また、これまで「出力」の機関として政治的に機能することを期待されていたアクター（行為者）が、「入力」のアクターとしての役割を発揮するようになってきていることに留意すべきだろう。そのため、本章は、「出力」の段階と同時に「入力」の段階も分析の視野に収める必要がある。

I　研究の射程

　中国の政治過程に関する中心的な研究課題は二つに大別できる。ひとつ目の研究課題は、中国の政策決定機構における政策の形成と決定、政策執行と評価の過程と構造を明らかにしようとするものである[2]。

　外部観察者が中国共産党や国家機関等の公的機関によって形成されている政策決定機構に関する情報にアクセスすることには限界がある。しばしばそれはブラックボックスと揶揄されてきた。このブラックボックスにおいて、誰が、何を、いつ、どこで、なぜ、どのように決定し、どのように実施されたのかを明らかにし、政策決定機構における政策の形成、決定と執行、評価

の過程と構造を明らかにしようとする取り組みである。

いまひとつの研究課題が政治過程の持続の要因を検討する研究である。「入力」の段階から「出力」段階、そして「出力」のあとに「入力」の段階にフィードバックする循環系（サイクル）の理解をつうじて、中国共産党による一党体制の持続をめぐる問題に答えようとするものである。

政治学を学ぶと、民主的な政治体制であろうが権威主義的な体制であろうが、いかなる政治体制も、社会からの「要求」に適応しなければ政治体制の持続は実現できないことを理解する。政治体制の持続とは、「入力」と「出力」、そして「出力」のあと「入力」の段階にフィードバックするひとつの循環系（サイクル）が持続することを意味するからである。とくに政策決定に必要な情報の「入力」の段階は、間違いなく体制持続のカギである。適切な政策決定に必要な情報が「入力」され、政策決定機構が下した政策決定を社会が自らの「利益の表出」に順応的なものであると評価し、社会が政策決定機構に対して一体感を抱いたとき（「支持」の表明）、ようやく政治体制は持続する。

一般的な理解に基づけば、民主的な政治体制だけがこの循環を持続させることができる。少なくとも持続するためのコストは権威主義的な政治体制よりも低い。民主的な体制のもとで人々は、国家の指導者を選出する選挙や陳情活動、行政訴訟などの司法の活用、あるいはメディアでの発言等をつうじて政策決定機構に要求を訴える手段をもつ。政策決定機構は政策決定に必要な情報を手にすることができる。また政府は国民によって選出されることから、自らの政策決定と執行が国民の要求に応えているかどうかの責任を負う。そうであるがゆえに、理念上は、民主的な政治体制は安定し、持続することができるとみなされてきた。

一方で、権威主義的な体制における政治過程、すなわち社会と政策決定機構とのあいだで循環する情報は民主的な国家と比べて不十分であり、政治過程の循環を持続させることは難しいとみなされてきた。例えば権威主義的な体制の国に住む人々は政策決定機構に対して要求を表出する手段が限られているからである。多くの権威主義的な体制は議会や選挙や政党といった民主的な制度を設けてはいる。しかし、その活動は制限されていることから、政

策決定機構は社会が表出する要求を十分に汲み取ることはできず、またできたとしても適切に理解して政策化することは難しいと研究者は理解してきた。また、これらの体制の政策決定機構は自由で民主的な手続きを経て選出されたわけではないことから、そもそも自らの政策の決定と執行について社会に対して責任を負う意識は乏しい、とみなしてきた。

　こうした理解をふまえて研究者は、権威主義国家中国の政策決定機構は社会が表出した「要求」に対して順応的な政策を選択する可能性は低く、中国社会は政治体制に対する不信感（不「支持」）を強めてゆく傾向にあると分析してきた。中国の政策決定機構と社会との関係は安定することなく容易に緊張し、体制は不安定化するというのである。

　もちろんこの問題は、「入力」の段階だけでなく「出力」の段階、つまり政策執行の過程と政策評価の過程についても注目し、検討するべきである。例えば、政策決定機構が下した公式の政策が、しばしば大衆運動的な方法で執行されることは、政治過程の循環にどのような影響を与えるだろうか。また政策決定機構が下す重要な争点に関する政策決定が、実験主義的に執行されてゆくことは、政治過程の循環にどのような影響を与えるだろうか。中国の政治過程の重要な特徴のひとつは、政策の実施の「ぶれ」（急進と穏当、右派と左派）である。この「ぶれ」は、大衆運動的な方法を利用して執行されてゆくことや、実験主義的な政策執行と関係している。また「ぶれ」は体制に対する社会の評価に大きな影響を与えてきたといってよい。

　中国の現体制の不安定化を説明する論点は枚挙に暇がない。しかし、中国共産党による一党体制は比較的長期にわたって安定を維持している。なぜなのか。ここに中国政治研究の興味深さがある。天安門事件以後の1990年代、中国政治研究者の中心的な研究関心は、ソ連や東欧諸国の民主化の実現とその背景にあった市民社会論に強い影響を受ける形で、中国の市民社会の成長と異議申立て活動の活発化が共産党による一党体制に与える影響を析出することに注力してきた[3]。ソ連や東欧諸国と同じレーニン主義にもとづく共産主義体制であること、さらにはフィリピンや台湾、韓国の独裁制が崩壊したことから、中国共産党による一党体制もまた「第三の波」（ハンチントン、1995）にのみ込まれることを想定した議論が展開していたことは記憶に新し

い。

　しかし今日の中国政治は、これまでのところ、かつての見通しとは異なる道を歩んでいる。崩壊の可能性が指摘されつつも、天安門事件から四半世紀もの長期にわたって体制が持続してきた。天安門事件という危機に直面した独裁制は生き残っただけでなく、繁栄し持続することができた（Gries and Rosen eds., 2004）。何が体制の生命力の源なのだろうか。これが今日の中国の政治過程研究における中心的な問いなのである。

　中国における社会管理と統制や治安に関する数値は、政治社会の安定性に疑問を提起する主張に説得力を与えるものばかりである。例えば「群体性事件（集団的示威行為）」の数は、年々、増加している。この数値の変化は、政策決定機構が下した政策決定を社会は自らの「要求」に順応的なものではないと認識し、社会が政策決定機構に対して一体感を抱いていないことを示唆しているといえる。にもかかわらず中国共産党による一党体制は持続しているのである。これまでの政治体制の持続に対する理解が間違っているのかもしれないし、それとも中国がきわめて特殊な事例なのかもしれない。中国共産党による一党体制をどのように定義するのかをめぐって、中国政治の実態に則した分析モデルの構築が模索されている[4]。

II　研究の現状

1　政策決定機構の研究

　ブラックボックスといわれる中国の政策決定機構の実態を明らかにしようとする研究は少なくない。本章は、ドーク・バーネット（A. Doak Barnett）と、リンダ・ヤーコブソン（Linda Jakobson）とディーン・ノックス（Dean Knox）の研究に注目する（バーネット、1986；ヤーコブソンら、2011）。

　バーネットの研究は、公開された資料とインタビュー調査にもとづいて、毛沢東時代との違いを示しながら1984年半ばの中国の対外政策の構造と過程を描写したものである。同研究によれば、当時の中国の政策過程は「究極的な政策決定権は依然として政治エリートの手に集中」し、とりわけ「鄧小平という一人の人物が基軸的な役割」を果たしているが、毛沢東の時代と比

較して「重要な政策決定の基盤となる層が広がった」という。同時に政策過程は、毛時代と比べて「よりシステマティックになり、規則的になり、そして、より合理的」なものとなったと指摘していた。

バーネットは、具体的には、この時期の中国共産党政治局や同政治局常務委員会は規則的に会合を開催するのではなく、同書記処が必要だと判断したときに開催されること、その結果として、日々の政策決定にたずさわり、政府機関を日常的に機能させる役割を担っているのは、それぞれ定期的に頻繁に（週2回）会合を開催する書記処と国務院（とくにインナーキャビネットと称される国務院常務委員会）であること、両機関は緊密に連携しながらも党機関である書記処が政府機関である国務院の上位にあること、国務院は具体的なルーティンの仕事を担当し、書記処は国務院が重要な問題だとみなした問題について決定すること、に注目していた[5]。

同研究において最も注目すべき点は、中国政治における政策過程の制度化の歩みの萌芽を見出していることである。彼は、この時期の「究極的な政策決定の権威は、依然として制度よりは個人にある」と分析し、鄧小平という個人の指導者が政策決定に際して重要な役割を担っていることを確認していた。

しかし同時にバーネットは、「政治局常務委員会及び政治局から書記処・国務院へと政策決定の中心が移動してきた」ことを描き出した。そして、この理由について彼は、鄧小平が「政策決定を徐々に制度化し、個人的決定から集団的決定に移行させようと試みた」結果であると論じていた。この研究は、鄧小平が政治的ライバルである李先念や陳雲との競争に勝つために、政策過程の制度化をつうじてライバルたちが活動する政治局常務委員会や政治局を、日々の政策決定にたずさわることはない空間に追いやることに成功していることを明らかにしたのである。

この鄧小平の取組みについてバーネットは、胡耀邦と趙紫陽への権力の移行を滞りなく実現するうえで効果があり、また国内と対外政策の継続性を保障するものであったと評価している。これに加えてバーネットの研究をつうじて読者は、1990年代以降の中国政治において中国共産党が定着させていった制度化の萌芽、すなわち政治指導者の政治権力の行使に制限を加えてゆく

取組みの起点を確認することができるのである。

2　分断化された権威主義

　ヤーコブソンとノックスの研究もまた、バーネットの研究と同様の手法を用いて、2009年から2010年にかけての中国における対外政策の過程と構造を描き出そうとしたものである[6]。

　バーネットが調査した時期から25年後の中国の政治社会は大きく変化した。市場経済化の道を歩んだ中国の政治社会には、政策決定に影響力を与えることを欲する新たな関与者が登場した。彼らは中国の政策決定に権限をもつ者がこれまでに経験したこともない形で、政策決定に影響を与えてきた（ヤーコブソンら、2011）[7]。この研究の原題（英語）が「中国における新しい外交政策の関与者」であるように、彼らの関心の対象は、この「新しい関与者」にあった。

　対外政策過程の変化を理解するためにヤーコブソンらは、政策決定に影響力を与える関与者を三つの層に分類した。その第一の層は政策決定について権限をもつ中国共産党政治局と同政治局常務委員会および中国共産党外事工作領導小組等である。そして、この政策決定層の外側にあって彼らに影響を与えようと努力している関与者たちが第二の層と第三の層である。彼らは、政策決定に影響を与えるために相互に競合関係にあるという。第二層と第三層が「新しい関与者」である。

　第二層は、第一層には含まれないその他の中国共産党の各機関、政府機関、そして人民解放軍の諸部門といった公的な対外政策関与者である。第三層は「共産党でも国務院でも解放軍の関係部門でもない」関与者である。彼らは「公的な政策決定機構の外で活動」し、そこには「国有企業、金融機関、資源産業、地方政府、研究機関、そしてメディアやネチズンなどが含まれる」。

　これら三つの層は政策決定権への距離によって分類されている。そして第一層が最も中心にあり、その外側に第二層、さらにその外側に第三層という構図で描かれている。

　こうして概念化した対外政策決定の関与者に関する調査をつうじて、ヤーコブソンらは中国の対外政策決定の過程に関する「三つの動向」を析出した。

第一の動向とは対外政策決定に関する権限が細分化したことである。ありとあらゆる関与者が、意図的、無意識的であるかに関係なく、中国の対外政策に影響を与えている。
　第二の動向とは、中国が国際化することについての認識はあらゆる関与者は共有しているものの、そのためのアプローチについては認識が異なっているということである。関与者ごとに国際化に対する関心の所在は異なり、その目標や手段、優先順位は異なっているという。第三の動向とは、とくに「新しい関与者」を中心に対外政策決定に関与する者たちは、中国は自らの国益を守るための国際的な約束事のルールづくりをより積極的にすべきであるという理解を共有している、ということである。
　この研究は、「新しい関与者」のなかでもとくに最も活発に活動している「ネチズン」に注目している。インターネットとメディアの商業化が政策決定機構と社会の相互関係に「劇的な変化」をもたらし、そうして生まれたのが「ネチズン」による世論である。ヤーコブソンらの研究によれば、「あらゆる関与者は相互に、そして世論に影響を与えようと努めている。「彼らは中国の対外政策の報告についてロビー活動を展開し、ブログに記入し、テレビ討論会へ参加する」という。関与者たちは「ネチズン」という世論を意識し、自らの要求を政策決定に影響を与えるために活用しようとするのである[8]。
　1980年代半ばにバーネットが描写してから四半世紀が経過した今日、ヤーコブソンらは、政策決定の権限をもつ関与者（第一層）がおかれている環境を動的に描くことに成功した。第二層と第三層の関与者という「新たな関与者」は、互いに競争しながら、自らの要求を、第一層の関与者に突きつけているのである。要求を突きつけられた政策決定の権限をもつ関与者の姿をヤーコブソンは次のように表現している。「党中央政治局常務委員会は、国際社会の要求を考慮に入れながら、同時にこうした関与者の利害と善意を把握し整合性のある対外政策の形に創り上げなければならない」。
　毛沢東時代と比較して「重要な政策決定の基盤となる層が広がった」とバーネットが指摘していたように、関与者の拡大は過去四半世紀の間に漸進的に生じていた。この増加の傾向に拍車をかけたのは、中国におけるメディ

アの変化であろう。サミュエル・ポプキン（Samuel L. Popkin）はメディアの変化が政治の構造を変化させると述べたように、近年のソーシャルメディアの登場に見られる情報技術の急速な進歩は、「新しい関与者」が政治に参加するコストを低くし、関与者の急速な拡大を促したのである（ポプキンら、2008）。

　バーネットからヤーコブソンらまでの時期の中国の政策過程の特徴について、ケネス・リーバーサル（Kenneth Lieberthal）は、1992年に発表した論文のなかで「分断化された権威主義」（fragmented authoritarianism）という概念を用いて説明している（Liberthal & Lampton eds., 1992）。この論文においてリーバーサルは、中国における最高政治システムの下部にある権限（authority）は、分断（fragmented）されていて、かつ相互連携を欠いた状態（disjointed）にあるという。リーバーサルによれば、この分断性は、構造的に形づくられたものであり、それは1970年代末に始まる政策過程に関する改革の実施にともなってより顕著になっていったと説明していた[9]。

　「分断化された権威主義」という分析は、これまで中国の政策過程を説明する有効な分析概念として繰り返し確認されてきた。2009年になってアンドリュー・マーサ（Andrew Mertha）は、この概念を継承し、発展させた新たな概念として、「分断化された権威主義・バージョン2.0」（fragmented authoritarianism 2.0）を提起している（Mertha, 2009）。

　マーサの研究によれば、リーバーサルが提起した概念は依然として説明能力があるものの、中国の政治社会の変化にともなって政策決定に影響力を発揮する新しいアクターの登場を指摘する必要があると述べていた。マーサは、彼らが登場してきた結果、権威主義体制の構造に変化が生じていることに注目していた。政策過程が多元化し、政策決定へ参画（entry）する敷居が低下したことによって、実施されている政策に利害が対立する行政部門や報道関係者、そして非営利団体といったアクターが政策形成の過程で政策議論を活発に展開しているという。

　つまり行政機関をはじめとする政策の実施を担う「出力」段階のアクターが政策の形成の過程に介入し、「入力」段階のアクターとして積極的な役を演じているのである。そしてマーサの研究は、社会の要求の表出と政策決定

機関の応答を行うプラットフォームとしての政治的な機能を担っている彼らを「政治起業家（policy entrepreneurs）」と定義し、結果的に彼らの活動は中国共産党による一党体制の持続に貢献していると分析していた。

3 「強靱性」という概念

「新しい関与者」や「政治起業家」の登場は、政治過程の「入力」段階が多元化しつつあることを説明している。「出力」段階のアクターが「入力」段階のアクターとして振る舞っているからである。こうした「入力」段階の多元化は、次のような政治体制の持続をめぐる問いを提起する。ヤーコブソンらの研究は政策決定機構がおかれている状況を次のように描いていた。

　今日の中国においては、国内の多様な声が不協和音となって政策決定者に多様な目的を追求するよう迫っている。中国社会の多元化の進行と、国際システムとのより深まる相互依存関係は、党の指導者に対して巨大な圧力となっている。党は権力の地位に留まるために必要な社会秩序の維持と経済成長を継続するために多くの利益集団に依存している。その結果、指導者は多様な、しばしば競合する諸課題を調和させなければならない。この難問は中国の経済的発展の必要から過去三〇年進行してきた権力の分散によって一層複雑なものとなっている（ヤーコブソンら、2011）。

議論の焦点は、政治過程の「入力」段階における「利益の集約」過程で、政策決定機構が多様で複雑化した要求をどのようにして集約しているのかという点におかれた。

サミュエル・ハンチントン（Samuel Huntington）の古典的著作は、「入力」の段階の多元化と体制の持続をめぐる問題との関連性を説明していたことはよく知られるとおりである（ハンチントン、1972）。同書は、政策決定機構の統治能力[10]の高低と経済発展にともなう社会の急速な変化と流動化、そして政治参加の拡大との間の関係性を論じ、統治能力が低い政治制度において制度化が進んでいない場合、急速な政治参加の拡大は体制の不安定化を招くと論じていた。

体制を持続させることに成功してきた中国共産党は、どのようにしてこの問題を克服したのだろうか。どのようにして社会の変化に応じて自らの統治能力を高めることに成功したのだろうか。
　いくつかの研究は、制度的な適応（institutional adaptations）と政策的な調整（policy adjustments）によって、社会が表出する要求に対して政策決定機構が順応的な応答ができる能力（＝統治能力）を強化することができたと説明している。すなわち、この適応と調整によって体制の「強靱性（resilience）」が高まったというのである[11]。
　「強靱性」という概念は、今日、中国共産党の統治能力の変化を説明し、体制が生命力を持続させることができた要因を論じるうえでのキーワードとなっている[12]。政治過程の「強靱性」である。
　アンドリュー・ネイサン（Andrew Nathan）によれば、中国の権威主義体制は、1）権力継承に関する制度的な拘束の強化や、2）政治エリート人事の派閥重視から実力重視への変化[13]、3）統治機構の機能分化（党政分離など）の促進、4）政治参加と利益表出のための制度の構築という四つの制度化の取組みをつうじて「強靱性（resilience）」（以下、「体制の強靱性」）を高めていったとされる（Nathan, 2003）。またデイヴィッド・シャンボー（David Shambaugh）は旧ソ連や東欧諸国の経験との比較をつうじて、中国共産党が他の共産主義諸国における体制崩壊の要因分析をふまえて自国の体制の改革に取り組むなど、「適応（adaptation）」を継続してきたために体制を持続させることができたとした（Shangbaugh, 2008）。
　ブルース・ディクソン（Bruce J. Dickson）によれば、生命力を高める手段として共産党は「包摂」（取込み）をおこなった。つまり社会の諸団体への統制管理を実施すると同時に、知識エリートや企業家の中国共産党への取込みを積極的に実施してきたという。この包摂の対象が、「中国社会が改革開放路線を歩む過程で社会階層の構造の新しい変化の産物」となった「新しい社会階層」である（Dickson, 2000-2001；Gries, Peter Hays and Stanley Rosen, 2004；Gries, 2010）。
　中国共産党の公式文書は、「新しい社会階層」を「労働者、農民、知識人、幹部、解放軍の指導的幹部ら」とともに社会主義事業を建設するものとして

位置づけている。民営化学技術企業の経営者や技術者、外資企業に雇用されている管理技術者、個人経営者、私営企業経営者、弁護士や会計士などの仲介機構に就業している者、作家や編集者をはじめ専門知識をもって活動する自由業者たちである。

　中国社会が市場経済化とグローバル化の道を歩むにともない、「新しい社会階層」に対してどのような政治的位置づけを与えるのかは、共産党にとって重要な政策課題であった。理由はその社会的な影響力の大きさにある。2006 年に発表された数値によれば、同階層はおよそ 5000 万人おり、関連する従業員数を加えると約 1.5 億人を超え、全人口の約 11.5% を占めていた（加茂、2012）。またこの階層は「約 10 億元前後の資本を有し、全国の過半数以上の技術特許を保有し」、彼らが間接的あるいは直接的に納税する額は「全国の納税額の三分の一以上」であり、毎年新たに生まれる就業人口の過半数を吸収すると理解されていた。こうした経済的、そして政治的な影響力をもつ階層の存在を政治的に共産党は無視することができなかった。また「新しい社会階層」は、「労働者、農民、幹部そして知識人からの転身者」によって構成され、「その大部分は非公有制の分野で活動」し、「そして「高収入の大部分が集中する」一方で、職業や地位の安定性が低いこと、近年政治的な要求を次第に強めつつあること、その大部分が非共産党党員であることが、この階層の特徴として指摘されていた。

　共産党による「包摂」という「適応」戦略の実践が、「『三つの代表』重要思想」の提起である。天安門事件直後の 1989 年 8 月に共産党は、私営企業経営者と中国共産党との間の関係のあり方に関する通達を発していた。この通達は、「私営経済は社会主義公有制経済を補充するものであり、私営企業経営者の経営と合法的利益は保証される。しかし中国共産党は労働者階級の前衛であり、私営企業経営者と労働者階級との間には実際には階級対立が存在しており、私営企業経営者の中国共産党への入党を認めることはできない」と確認していた（藤野、2008）。

　この通達から 12 年を経て中国共産党は、私営企業経営者との間の関係のあり方を大きく転換させた。2001 年 7 月、中国共産党の創立 80 周年を記念する大会における江沢民総書記（当時）による演説で提起された「『三つの

代表』重要思想」がそれである。ここで江は、共産党をとり巻く国内外の環境の変化に応じて、自らは「先進的な生産力」と「先進的な文化」、そして「広範な人民の利益」を代表する政党へと変化する必要があると提起した。

この江演説を契機として中国共産党は、「中国社会が改革開放路線を歩む過程で起きた社会階層の構造の新しい変化の産物」である「新しい社会階層」を、「労働者、農民、知識人、幹部、解放軍の指導的幹部ら」とともに社会主義事業を建設する者として定義したのである。そして彼らと団結する必要があることを確認した。

この後に中国共産党は、「『三つの代表』重要思想」を指導理念として公式に確認した。2002年の16回党大会はこの理念をマルクス・レーニン主義、毛沢東思想、鄧小平理論と並ぶ指導理念として党規約のなかに書き込んだのである。加えて、「18歳以上の労働者、農民、軍人、知識人、革命分子」の政党であるという党規約の規定を、「18歳以上の労働者、農民、軍人、知識人と社会各階層の先進的な人々」の政党へと書き換えた。こうして共産党は、変化する社会状況を判断し、プロレタリアートの前衛者としての政党から、私営企業経営者などブルジョアジー的社会階層をともに社会主義事業の建設を担う同志として認める政党へと「適応」させたのである[14]。

ジェシカ・ティーツ（Jessica C. Teets）は、中国における「権威主義体制の強靱性」（authoritarian resilience）について、「協議型権威主義」（consultative authoritarianism）という概念を用いて説明している。ティーツによれば中国共産党は、政策を形成する過程で政策に関係する社会団体や人民団体、非営利組織などとの協議をつうじてコンセンサスを形成していることに注目し、こうした中国共産党と市民社会が協議する枠組み（「協議型権威主義」）の存在は、中国社会を民主化に導くのではなく、「強靱な権威主義体制」の精緻化とグッド・ガバナンスへと導くと論じていた（Teets, 2013）。

権威主義体制の「強靱性」という分析概念については批判的な議論もある（Li, 2012；Pei, 2013）。チェン・リー（Chen Li）は、中間層の台頭や新しい利益集団政治、そして力強い社会の出現をつうじて「国民が備えている強靱性」（national resilience）という分析概念を提起しながら、「体制の強靱性」という概念にもとづく中国共産党の統治能力と正統性の評価の誤りを指摘している。

4　偽装された民主制度

　例えばこれまでの研究は、中国の民主的な制度の政治的機能のなかに「体制の強靱性」を見出している。「利益の表出」過程における民主的な制度の政治的機能、すなわち社会が表出する要求（情報）を収集し、政策決定機構に伝達するという「統治機構の有効性の向上」という機能である。

　民主的な国家と同様に権威主義国家にも選挙や政党、そして議会が設けられている。もちろん民主的な国家のそれとは異なり、政治的な機能には制限が設けられている。複数政党制が採用されていたとしても、事実上、支配政党の指導性は政治的原則として確認され、また議会が国家の最高権力機関であったとしても支配政党の政治的優越性が明文化されている。いわば偽装された民主制度である。

　権威主義国家の民主制度の活動に関心をもつ研究者は、その政治的な機能の活発化が体制の民主化を促す働きをするかどうかに注目してきた。この問題に関して先行研究は、ひとつの結論を導き出している。すなわち権威主義国家の偽装された民主制度は民主化を促す働きをすることはほとんどなく、それは政治体制の安定性を高める役割を担うというものであった。権威主義国家における民主的制度の政治的機能は、その政治指導者が直面する三つの課題を克服することにあるという。すなわち「体制エリートの離反防止」機能、「反体制勢力の抑制と弱体化」機能、「統治の有効性の向上」機能である（Gandhi, 2008；Svolik, 2012；久保、2013）。

　権威主義国家中国における民主的制度に対する学問的な関心は、比較的長い間、決して高くなかった。例えば人民代表大会については、中国共産党や政府の決定を承認するだけの「ゴム印」に過ぎず、政治過程においてなんら政治的な機能を発揮していないとみなされてきた。中国の政治過程の実態を説明する言葉に、「党委員会が政策方針を定め、政府が政策を執行し、人民代表大会が手を挙げてそれを事後承認し、政治協商会議が拍手をして支持を表明する」（党委揮手、政府動手、人大挙手、政協拍手）があるように、政治過程における人民代表大会の存在はほとんど無視されてきた。

　1990年代以降、ようやく中国の地方政治の政治過程において人民代表大会の活動が活発化してきたことを受けて、研究者たちは、学問的な関心の範

囲のなかに人民代表大会を位置づけはじめている。行政機関が人民代表大会に提出した法律草案の審議が形式的なものから実質的なものとなったこと、また事実上中国共産党が提出した行政機関の首長等の人事議案に否決票が投じられたこと、司法機関の活動報告を票決した際に、大量の批判票が投じられることが増えてきたこと等、人民代表大会の活動の活発化が観察されるようになってきたからである。政策決定で政策過程における活発化であるこうした活動の活発化が中国の政治体制にどのようなインパクトを与えるのかに関心が集まった（O'Brien, 1990；Tanner, 1999；鄭、2000；加茂、2006；Xia, 2008；Cho, 2009）。これらの研究は、それが体制の「強靱性」を高め、体制の持続に貢献してきたことを明らかにしている。例えばケヴィン・オブライエン（Kevin O'Brien）やヨンナム・チョー（趙英南 YoungNam Cho）は、人民代表大会が中国社会のさまざまな組織の利益が表出され、同時に中国共産党が「包摂」をおこなう場となっていることを論じている。

　「統治機構の有効性の向上」という人民代表大会の政治的機能は、その代表の行動の分析をつうじて明らかにされつつある。人民代表大会代表が「代理人」（政府の決定を自らが所属する組織や選出された選挙区に伝達する役割）、「諫言者」（政府が適切な政策決定を下すことができるように自らが所属する組織や選出された選挙区の情報を政府に提供する役割）、「代理者」（自らが所属する組織や選出された選挙区の要求を政府に表出する機能）として、体制の持続に貢献する役割を発揮していることを論じている（O'Brien, 1994；Kamo & Takeuchi, 2012；加茂ほか編著、2013）。中国の民主的制度は、従来予想されてきた以上に、社会が表出する情報を収集し、政策決定機構に伝達する機能を発揮しており、社会の変化に柔軟に適応する政策決定を下すことを可能にしているのかもしれない。

　こうした人民代表大会代表の政治的機能の変化も、「出力」段階のアクターが、「入力」段階のアクターとしての機能を発揮していることを説明している。彼らは、行政機関による政策の実施を円滑にするために中国共産党の政策方針を社会伝達する「代理人」という従来の機能に加えて、政策決定に必要な社会の要求や政策の失敗による不満といった情報を政策決定機構に伝達する「諫言者」と「代理者」としての機能も発揮するのである。

人民代表大会の活動の活発化とは、人民代表大会代表が「入力」段階における新しいアクターとして、また人民代表大会がさまざまなアクターが政治過程に参画するためのプラットフォームとして機能していることを物語っている。こうした人民代表大会の「統治機構の有効性の向上」という機能は、中国共産党による一党支配の「強靱性」を高める役割を担っていると評価してよいだろう。

　しかし、同時に、近年の人民代表大会制度を「国民が備えている強靱性」という観点から分析する必要性も提起されている。例えば、近年になって多くの研究者が関心をもって分析をすすめている、区や県級人民代表大会選挙（直接選挙）における「自薦候補」の登場である。従来、中国における選挙では、中国共産党が容認する人物だけが立候補することができた。しかし、近年、中国共産党が容認する候補者とは別に、候補者自身の意思にもとづいて立候補を表明する「自薦候補」者の登場が報じられている。中国共産党は「体制の強靱性」を高めるために人民代表大会代表の構成の改善にとり組んでいるが、「自薦候補」の存在は、それとは別に社会が「国民が備えもつ強靱性」を発揮する場として人民代表大会を活用していることを説明している（O'Brien & Zhao, 2013；中岡、2011）。

5　二つの強靱性

　中国の現体制の能力を評価するための分析概念である「体制の強靱性」と「国民が備えもつ強靱性」を、研究史的視点で整理しておく。

　この二つの分析概念は「社会」と「国家（政策決定機構）」の二つの視点に大別できる。「社会」に注目する場合、政治過程は自己利益の最大化を目的とする複数の利益団体や個人が、国家に対する影響力の行使をめぐって競争するという構図で描かれる。そして国家は政治過程において受身的な存在として理解される。国家は社会が注入しようとする要求を集約して、政策決定のための政策の選択肢をつくりあげる利害の調整役を演じるというのである。こうしたアプローチは、中国における市民社会の役割に注目した1989年の天安門事件以後の中国政治研究に多く採用された。

　一方で国家に焦点をあてた研究は、国家は単なる受身の存在ではなく、自

らの意思と利益にもとづいて社会に関与してゆく存在であるとみなしていた。これを制度という点に注目した表現に言い換えるのであれば、政治過程に影響を発揮しようとする関与者は、彼らをとりまく制度の影響を受けているとされる。いわゆる新制度論の分析の視点である。ジェルド・ブロスガード（Kjeld Erick Brodsgaard）と鄭永年（Yongnian Zheng）は *Bringing the Party Back In: How China is Governed*（党をとり戻せ：中国はどのように統治されているのか）のなかで述べていたように、新制度論の代表的な研究成果とみなされている *Bringing the State Back In*（国家をとり戻せ）の影響を受けて、中国共産党が中国政治における支配的地位を維持するために変容しはじめていることを意識して、中国政治研究の中心的な場所に共産党研究を位置づける必要性を提起した（Evans, Rueschemeyer & Skocpol, 1985）。「体制の強靱性」という概念は、こうした研究のアプローチをつうじて析出された分析概念であった。

「体制の強靱性」という分析概念は、天安門事件以降、民主化の萌芽を観察することができない中国の政治社会をいかに理解するのかという問題意識から生じた。社会環境の変化に適応して共産党は能力を発展させてきたという仮説にもとづいて、権威主義体制の統治能力を再認識する必要性を提起したものであった。一方で「体制の強靱性」の対抗概念のように提起されている「国民が備えもつ強靱性」は、「体制の強靱性」論が共産党の能力を過剰評価していること、また中国社会の躍動性を再評価する必要があるという問題意識にもとづいて練り上げられた概念である[15]。

政治過程の「入力」段階ではなく「出力」段階に焦点をあてて、中国共産党による一党支配が持続してきた要因を説明する試みもある。例えば中央政府が社会保障や医療保険、教育、環境保護都市計画等に関して政策の執行権限を地方政府に付与してきたことに注目した研究は、地方政府は実験的な政策執行を行い、中央政府は地方政府の実験の成果を総括しながら、与えられた政策目標の実現を図ってきたと論じている（Florini *et al.*, 2012）。

これまでの中国政治研究は、実験主義的な政策過程にかんする特徴を、繰り返し指摘してきていた。タウンゼントは、中国のエリートが実験主義的な政策執行の傾向をもつと論じている（タウンゼント、1980）。彼は、政策決定機構が下す重要な争点に関する政策決定が「一般的な声明の形式」で発表さ

れ、そこでは「（地方政府）がしたがうべきモデルや達成されるべき目標」は示されているものの、「正確な手続き、形式、関係を具体的に説明」するものではなく、政策決定の意味は地方政府が「予備的な工作を実行し、彼らに対して要求された任務に具体的な対応を展開しはじめるとき、はじめて現実となってあらわれる」と説明してきた。そして、こうした政策過程における中央政府の役割は、地方政府が上申してきた調査報告にもとづいて政策の継続や拡充、変更ないし廃棄等の決定を下してゆくことにあると整理していた。タウンゼントによれば、こうした実験主義的な政策執行の形は、中国のエリートが大衆運動の実践を重視することと緊密に関係しているという。政策執行の軌道修正を図るために大衆運動という実験的経験が不可欠であるとエリートたちはみなしてきたからである[16]。

おわりに

　本章は、政治過程の「出力」の段階に相当する政策決定と政策過程（執行と評価）に関連する研究を説明してきた。「出力」と「入力」の段階を含めた政治過程研究について、その発展の方向を展望したい。

　中国共産党による一党支配下の中国政治とは、中国共産党の指導性を前提としたうえで、国家と社会との関係のバランスを保とうとする指導部の調整の苦悩の歴史であったともいえるだろう。そうであるがゆえに中国政治を理解するための分析の焦点もまた、「国家」と「社会」との間を揺れ動いてきた。

　しかし、これからの中国の政治過程にかんする研究において、今後は「時間」という要素をとり入れた分析の重要性が強く認識されてゆくだろう[17]。政治体制の持続をめぐる問題に答えようとするのであれば、今後、その必要はなおさら強く認識されるはずだ。中国共産党の一党体制が長期的に持続してきた理由の分析をおこなう際に、短期的な時間軸のなかでの社会事象の因果関係の解明に重きをおくのではなく、制度や政策の発展を説明する変数として「時間」をとり扱う必要があるからである。

　現在の中国の政治体制がなぜ持続するのかという問いに対して「体制の強

靱性」という概念が提起されてきた。「包摂」や「適応」といった中国共産党の取組みが、体制に生命力を吹き込み、体制は生き残りに成功しているという分析には説得力がある。しかし再考を要する点がないわけではない。

現在の政治制度は、いずれも中国共産党による一党体制を支えるための政治的機能を発揮しているといえるかもしれない。しかし、こうした政治制度は、中国共産党がある日突然に生き残るための制度として設けたわけではない。「強靱性」という概念で説明するにしても、そうした能力の由来を説明できていない。ひとつひとつの政治制度が「どのような経路を経て現代の形に到達したのか」という理解が必要であり、またそうした政治制度がアクターにどのような影響を与え、政治過程を形づくっていくのかという、アクターが決定を下す環境を理解する必要があるだろう。

中国の政治過程のなかに「体制の強靱性」を高める政治的機能を見出すにしろ、「国民の強靱性」を評価するにしろ、現代の政治過程を形成しているさまざまな政治制度の政治的機能が発展してゆく経路に注目して分析する視点は重要なのである。

1) 本章は「政策決定機構」を「政府と決定に関与するアクターが形成するアリーナ」と定義する（久米ほか、2012）。
2) 多くの研究は対外政策を事例としている。Lieberthal and Lampton（1992）、Lieberthal and Oksenberg（1998）、Lampton（2001）。この他、天安門事件直後に海外へ渡航した中国政府内部関係者による記録文献として、Hamrin and Zhao eds.（1995）がある。日本語での研究には、青山瑠妙、浅野亮、岡部達味、国分良成、小島朋之、趙全勝、牛軍らの研究がある。
3) *Journal of Democracy* の第1巻第1号が刊行されたのが1990年冬である。同号に所収された Diamond & Plattner 論文は、当時の議論を理解するうえで興味深い（Diamond & Plattner, 1990）。
4) もっとも典型的な議論として、Li（2013）と Huang（2013）の議論を挙げておく。また在米の中国人研究者を中心とした分析として Guo eds.（2013）がある。さらに台湾人研究者を中心とした分析として Hsu, Wu and Zhao（2011）がある。日本語の文献には唐亮（2012）がある。
5) 対外政策の決定過程に関してバーネットは、書記処のもとにおいて対外政策を広範にあつかう最も重要な機関としての外事小組の役割、そして国務院において対外関係に関連する部門間の調整メカニズムとしての外事口の存在を重視していた。なお、中

国共産党における対外政策をとりあつかう最も重要な機関として書記処外事小組は、1987 年の中国共産党第 13 回党大会以降、政治局と政治局常務委員会の直接的な領導のもとに中央外事領導小組に改組されている。これらの経緯を含めて中国の対外政策の政策決定と政策過程について説明した文献として趙可金の研究がある（趙、2012）。
6) バーネットとヤーコブソンらの研究は、問題意識と研究手法がきわめて類似している。そのためこの二つの研究をとり上げた。
7) 本論文が所収されている Peter Hay Gries と Stanley Rosen が編集した Chinese Politics: State, Society and the Market は、同じく彼らが 2004 年に出版した State and Society in 21st-century China を再編集したものである。執筆構想が練られた 2001 年からおよそ 10 年が経過し、中国政治社会の変化を受けて Chinese Politics が刊行された。両書の執筆者はほぼ同じである。米国の研究者の問題関心の変化を理解するうえで、この二つの書籍を比較することは興味深い。
8) 世論、ネチズンが政策決定に与える影響を検討した分析に、シャーク（2008）、Shirk（2011）がある。また中国の対日政策と世論との関係について分析した研究である Reilly（2011）は興味深い。
9) 権限が分断され相互連携を欠いているがゆえに、政策決定するために政策調整をする機能が必要になる。それが中国共産党内に設けられた領導小組や工作会議である。これらの組織については Miller（2008 & 2013）を参照のこと。領導小組制度に関する研究として頼（2015）がある。
10) 社会が表出する要求に対して政策決定機構が順応的な応答ができる場合、その政策決定機構の統治能力は高いという（蒲島 1988）。
11) 同様の問題意識にもとづく日本における研究として、菱田（2013）、加茂・小嶋・星野・武内（2012）がある。
12) 中国における政治学でも同様の試みがなされている。景・張・余（2012）を参照。
13) 政治エリートの選抜過程の制度化は、近年の政治過程における大きな特徴である。寇（2010）、Kou and Zang（2013）が参考になる。
14)「新しい社会階層」の台頭に直面した中国共産党がどのように政治的適応を果たしたのかを論じた日本語の文献として鈴木隆の研究がある（鈴木、2012）。
15) 中国の市民社会と利益団体の活発な活動に注目し、定量分析の手法を導入した研究に辻中・李・小嶋（2014）がある。
16) 体制の持続をめぐる問題と関連づけて論じるべき「出力」の段階における政策執行の特徴は少なくない。例えば「サイクル論」ともいわれる、中国共産党の政策は、一定の周期をもつ循環的変動をともなってきたことがそうである。政策は「左」と「右」、あるいは「穏歩」と「急進」の二つの極の間をあたかも振り子のように移動してきた（衛藤瀋吉、1982）。また実験主義的な政策執行という特徴は、中央政府が政策の継続や拡充、変更ないし廃棄等の決定を下してゆくうえでの必要な情報を収集する政治的機能をもつともいえるが、一方で、中央政府において下された政策決定を地方政府が実施する際に極端な形に変化する可能性をもっているともいえるだろう。

17）本段はピアソン（2010）から啓発を受けている。

参考文献
【日本語】
青山瑠妙（2007）『現代中国の外交』慶應義塾大学出版会。
─── (2013)『中国のアジア外交』東京大学出版会。
浅野亮（2011）「中国の対外政策方針の変化──その決定メカニズムとプロセス」『国際問題』第602号。
衛藤瀋吉（1982）『現代中国政治の構造』日本国際問題研究所。
蒲島郁夫（1988）『政治参加』東京大学出版会。
岡部達味（1983）『中国外交──政策決定の構造』国際問題研究所。
加茂具樹（2006）『現代中国政治と人民代表大会──人代の機能改革と「領導・被領導」関係の変化』慶應義塾大学出版会。
─── (2012)「生き残り戦略の継承と発展」『国際問題』第610号。
加茂具樹・小嶋華津子・星野昌裕・武内宏樹編著（2012）『党国体制の現在──変容する社会と中国共産党の適応』慶應義塾大学出版会。
牛軍（2007）『冷戦期中国外交の政策決定』千倉書房。
久保慶一（2013）「権威主義体制における議会と選挙の役割」『アジア経済』Vol.54, No.4。
小島朋之（1999）『現代中国の政治──その理論と実践』慶應義塾大学出版会。
国分良成（2004）『現代中国の政治と官僚制』慶應義塾大学出版会。
─── (2008)「中国における過渡期の政治体制──『三つの代表』と『党国コーポラティズム』」慶應義塾大学法学部『慶應の政治学　地域研究』慶應義塾大学法学部。
鈴木隆（2012）『中国共産党の支配と権力──党と新興の社会経済エリート』慶應義塾大学出版会。
趙全勝（2007）『中国外交政策の研究──毛沢東、鄧小平から胡錦濤へ』（真水康樹・黒田俊郎訳）法政大学出版局。
辻中豊・李景鵬・小嶋華津子（2014）『現代中国の市民社会・利益団体──比較の中の中国』木鐸社。
唐亮（2012）「中国モデル──理念の普遍性と手段の有効性をどうみるか?」毛里和子・園田茂人『中国問題　キーワードで読み解く』東京大学出版会。
中岡まり（2011）「中国地方人民代表大会選挙における『民主化』と限界──自薦候補と中国共産党のコントロール」『アジア研究』第57巻第2号。
菱田雅晴（2012）『中国共産党のサバイバル戦略』三和書籍。
藤野彰（2008）「中国共産党の新指導思想に見る政治・経済・社会の変容──江沢民『三つの代表』と胡錦濤『科学的発展観』」『立命館国際研究』20巻3号。
アーモンド、ガブリエル；ブリングハム・パーウェル（1986）『比較政治学［第二版］』（本田弘、浦野起央監訳）時潮社。

イーストン、D（2002）『政治生活の体系分析［上］［下］』（薄井秀二ほか訳）早稲田大学出版部。
シャーク、スーザン　L（2008）『中国　危うい超大国』（徳川家広訳）NHK 出版。
タウンゼント、J・R（1980）『現代中国――政治体系の比較分析』（小島朋之訳）慶應通信。
バーネット、A・ドーク（1986）『現代中国の外交――政策決定の構造とプロセス』（伊豆見元ほか訳）教育社。
ハンチントン、S・P（1995）『第三の波――20 世紀後半の民主化』（坪郷實ほか訳）三嶺書房。
ハンチントン、サミュエル（1972）『変革期社会の政治秩序（上）（下）』（内山秀夫訳）サイマル出版会。
ピアソン、ポール（2010）『ポリティクス・イン・タイム――歴史・制度・社会分析』（粕谷祐子訳）勁草書房。
ポプキン、サミュエル・蒲島郁夫・谷口将紀編（2008）『メディアが変える政治　政治空間の変容と政策革新 5』東京大学出版会。
ヤーコブソン、リンダ；ディーン・ノックス（2011）『中国の新しい対外政策――誰がどのように決定しているのか』（岡部達味監修・辻康吾訳）岩波書店。

【中国語】
景躍進・張小勁・余遜達（2012）『理解中国政治』中国社会科学出版社。
朱光磊（2008）『当代中国政府過程（第三版）』天津人民出版社。
趙可金（2012）『当代中国外交制度的転型與定位』時事出版社。
寇健文（2010）『中共精英政治的演変：制度化與権力転移、1978-2010』五南。
鄭永年（2000）『政治漸進主義：中国的政治改革和民主化前景』吉虹資訊公司。
頼静萍（2015）『当代中国領導小組制度変遷興現代国家成長』江蘇人民出版社。

【英　語】
Brodsgaard, Kjeld Erik & Yongnian Zheng（eds.）（2004）*Bring the Party Back In: How China is Governed*. Singapore: Eastern Universities Press.
Cho, Young Nam（2009）*Local People's Congresses in China: Development and Transition*. Cambridge: Cambridge University Press.
Dickson, Bruce J.（2000-2001）"Cooptation and Corporatism in China: The Logic of Party Adaptation," *Political Science Quarterly*, vol. 115, no. 4, pp. 517-540.
――――（2005）"Dilemmas of Party Adaptation: the CCP's Strategies for Survival," Peter Diamond, Larry Jay, Marc F. Plattner（1990）"Why the "Journal of Democracy"," *Journal of Democracy*, vol. 1, no. 1, pp. 3-5.
Easton, David（1957）"An Approach to the Analysis of Political System," *World Politics* 9, no. 3, pp. 383-400.

Evans, Peter B., Dietrich Rueschemeyer, and Theda Skocpol (1985) *Bringing the State Back In*. Cambridge: Cambridge University Press.

―――― (2010) "Dilemmas of Party Adaptation: the CCP's Strategies for Survival," Peter Hays and Stanley Rosen (eds.) *Chinese Politics: State, Society and the Market*. New York: Routledge.

Florini, Ann, Hairong Lai, and Yeling Tan (2012) *China Experiments: From Local Innovations to National Reform*. Washington, D. C.: Brooking Institutions Press.

Gandhi, Jennifer (2008) *Political Institutions under Dictatorship*. Cambridge University Press.

Gries, Hays and Stanley Rosen (eds.) (2004) *State and Society in 21st-century China: Crisis, Contention, and Legitimation*. New York: RoutledgeCurzon.

Gries, Peter Hays and Stanley Rosen (eds.) (2010) *Chinese Politics: Crisis, State, Society and the Market*. New York: Routledge.

Guo, Sujian (ed.) (2013) *Political Science and Chinese Political Studies*. Berlin; New York: Springer.

Hsu, S. Philip, Yu-shan Wu and Suisheng Zhao (2011) *In Search of China's Development Model: Beyond the Beijing Consensus*. New York: Routledge.

Hamrin, Charol Lee and Suisheng Zhao (eds.) (1995) *Decision-Making in Deng's China: Perspectives from Insiders*. Armonk, N.Y.: M.E. Sharpe.

Huang, Yasheng (2013) "Democratize or Die: Why China's Communists Face Reform or Revolution," *Foreign Affairs*, vol. 92, no. 1.

Kamo, Tomoki and Hiroki Takeuchi (2013) "Representation and Local people's Congress in China: A Case Study of the Yangzhou Municipal People's Congress," *Journal of Chinese Political Science*, vol. 18, no. 1.

Kou, Chien-wen and Xiaowei Zang (2014) *Choosing China's Leaders*. London; New York: Routledge.

Lampton, David M. (2001) *The Making of Chinese Foreign and Security Policy: in the Era of Reform, 1978–2000*. Stanford: Stanford University Press.

Li, Cheng (2012) "The End of the CCP's Resilient Authoritarianism? A Tripartite Assessment of Shifting Power in China," *The China Quarterly* 211, pp. 595–623.

Li, Eric X. (2013) "The Life of the Party: The Post-Democratic Future Begins in China," *Foreign Affairs*, vol. 92, no. 1.

Lieberthal, Kenneth and David M Lampton (eds.) (1992) *Bureaucracy, Politics and Decision Making in Post-Mao China*. Berkeley: University of California Press.

Lieberthal, Kenneth and Michel Oksenberg (1988) *Policy Making in China: Leaders, Structures, and Processes*. Princeton, N.J.: Princeton University Press.

Mertha, Andrew (2009) "Fragmented Authoritarianism 2.0: Political Pluralization in Chinese Policy Process," *The China Quarterly* 200, pp. 995–1012.

Miller, Alice (2008) "The CCP Central Committee's Leading Small Groups," *China Leader-*

ship Monitor, no. 26.
―――― (2013) "The Work System of the Xi Jinping Leadership," *China Leadership Monitor*, no. 41.
Nathan, Andrew J. (2003) "Authoritarian Resilience," *Journal of Democracy*, vol. 14, no. 1, pp. 6–17.
O'Brien, Kevin (1990) *Reform without Liberalization: China's National People's Congress and the Politics of Institutional Change*. Cambridge: Cambridge University Press.
O'Brien, Kevin & Suisheng Zhao (eds.) (2013) *Grassroots Elections in China* (reprint). London; New York: Routledge.
Pei, Minxin (2013) "Is CCP rule fragile or Resilient?" in Larry Diamond, Marc F. Plattner, and Yun-han Chu (eds.) *Democracy in East Asia: New Century*. Boltimore: The Johns Hopkins University Press.
Reilly, James (2011) *Strong Society, Smart State: The Rise and Public Opinion in China's Japan Policy*. New York: Columbia University Press.
Shambaugh, David (2008) *China's Communist Party: Atrophy and Adaptation*. Washington D.C.: Woodrow Wilson Center Press.
Shirk, Susan L. (ed.) (2011) *Changing Media Changing China*. New York: Oxford University Press.
Svolik Milan, W. (2012) *The Politics of Authoritarian Rule*. Cambridge: Cambridge University Press.
Tanner, Murray Scot (1999) *The Politics of Lawmaking in Post-Mao China: Institution, Processes, and Democratic Prospects*. Oxford: Clarendon Press.
Teets, Jessica C. (2013) "Let Many Civil Societies Bloom: The Rise of Consultative Authoritarianism in China," *The China Quarterly* 213, pp. 19–38.
Xia, Ming (2008) *The People's Congresses and Governance in China: Toward a Network Mode of Governance*. London; New York: Routledge.

第8章

中央・地方関係

磯部　靖

はじめに

　歴史上、国家の統一と分裂を繰り返してきた中国にとって、中央・地方関係は最重要課題のひとつである。例えば、歴代王朝の支配者たちは、封建制、郡県制、郡国制などさまざまな制度の導入を通じて、中央・地方関係の維持に腐心してきた。同様に、中華人民共和国の指導者たちにとっても、中央・地方関係は最重要課題のひとつである。毛沢東や鄧小平は、中央の統制を維持しつつも、地方分権により経済発展を図る方策を模索していたし、習近平政権が直面している台湾問題や少数民族問題なども、中央・地方関係の視点から捉えることができる。すなわち、国家統合と経済発展という課題を抱える現代中国の指導者にとって、中央・地方関係とはきわめて重要な問題なのである。

　古来、統一と分裂を繰り返してきた中国を、中国共産党政権はどのように統治しているのか、あるいは今後、国家分裂の可能性はあるのか等の問題意識に基づき、研究者たちはさまざまな観点から現代中国の中央・地方関係を研究してきた。例えば、現代中国の中央・地方関係は、これまで以下のような観点から研究されてきたと大別できるだろう。

・ソ連等の社会主義国との比較体制論的観点に基づく基本構造の解明
・経済学的観点からの財政制度分析
・経済発展と地方政府の関係の究明
・中央の代理人および地方の代表としての役割を兼ね備える地方指導者に

ついての研究
・将来的な連邦制の導入と民主化の可能性についての構想

　総じていえば、中央・地方関係についての研究の主要課題となってきたのは、中国共産党による一党支配体制のもとで、地方にはいかなる自律性があるのかという問題であった。換言すれば、中国共産党政権による統治の実態やその持続可能性を考察するうえで、地方の役割を解明することはきわめて重要であるという認識に基づき、研究が行われてきたと総括できるだろう。同様に、今後の中国の動向を考察するうえでも、中央・地方関係の研究は、重要な研究分野のひとつであり続けるであろう。

I　中央・地方関係へのアプローチ

1　主要概念
(1) 中央と地方

　中央・地方関係の最も基本的で重要な概念は、中央と地方である。中央と地方は、ややもすると、二元論的に論じられがちであるが、実際には、きわめて多義的な概念であるため、研究の目的に応じて、考察対象を定義し峻別しないと、議論に混乱をきたしてしまう。

　とりわけ留意すべきは、中央と地方それぞれの多元性と、地方内部の多層性である。例えば、中央といっても、その内実は決して一枚岩ではなくきわめて多元的である。党中央政治局常務委員会（以下、中央指導部と略称）の認識や方針と、中央政府各部門の認識や利害は、必ずしも一致しているとは限らないばかりでなく、中央指導者間においても認識や利害が完全に一致しているわけではない。それゆえに、中央指導部で決定された方針や政策が、その執行過程において、中央政府各部門により換骨奪胎されてしまうことも起こり得るのである。地方の側にしても同様に、省レベルを例にとれば、党省委書記・副書記等（以下、省指導部と略称）の認識や方針と、省政府各部門の認識や利害、または省指導者間の認識や利害も完全に一致しているわけではないため、政策執行過程においてはさまざまな逸脱現象が起こり得る。

　以上のような中央と地方それぞれの多元性に加えて、地方内部の多層性を

考慮に入れるならば、中央と地方の関係はきわめて多義的であり、中央・地方関係を二元論的に論じることの問題点は明白である。例えば、現代中国の地方の階層は、便宜上、単純化すると、省レベル・地区レベル・県レベル・郷レベルの四層構造になっており、各層においては、先述の省レベルと同様の多元性が存在している。また、中央と地方の関係という場合の地方も、それがどのレベルを対象としているかによって、意味合いは大きく違ってくる。例えば、中央・地方関係という場合、以下のようなケースを想定することができよう。

・中央と省レベルの関係
・中央と地区レベルの関係
・中央と県レベルの関係
・中央と郷レベルの関係
・中央と省・地区レベルの関係
・中央と省・地区・県レベルの関係
・中央と省・地区・県・郷レベルの関係

以上は、ほんの一例にすぎず、ほかにもさまざまなケースを想定し得る。このように多元性と多層性を内包した中央・地方関係はきわめて多義的であるため、考察対象を定義し峻別しなければ議論に混乱をきたすことになり、ひいては有意な知見を得ることもできなくなるのである。

　多元性と多層性以外に、融合と分離という観点からも、中央と地方の関係を捉える必要がある。すなわち、融合とは、中央と地方が、組織、人員、権限等の各側面において、それぞれ程度の違いはあるものの一体化している度合いを指し、一方、分離とは、逆に両者が分化している度合いを測る指標となる。例えば、人員面での融合の例として、党省委書記の多くは、党中央委員や同候補委員を兼任しており、党中央政治局委員を兼任している場合さえある。それゆえ、省指導者は中央の代理人であると同時に地方の代表でもあるといわれてきた。また、党中央政治局常務委員のほとんどは、省指導者としての経歴をもっており、彼らと地方の間に何らかの利害関係が存在し得ることも想定できよう。そのほか、制度面での観点から、財政請負制から分税制への移行は、財政面での分離から融合の動きと捉えることもできる。それ

は、中央の地方に対する財政面での関与を強める制度改変といえる。

(2) 中央集権と地方分権

　中央と地方の関係は、しばしば中央集権と地方分権という観点から論じられる。しかし、中央集権や地方分権という概念は、あくまでも相対的なものである。なぜならば、ごく小規模な都市国家を除き、完全な中央集権国家は永続できず、完全な地方分権の実施は国家の分裂に直結する可能性が高いからである。すなわち、中央集権か地方分権かということは、程度の問題であり、相対的な意味で、中央集権的な国家ないしは地方分権的な国家が存在しているといえよう。

　また、中央集権と地方分権を論じるにあたっては、制度と実態、あるいは政策決定と政策執行の関係に留意することも重要である。なぜならば、現代中国の中央・地方関係は、制度面からは中央集権的な特徴を多くもちながらも、実態面では地方分権的側面がしばしば見受けられるからである。例えば、後述するように、中央指導部において地方分権の方針を打ち出しても、中央政府各部門により有名無実化されてしまうことも繰り返されてきた。その一方で、中央は地方の人事権を掌握していながらも、地方指導者には自律的な傾向が見受けられることもあるばかりでなく、中央が経済の引き締めを行おうとしても、地方保護主義的な動きは存在し続けている。それゆえ、中央が地方分権の方針あるいは中央集権的政策を打ち出そうとも、実態面では、必ずしも地方分権や中央集権が実現しているとは限らないのである。

(3) 単一制と連邦制

　近代国家の中央・地方関係は、一般的に、単一制と連邦制に分類される。単純化すれば、単一制とは、地方の権限は中央から付与されたものであり、連邦制とは、地方の権限は地方固有のものとして憲法で保障されている国家体制を指す。

　連邦制のルーツは米国である。そのためもあってか、連邦制＝米国のイメージが強すぎるため、連邦制を採用している国は地方分権的であるとみなされがちである。しかしながら実際には、必ずしも連邦制＝地方分権的とい

う構図が成り立つわけではない。例えば、ソ連は米国と同様に連邦制を採用していたが、実際には中央集権的な側面が強い国家であったことは周知の事実であろう。

一方、連邦制＝地方分権的というイメージとの対比で、単一制は中央集権的であるというイメージで捉えられがちである。たしかに、縦割り行政や「三割自治」という言葉で中央による統制の強さが象徴される日本は単一制国家であるし、中国共産党による一党支配体制下にある中国も、一般的には単一制国家に分類される。しかしながら、単一制を採用していながら、英国は必ずしも中央集権国家とは捉えられていない。

このような例からも、連邦制＝地方分権的、単一制＝中央集権的という図式は必ずしも成り立たないのである。それゆえ、重要なのは、連邦制＝地方分権的あるいは単一制＝中央集権的というような分類をすることではなく、どの分野の権限を、どの程度、地方はもっているのかを具体的に検証することである。

ところで、中国は"一般的には"単一制に分類されると先述したが、その意味するところは、たしかに、中国本土の大部分には単一制が適用されているものの、香港やマカオには一国二制度が適用されているという側面を捉えると、中国は単一制と連邦制のいわば混合体制ともいい得る。台湾との統一問題も、中国側としては、連邦制の枠組での解決を将来的には模索しているといわれる。

2 アプローチ

(1) 中央集権と地方分権の循環

現代中国の中央・地方関係においては、いわゆる「サイクル論」すなわち中央集権と地方分権の循環が繰り返されてきたと一般的に認識されている。たしかに、表層的理解では、そのように捉えられないこともないかもしれないが、中央と地方という概念を二元論的に捉えることはできないと先述したのと同様に、中央集権と地方分権の関係も、ゼロサム的に捉えることは必ずしもできないのである。

なぜならば、中央集権と地方分権の関係について論じる際には、政策決定

と政策執行の関係、あるいは制度と実態の乖離に注意を払わなければならないからである。例えば、中央指導部において地方分権の方針や政策が打ち出されたとしても、中央政府各部門の利害に抵触する際には、実施過程において換骨奪胎され、地方分権は骨抜きにされるばかりでなく、むしろ地方への引き締めが強められてしまうことさえ起こり得るのである。

そのほか、地方分権を論じる際には、中央と地方の間で権限が委譲されたことと委任されたことを峻別しなければならない。すなわち、中央と地方の間で、どのように権限が付与されたのかという点に留意することが必要なのである。なぜならば、中央と地方の間で権限が「委譲」されたということは、その権限が地方固有のものとして法的に保障されたことを意味するが、その一方で、「委任」された場合というのは、暫時、中央が地方に対して権限の執行権を付与するものの、随時、その権限を中央が回収できるからである。例えば、改革開放期以降、地方分権が行われたとされているが、多くの権限は、あくまでも中央から地方へ委任されただけであるため、中央政府各部門が、しばしば経済の引き締めの名のもとに、地方から権限の回収を行ってきた。すなわち、現代中国においては、地方分権が行われ、"地方が強くなり、中央が弱くなった"と短絡的に判断できないのである。それゆえ、中央集権と地方分権の関係をゼロサム的に認識していては、中央・地方関係の実態を捉えることはできないといえよう。

(2) 政治・行政・財政の峻別

「サイクル論」の陥穽を克服するためには、具体的にどの分野の権限が、どの程度、中央集権化されたのか、あるいは地方分権化されたのかを峻別したうえで、中央・地方関係を考察しなければならない。なぜならば、中央と地方の権限関係は多岐にわたっているため、人事、行政、財政等の権限が、どの程度、どのように中央集権化ないしは地方分権化されたのかを具体的に考察しなければ、議論に混乱を来してしまうからである。

例えば、政治・行政・財政それぞれの権限を、地方はどの程度もっているのかを検証することによって、考察対象とする国家の中央・地方関係のあり方を明らかにすることができる。日本を例にとれば、戦前と戦後を通じて、

縦割り行政や「三割自治」という言葉に象徴される中央集権的特質は一貫している。その一方で、戦前の知事任命制をはじめとする人事面での中央統制は戦後改められ、地方自治体の首長は公選制となった。そのため、戦後の日本は、行政と財政の面では中央集権的側面をもっていながらも、首長公選制等により、政治面での地方自治は一定程度確保されてはいるのである。

現代中国の場合、政治面では中国共産党による上意下達式の統治が行われるとともに、行政面では、後述するように中央による統制は依然として存在している。その一方で、とりわけ改革開放期以降、財政面では地方の自主性が奨励されてきたため、財政連邦主義とも称されるほど、地方分権的ではある。換言すれば、改革開放期以降、行政や財政の分野において地方分権が試みられてきたものの、人事権をはじめとする政治権力の面では、厳然と中央集権的体制が堅持されてきたのである。

(3) 二元指導体制の温存

現代中国の中央・地方関係の最大の特徴のひとつは、二元指導体制であるといえよう。二元指導体制とは、便宜上、単純化すれば、地方政府各部門が、地方政府指導部からの指示・命令に従うとともに、同系統の上級機関からの指示・命令にも従わなければならない体制のことを指す。省レベルを例にとれば、省政府各部門は、省指導部の指示・命令に従うとともに、中央の同系統の上級機関からの指示・命令にも従わなければならないのである。二元指導体制は、いわゆる縦割り行政と類似している側面もあるが、現代中国においては、中国共産党による一党支配体制のもと、各行政機関には党組織が張りめぐらされているため、より強固かつ複雑である。

二元指導体制のもとでの地方分権とは、先述したように、中央から地方への権限の委譲ではなく、あくまでも委任にすぎない。たとえ中央指導部において、地方分権のための方針や政策が打ち出されたとしても、中央政府各部門が恣意的に地方から権限を回収してしまうことが起こりうる。そのため、地方分権が行われたとしても、経済の引き締めが可能なのである。

改革開放期以降、地方分権により中央の影響力が低下し、地方主義が強まったといわれてきた。また、地方分権により地方保護主義が深刻化し、自

律化した地方の台頭により中国は分裂するであろうというような予測もまことしやかに語られていたが、そのような予測は的外れであった。その一方で、近年では、省指導者に対する人事権の発動や分税制の導入等を根拠として、再集権が行われ中央の影響力が強化されたともいわれているが、前者にしろ後者にしろ、このような見方は、まさにサイクル論そのものであるといえよう。

　しかし果たして、改革開放期以降、地方分権化により地方が強くなったが、近年では再集権化により、中央が強化されたと単純にいえるのであろうか。そもそも、中央は省指導者に対する人事権を一貫して保持してきており、分税制も中央のイニシアティブで実現したのであった。すなわち、近年、にわかに中央の影響力が強くなったのではなく、そもそも中央の影響力は強かったのである。

　地方分権により地方が強くなった、あるいは分税制や人事権の発動により中央が強くなったというような現象の後追い的解釈の背景には、サイクル論的発想があり、改革開放期以降も二元指導体制が温存されているという実態が、従来、看過されてきてしまったことの証左でもある。同様に、中央指導部において打ち出された方針や政策と、その執行実態を、峻別しないまま研究が行われてきたことも、中央集権と地方分権のサイクル論的解釈が行われてきた背景にあったといえよう。

II　これまでの研究

　中央・地方関係をめぐる研究については、中央から地方にいたる広大な領域を中国共産党政権はいかに統治しているのか、中央と地方の対立や地方主義の実態はいかなるものであるのかという問題関心、すなわち中央集権的な体制のもとで、地方の自律性はいかなるものであるのかという問題が主な論点であった。以下、これらの問題をめぐって、どのような議論が展開されてきたかを概観したい。

1　毛沢東時代の中央・地方関係をめぐって

　毛沢東時代の中央・地方関係についての先駆的業績は、ドーク・バーネット（A. Doak Barnett）の研究であるといえよう（Barnett, 1967）。バーネットは中央・地方関係の制度的側面だけでなく、中国本土からの難民へのインタビュー調査を通じて、中央と地方の間の政策過程を明らかにしようと試み、そのなかで地方にも一定の自律性があることを指摘した。フランツ・シャーマン（Franz Schurmann）は、ソ連との比較を踏まえつつ、1950年代後半から大躍進運動期にかけて地方分権が実施された過程を分析し、現代中国の中央・地方関係の特質として地方党委員会の役割の大きさを主張した（Schurmann, 1968）。

　以上の研究業績は、現代中国の政治体制全体を論じるなかでの中央・地方関係の特徴を考察するものであったが、その後、中央・地方関係に特化した研究業績も現れた。例えば、エズラ・ヴォーゲル（Ezra F. Vogel）は、文革期までの広東省における政治動態を考察し、中央による地方の統制の実態を描き出した（Vogel, 1969）。それは、特定の地方に関する本格的研究の先駆けとなった。デイヴィッド・グッドマン（David S. G. Goodman）は、四川省と貴州省の比較研究を通じて、地方分権が行われたにもかかわらず地方の自律性は必ずしも高まらなかった実態を明らかにした（Goodman, 1986）。ドロシー・ソリンジャー（Dorothy J. Solinger）は、建国初期に存在した地方行政区画である大行政区についての研究を行い、それは国家統合を進めるうえで重要な役割を果たしたと結論づけた（Solinger, 1977）。ところで、この時期、日本においても注目すべき研究業績が現れた。例えば、中兼和津次はソ連との比較に基づき毛沢東時代の中国を捉える概念として「緩い集権制」を提起した（中兼、1979）。中兼が提起した「緩い集権制」という概念は、中央集権的制度をもつ現代中国における地方の自律性を考察するうえで示唆に富むものといえよう。

　総じて、この時期の研究は全体主義的特徴をもつとされる毛沢東時代の政治体制のもとで地方の自律性はどの程度存在しているのか、地方の動向は中国全体の政治動向にどの程度影響を及ぼしているのかという問題関心に基づいていた。これらの研究業績は、資料的制約が大きい状況下、中央・地方関

係の分析を通じて、現代中国政治を動態的に描き出すことに大いに貢献したといえよう。

2 鄧小平時代の中央・地方関係をめぐって

改革開放期以降は現地調査が可能となったため、インタビュー調査を駆使して政策過程を明らかにする試みが盛んになった。その先駆けとなったのは、デイヴィッド・ランプトン（David M. Lampton）らによる研究といえよう（Lampton, ed., 1987）。ランプトンらの研究は、現代中国政治研究に政治過程論の手法を援用しようとの意図をもっていた。同様の手法で、マイケル・オクセンバーグ（Michel Oksenberg）とケネス・リーバーサル（Kenneth G. Lieberthal）はエネルギー関連部門の事例研究を行い、分散的権威主義体制という概念を提起した（Lieberthal, Oksenberg, 1988）。分散的権威主義体制とは、中国共産党による統治のもとにおいても、各組織による利益表出が行われ、政策は各組織間の複雑な交渉過程を経て実現されるとするものであり、それは毛沢東時代から鄧小平時代にかけての中国の変化を捉える概念として大いに注目された。1992 年出版のランプトンとリーバーサルらによる研究のなかでは、分散的権威主義体制という概念が、中央・地方関係についての研究にも援用された。そのなかでは、地方分権に対して中央政府各部門が抵抗しただけでなく、地方内部でもさまざまな軋轢が生じていた実態が明らかにされた（Lieberthal, Lampton, eds., 1992）。ドロシー・ソリンジャーも同様に、武漢市を事例として、地方分権に対する関係部門からの抵抗の大きさを明らかにした（Solinger, 1993, 1996）。ヴィヴィアンヌ・シュー（Vivienne Shue）は国家権力の地方への浸透を考察するエッセイのなかで、地方の自律性の強さを描き出した（Shue, 1988）。

以上のように、1980 年代から 90 年代にかけては、欧米の研究者による質の高い実証研究が数多く現れ、中央・地方関係の実態解明に大きく貢献した。とりわけ、分散的権威主義体制という概念を提起し、中央も地方も一枚岩ではなく、政策過程はきわめて複雑であるという実態を明らかにしたランプトン、オクセンバーグ、リーバーサルらの貢献は大きい。彼らの貢献により、改革開放期以降の中国においては、共産党の指導者レベルの政策決定だけで

なく、政策執行段階における官僚機構の組織利益が大きな影響力をもっている実態が明らかとなり、中央・地方関係は中央集権か地方分権かというような単純な分析枠組では捉えきれない、複雑なものであることを知らしめた意義は高く評価できる。

3　ポスト鄧小平時代の中央・地方関係をめぐって

　1980年代末以降、ポスト鄧小平時代の国家統合への懸念と関連づけて、地方主義批判が盛んに行われるようになった。王紹光（Shaoguang Wang）と胡鞍鋼（Angang Hu）による『中国国家能力報告』は、その代表例といえよう（王・胡、1993）。王と胡は、国家の能力を分析する指標として中央財政と地方財政の割合を比較し、改革開放期以降の地方分権により地方財政が増大する一方で中央財政が困窮しているとして、このような状況を放置しておいたならばユーゴスラビアのような危機的状況に陥ってしまうと警鐘を鳴らした。一方、呉国光と鄭永年はむしろ地方主義の高まりを肯定的に捉え、それが中国の体制転換につながる可能性を示唆した（呉・鄭、1995）。なお、この時期は、中国と同様に日本でも地方主義の問題が盛んに論じられた。2000年には、日本において中央・地方関係についての研究を先導してきた天児慧のもとで、この分野の包括的な研究書が出版された（天児編、2000）。同書においては、1990年代後半以降、財政面や人事面での再集権により中央は地方に対する主導権を取り戻したとする基本認識が示された。

　一方、欧米における研究に目を転じると、地方主義批判とは一線を画する研究が、1990年代後半以降登場した。例えば、ヤーシャン・ホワン（Yasheng Huang）は、中央による地方幹部に対する統制が維持されていることを根拠として、地方主義の問題が深刻化しようとも、共産党による支配が貫徹されている限り国家統合に問題はないと論じた（Huang, 1996）。リンダ・リー（Linda Chelan Li）は、広東省と上海市についての事例研究のなかで中央と地方の協調的関係を描き出し、それに基づき中央・地方関係をゼロサム的に捉える見方の問題を指摘した（Li, 1998）。

　以上のように、1990年代は、中央・地方関係についての研究の分岐点であったともいえよう。すなわち、前半は地方分権により「地方が強くなり、

中央が弱くなった」とする議論が主流を占めていたが、後半になると一転して、財政面や人事面での再集権によって「中央が強くなり、地方が弱くなった」とする議論がにわかに多くなった。中国における研究に見受けられる地方主義批判には再集権を正当化する意図がうかがわれる一方で、海外での研究の多くはポスト鄧小平時代の混乱や中国分裂の可能性を見据えて議論が展開されていたように思われる。総じて、この時期は、中央・地方関係に対する関心が高まったものの、中国当局の動向に大きく影響された研究が多かったように見受けられる。

4　研究の現段階

　ポスト鄧小平を見据えた「中国分裂論」や「中国崩壊論」が、今世紀に入ってからは退潮していくとともに、中央・地方関係に対して日本や欧米での関心が低下したのに比べて、中国における研究の質と量の充実ぶりが目立つようになった。中国における研究には、依然として制度の解説や地方主義批判的視点に依拠するものが圧倒的に多いものの、学術的に意義のある研究も少なからず見受けられるようになった。例えば、中央・地方関係においては重要な役割を担っているにもかかわらず、これまで必ずしも十分には明らかにされていなかった二元指導体制（周、2009）や垂直管理部門（李、2012）に関する包括的な研究書が刊行され、中央・地方関係についての実態解明に貢献した。そのほか、江沢民政権以降に推進された財政面や人事面での再集権の矛盾点を指摘する研究も現れた（馬、2009；徐・王、2011）。それらの研究によって、江沢民政権以降の再集権は地方指導者による政策の短期化や基層レベルでの財政危機などの問題を深刻化させている実態が明らかになった。

　以上のように、中国における研究の質的向上は著しいものの、依然として課題も多い。とりわけ欠如しているのが、中央・地方関係をめぐる指導者間の政策論争や権力闘争に関する分析である。研究に対する政治的制約ゆえに致し方ないことかもしれないが、このような分析が欠如しているがゆえに、中国における研究は、ややもすると制度論的、形式論的な傾向が強い。中国の研究者には、言語、人脈、資料へのアクセスなどの点で一日の長があるものの、政治研究における重要課題である権力分析が欠如している点は致命的

ともいえよう。そのため、中国における研究の存在感が大きくなってきたとはいえ、政治的制約のない外国人が研究を行う意義は依然として大きいのである。

ところで、近年、従来の中央・地方関係についての見方を根本的に問い直す研究が出現した。例えば、これまでの研究では、改革開放期以降、地方分権が行われ、「地方が強くなり、中央が弱くなった」との認識を前提に議論が展開されてきたが、広東省における地方分権についての実証研究を通じて、このような前提を問い直す必要性を提起する研究が現れた（磯部、2008）。それによって、従来、地方主義の代表格とされてきた広東省を事例として、省指導者の中央への従属性が明らかにされた点は特筆すべきであるが、その一方で、省指導者と中央政府各部門との関係や地方内のさまざまな組織利益と省指導者の関係など、省指導者の影響力を制約する要因の解明は初歩的なものにとどまっている。このように残された課題も多く、従来の研究が自明のものとして前提にしてきた認識を問い直し、新たな中央・地方関係についての見方を構築する営みは、緒についたばかりといえよう。

おわりに

国家統合と経済発展の両立という課題を抱える現代中国の指導者にとって、中央・地方関係は主要な政策課題である。改革開放期以降は、分権化政策により地方経済の活性化が図られたが、その一方で地方主義批判が高まった。その後、中央財政の強化をもくろむ分税制が導入され、中央のマクロコントロールが強化されたといわれ、かつて叫ばれていた「中国分裂論」や「中国崩壊論」は、すっかり下火になってしまった。しかし、財源を上級機関に取り上げられてしまった地方政府は税収不足に陥り、それが土地収用問題や住宅バブルそしてシャドーバンキングなどの問題の原因になっていると指摘されている。

改革開放期以降、地方分権が行われ地方が強くなり中国分裂の可能性が高まった、あるいは近年再集権が行われ中央が再び強くなったというようなサイクル論的発想の背景には、何があるのであろうか。その背景には、第一に、

中央指導部で打ち出された政策や方針と、現実の中央・地方関係を混同してしまう「制度論」、第二に、中央と地方をそれぞれ一枚岩のものとして認識してしまう「中央・地方二元論」、第三に、地方主義の問題の元凶はすべて「地方のエゴ」であるとする「地方悪玉論」があると思われる。

　それでは、以上のような背景をもつサイクル論的発想から脱し、いかにして中央・地方関係を捉えるべきであろうか。そのためには、中央・地方関係をゼロサム的に捉えるのではなく、中央と地方の相互作用に着目したノン・ゼロサム的発想への転換が必要であろう。その際に有効なアプローチが、先述した中央・地方関係の多元性・多層性と二元指導体制への着目、そして政治・行政・財政等の領域別の考察である。

　最後に、地方の自律性と国家統合の関係について簡潔に述べておきたい。広大な中国において地方を完全に統制することは不可能であり、歴代の為政者たちは、地方に一定の自律性を認めたうえで統治を行っていた。そのような現実を踏まえて、毛沢東や鄧小平らは地方分権を模索した。

　歴史上、地方に対する統治は主として、人事と官僚機構を通じて行われてきた。いいかえれば、中央による地方に対するいわば点と線による統治はきわめて発達し巧妙に行われてきた。現在でも、共産党組織は中央から基層レベルまで浸透しており、また、地方の「独立王国化」を防ぐために、地方指導者の人事異動も盛んに行われ、その点では中央による地方に対する統制は徹底しているように見受けられる。

　しかしながら、それらは人事や党組織といういわば点と線による統治にすぎず、実際には、それらの点と線からこぼれ落ちてしまう広大な領域が残されている。このように人事や党組織ではカバーしきれない領域が存在しているばかりでなく、党組織でさえ必ずしも一枚岩ではない。また、中央が地方のすべてを中央集権的に統制することは現実的ではない。そのため、歴代の指導者たちは中央集権的制度を維持しつつも、地方分権の方法を模索し、地方に対して一定の自律性を許容してきたのである。現在においても、このように地方の自律性が許容されているからこそ、中国のような巨大国家が一体性を保ちつつもダイナミックに発展してきたといえよう。

参考文献
【日本語】
天児慧編（2000）『現代中国の政治変動4：政治——中央と地方の構図』東京大学出版会。
磯部靖（2008）『現代中国の中央・地方関係——広東省における地方分権と省指導者』慶應義塾大学出版会。
中兼和津次（1979）「中国——社会主義経済制度の構造と展開」岩田昌征編『経済体制論Ⅳ　現代社会主義』東洋経済新報社。

【中国語】
王紹光・胡鞍鋼（1993）『中国国家能力報告』遼寧人民出版社。
呉国光・鄭永年（1995）『論中央—地方関係：中国制度轉型中的一個軸心問題』牛津大学出版社。
徐現祥・王賢彬（2011）『中国地方官治理的増長績效』科学出版社。
周振超（2009）『当代中国政府"条塊関係"研究』天津人民出版社。
馬斌（2009）『政府間関係：権力配置与地方治理——基於省、市、県政府間関係的研究』浙江大学出版社。
李瑞昌（2012）『政府間網絡治理：垂直管理部門与地方政府間関係研究』復旦大学出版社。

【英　語】
Barnett, A. Doak, with a Contribution by Ezra F. Vogel（1967）*Cadres, Bureaucracy, and Political Power in Communist China*. New York: Columbia University Press.
Goodman, David S. G.（1986）*Centre and Province in the People's Republic of China: Sichuan and Guizhou, 1955–1965*. Cambridge: Cambridge University Press.
Huang, Yasheng（1996）*Inflation and Investment Controls in China: The Political Economy of Central-Local Relations during the Reform Era*. Cambridge: Cambridge University Press.
Lampton, David M.（ed.）（1987）*Policy Implementation in Post-Mao China*. Berkeley: University of California Press.
Li, Linda Chelan（1998）*Centre and Provinces: China 1978–1993: Power as Non-Zero-Sum*. Oxford: Clarendon Press.
Lieberthal, Kenneth G., Michel Oksenberg（1988）*Policy Making in China: Leaders, Structures, and Processes*. Princeton: Princeton University Press.
Lieberthal, Kenneth G., David M. Lampton（eds.）（1992）*Bureaucracy, Politics, and Decision Making in Post-Mao China*. Berkeley: University of California Press.
Schurmann, Franz（1968）*Ideology and Organization in Communist China*, Second Edition. Berkeley: University of California Press.
Shue, Vivienne（1988）*The Reach of the State: Sketches of the Chinese Body Politic*. Stan-

ford: Stanford University Press.

Solinger, Dorothy J.（1977）*Regional Government and Political Integration in Southwest China, 1949-1954: A Case Study*. Berkeley: University of California Press.

―――（1993）*China's Transition from Socialism: Statist Legacies and Market Reforms, 1980-1990*. Armonk, NY: M. E. Sharpe.

―――（1996）"Despite Decentralization: Disadvantages, Dependence and Ongoing Central Power in the Inland—the Case of Wuhan," *The China Quarterly*, no. 145.

Vogel, Ezra F.（1969）*Canton under Communism: Programs and Politics in a Provincial Capital, 1949-1968*. Cambridge, MA: Harvard University Press.

第9章

国民統合

田島英一

はじめに——本章の関心

　本章は、「国民統合」という大きなテーマを掲げている。当然議論を始める前に、関心領域を限定しておかなければならない。なぜなら、およそ近代国家の諸制度、諸政策のうち、国民統合に無関係なものはほとんどないからである。中国を例にとっても、人民代表大会、政治協商会議、党・行政諸部門、基層自治組織から経済政策、国防政策、福祉政策、治安政策、教育政策、宗教政策、民族政策、社会団体管理政策に至るまで、国民統合にかかわりがないものは、ひとつとしてない。

　そこで第一に、本章では、国民統合の言説としての愛国主義ないしナショナリズムと、「分離主義」の言説としてのエスノ・ナショナリズムを扱うことにする。これは、ナショナリズムこそ国民統合にとっての本質であるといった認識に基づいてのことではなく、本書執筆陣の役割分担、内容の重複回避といった配慮に基づくものであることを、おことわりしておく。

　第二に、時代についても限定をしておきたい。中国が近代国民国家を志向するのは清末期からで、以来さまざまな国体、政体が構想され、その神学としての多種多様なナショナリズムも生まれてきた。紙幅の限られた本章において、それらすべての既存研究を俯瞰することは、到底かなわない。また、もとより本書は、現代中国政治研究を主要な関心事としている。ナショナリズムは往々にして「過去」に訴求し、過去に生まれたナショナリズムからも素材を調達する。それは承知の上で、1970年代以前の事象を扱う近現代史

の諸業績については、あえて割愛させていただきたい。

　ナショナリズムについては、次のE・ゲルナー（Ernest Gellner）によるよく知られた定義がある（ゲルナー、2000）。

　　第一義的には、政治的な単位と民族的な単位とが一致しなければならないと主張する一つの政治的原理である。

混乱を避けるために、今後、「政治的な単位」をもちえた「民族的な単位」を国民（nation）と呼び、いまだ「政治的な単位」の獲得に至っていない、歴史文化的（場合によっては、加えて血縁的）アイデンティティを主張する集団を民族集団（ethnic-group）と呼ぶ。また、「民族」の語については、国民と民族集団の総称とする。中国を例にとれば、「中華民族」は本章の表現で「国民」、「漢族」「チベット族」「モンゴル族」「ウイグル族」等は「民族集団」であり、その双方を総称する場合に「民族」とする。

　上記のナショナリズムの定義は、すぐに次の疑問に結びつく。人工的構築物にすぎない政治的な単位（state）については多くの詮索を必要としないにしても、そもそも、いやしくも科学的とされる営みにおいて、民族を客観的実在として語ることが可能なのであろうか。この問いに是と答える立場は、通常「原初主義」（primordialism）に分類される。原初主義的な立場においては、民族は古代から連綿と継承された共同体だとみなされ、その客観的実在性を疑わない。宗族の集合体として国民を構想し、中華民族を「歴史的」「血縁的」「自然」「王道」とした孫文などは、典型的な原初主義者に分類できる。

　だが、今日ナショナリズム研究の「新古典」として知られる著作の多くは、これとは全く異なる立場によっている。彼らは、民族自体が近代に生まれた仮構にすぎず、それ自体が、「ある」のではなく、「あると信じる」「あると信じさせる」営みそのものなのだと考えている。例えばゲルナー（2000）は、近代産業社会の到来でマニュアルへのリテラシーをもつ労働者が必要とされ、国家が公教育制度の整備と「国語」教育の普及をはかった結果、国民意識が形成されていったとした。B・アンダーソン（Benedict Anderson）は、近代の出版資本主義、マスメディア、公務員の「巡礼」[1]等といった諸条件が、あ

る領域に生活する人々を「国民共同体」として想像させるプロセスを分析している（アンダーソン、1997）。「歴史主義者」に数えられ、ゲルナーやアンダーソンを批判したA・D・スミス（Anthony Smith）でさえも、近代民族が過去のエスニックな共同体ないしエトニ（ethnie）の存在なしには生まれないとする一方で、エトニと近代民族の間に客観的アイデンティティが存在するとは、決して考えていない（スミス、1999）。E・J・ホブズボーム（Eric J. Hobsbawm）に至っては、民族を「歴史的に新しく、生起しつつ変化し、今日においてさえ普遍的とは決していえない存在」だとし、「明確な政治的意志を持ったナショナリスト」は民族やナショナリズムの真摯な研究者たりえないとまで断じている（ホブズボーム、2001）。この踏み込んだ表現は、ナショナリズムが「哲学的に貧困で支離滅裂」で、「他のイズム（主義）とは違って、そのホッブスも、トクヴィルも、マルクスもウェーバーも、いかなる大思想家も生み出さなかった」としたアンダーソン（1997）の言葉とも、響き合うだろう。こうした立場は、「近代主義」（modernism）と総称される。近代主義者は、民族を所与の客体であるとは考えない。彼らの研究の主要な関心は、所与の客体である「民族的な単位」がいかに「政治的な単位」を獲得するかではない。むしろ、散沙のごとき群衆の中から「民族的な単位」が意識化されるプロセスと、その後の変容が主な関心事となる。

　1980年代以降のナショナリズムに焦点をあてる本章にとっては、後者、つまり中華民族をめぐる言説の変容が重要になる。「民族的な単位」が意識化されるプロセスについては、近現代史研究に譲るべきテーマである。

I　これまでの研究

1　原初主義的な試み――中国国内の研究から

　中国ナショナリズム研究を俯瞰する時、とまどいを禁じ得ない事実として、次のような現象がある。欧米にせよ日本にせよ、国外の研究者は、ほぼ例外なく近代主義的な立場から中国ナショナリズムを語る。だが、中国国内においては、むしろ原初主義的な立場が主流を占めるのである。学問的価値を考えた時、原初主義的な著作を逐一紹介することには、正直躊躇を覚える。し

かし、これをナショナリストの愚かな妄想として黙殺し、もっぱら国外の研究を紹介すれば、中国人を一方的に観察される客体として扱ったという道徳的な問題が残るように思う。また一方で、原初主義が主流に見えるのは、見かけ上の現象にとどまるのではないかとの疑問もある。中国国内において、中国ナショナリズムの否定ないし脱構築につながるような書籍、論文を発行することは容易ではない。2006年1月11日に『中国青年報』が『氷点週刊』に中山大学袁偉時（Weishi Yuan）教授の『現代化與歴史教科書』を掲載し、結果として中共中央宣伝部から『氷点週刊』の停刊処分を受け、李大同を含む複数の編集者がその編集から外される結果となった事件は、まだ記憶に新しい。袁教授は「愛国主義」を支える歴史観を「オオカミの乳」として退け、理性的市民の育成を訴えたが、かかる主張はいまだ当局のよく受け入れるところではない。結果として、原初主義的な著作ばかりが目立つのではないかとの見方もできる。

そこで、原初主義的な研究については、典型例を一点紹介するにとどめたい。

現在の中国ナショナリズムに理論的基礎を与えているのは、社会学者費孝通（Xiaotong Fei）の「中華民族的多元一体格局」（1988）である。この論文において費は、中華民族を「自覚を伴う民族的実体」であるとし、その形成過程と基本的性格について論述した。彼によれば、中原に存在した「華夏族」を中心に各集団の融合が進み、やがて「漢族」が形成されている。そしてこの「漢族」が核心となり、あたかも傾斜を転がる雪の球のように、新たな融合が始まるのである。「中華民族」はこの「漢族」を核心としつつも、国土の半分以上の地域には各民族集団が集住する地域を残している。これらの地域にも「漢族」は進出しており、時に相互融合を繰り返しつつ、「民族団結」を推進している。ゆえに「中華民族」は、多元的でありながらも一体なのである。統一された国民としての「中華民族」と、さまざまな民族集団からなる多民族国家という現実との間で、うまく辻褄を合わせた、「愛国主義」の神学であるといえよう。歴史を夏殷周三代から語るという姿勢自体、各民族集団が語る歴史とは全く相容れない儒教的正統史観の産物であるともいえるが、ここでは批判を控えたい。

中国で主流を占める（ように見える）研究は、決してこのリニアーな歴史観、民族観に挑戦しない。例えば、孔慶榕（Qingrong Kong）、魯開垠（Kaiyin Lu）の主編による『中華民族精神與当代中華民族凝聚力研究』（2006）は、次のように述べている。「国外、域外の一部の人は、中華民族というこの客観的な民族実体に対して、懐疑的な立場をとっている。［中略］こうした論調の発明者は、少なくとも中華民族史に対して無知なのである。［中略］費孝通先生が中華民族は多元的にして一体の民族実体だと考えるのは、全くもって正しいのである」。そして、中華民族の実体性に懐疑的な人物として、「台湾独立の頭目」李登輝を厳しく批判している。一方で孔らは、中国の「総合国力」向上にとって「民族凝聚」がもつ重要性を強調する。第四章、第五章では「中華民族精神」と「民族凝聚」の関係が語られ、「伝統」から「民族凝聚」に有利な要素を拾い上げ、「精神文明の建設」に生かすことが説かれる。第六章では「民族凝聚」の成功例として、「広東人精神」に基づく経済建設や国外華僑との提携が取り上げられる。そして第七章では、「民族凝聚」の定量的研究のための指針が示されている。費孝通の神学を、中国の統一戦線政策、外交政策、民族政策に沿っていかに実践するかを説いている。

　ここでは、「民族」言説の虚構は問題にされない。中華民族は当然のこととして実体化されており、それを強化し、「国益」追求に資することだけが意図されている。こうした、体制寄りの原初主義に正面から異議を唱えることは難しい。反対者に「無知」「分裂主義者」といったレッテルを押しつける点ですでに共約不能、反証不能であり、K・ポパー風にいえば、そもそも科学者の態度ではない。しかも、上述の『氷点週刊』事件のような、政治的危険がある。批判はせいぜい、例えば中国ナショナリズムに援用される儒教的「正統」「正名」観を脱構築したレイ・チョウ（周蕾 Rey Chow）のように、孔らのいう「域外」からなされるにとどまる（レイ、1998）。あるいは、自由主義的な思想をもつ他領域の研究者から間接的になされることが多い。以下は、中間組織研究者として知られる劉培峰（Peifeng Liu）の指摘である（劉、2007）。「暴れる大衆が出現した原因は、政府が既存の組織間ネットワークを切り裂いてしまったか、市民ネットワークの形成を阻害したことにこそある。組織化、プロセス化された意思表明の道をもたず、社会ネットワークのバラ

ンスと緩衝ももたないから、無秩序な大衆運動が暴民化へと向かう。［中略］歴史の事実がわれわれに告げている。公衆行動の無秩序化や暴民化は、往々にして政治家が糸を引いていたことにも起因している。暴君と暴民は、インタラクティブな関係にある。(53頁)」上からの国民統合を急いだ50年代、中国共産党はかつてJ・J・ルソー（J. J. Rousseau）が『社会契約論』で述べた通り、国家と国民の間の「徒党」（中間組織）を、あるいは整理統合し、あるいは国家による接収を行い、排除していった。その結果が、「暴君」が「暴民」を煽動する反右派闘争であり文化大革命であったと、劉は示唆している。文脈は異なるが、ここでも袁論文同様、性急な国民統合よりも、市民社会の成熟が要請されている。

2 再構築される中国アイデンティティ
——天安門事件と冷戦崩壊後の議論

「歴史の終焉」「文明の衝突」が米国論壇をにぎわせた1990年代、冷戦崩壊とイデオロギーの後退が、新たな中国アイデンティティの構築につながるのではないかとの議論が盛んになった。ここでは、二点の研究例を紹介する。

1993年、雑誌『世界』に村田雄二郎の「中華ナショナリズムの現在」が掲載された。10頁に満たないこの文章は、少なくとも二つの点において重要な意義をもっていた。第一の意義は、その後20年にわたり議論された中国ナショナリズムに関するイシューの大半を、先取りしていたということ。村田は、「愛国主義」という名のナショナリズム宣伝が強化されていることを指摘し、それがポスト「天安門事件」、ポスト「ベルリンの壁崩壊」という時代状況と密接に結びついていると述べた。より具体的には、共産党の権威の弱体化、社会のアノミー化現象、1997年に迫っていた香港復帰と台湾統一問題、80年代に盛んになった全面西欧化称賛の風潮に対する反動といった背景があって、中国共産党はこれまで以上に中華ナショナリズムに依存せざるを得なくなっていると述べている。また、「中華ナショナリズム」の語義矛盾（そもそも「中華」は、国家を指す言葉ではない）や、チベットやモンゴルを支配したことのない秦漢の記憶までたぐりよせて、国家統一を語ることの虚偽性をも指摘している。さらに、今後の経済成長の中で、中華ナショ

ナリズムが地方ナショナリズムや諸民族集団のエスノ・ナショナリズムの挑戦を受けるであろうことも預言されている。「北京の春」から天安門事件へと至る運動が、決して単に普遍主義的な民主化運動ではなく、中華ナショナリズムへの固着を宿していたと指摘している点も、きわめて重要である（村田、1993）。そしてこれらはいずれも、その後の論者たちによって繰り返し論じられるイシューとなっている。

　第二の意義は、中華人民共和国の歴史を「ナショナリズムが社会主義の姿をかりて生き延びてきたプロセス」だと喝破したこと。ソ連にせよ中国にせよ、社会主義を標榜する革命家が公定ナショナリズムを利用するとの指摘は、すでにB・アンダーソンが行っていた。しかし村田は、中国社会主義そのものが近代ナショナリズムの一変種にすぎないとまで考えている。この考え方が正しければ、近代以来の中国に現れては消えたさまざまなイデオロギーも、同じ救国ナショナリズムをいかに仮装するかの手法の差に還元されてしまう。

　その後、台湾海峡危機を経て「中国脅威論」の声が高まる中、シンガポール大学東アジア研究所研究員鄭永年（Yongnian Zheng）の *Discovering Chinese Nationalism in China*（1999）が刊行されている。鄭の問題意識は、誤解とナショナリズムの悪循環にある。彼によれば、西側、特に米国の国際政治学者には、中国ナショナリズムに対する誤解がある。例えば、いわゆるリアリストは、現実を過度に単純化し、地政学と力の関係ばかりを重視する。したがって、90年代の中国ナショナリズムについても、彼らは冷戦終結後にイデオロギーの軛をふりはらって息を吹き返し、「力の空白地」に伸長する危険な兆候であるとみなしやすい。それが、例えばフェアバンク（John K. Fairbank）のいう"middle kingdom syndrome"という伝統の後押しもあって、中国を世界平和にとって危険な新興勢力にしつつあるというのである。一方いわゆるリベラリストは、民主主義国家が戦争を控えると考える一方で、新興権威主義勢力は武力行使を躊躇しない危険な勢力であるとみなす。つまり双方は、異なる理論的前提に基づきつつも、同じ結論に至っているというのである。そして、それが誤解であり、またそうした誤解が中国ナショナリズムのさらなる高揚を生むという悪循環に陥っていると、指摘している。

　鄭は、こうした誤解が次のような研究上の欠陥から生まれるとしている。

(1) 変容しつつある中国ナショナリズムやアイデンティティの諸相の軽視、(2) 国家がもつ中国ナショナリズムやアイデンティティの再構築機能への軽視、(3) 多様化しつつある中国の新たなナショナリズムと外交政策決定への影響に関する検討不足。以上をふまえ、鄭は改革開放以来の中国ナショナリズムを振り返る。経済市場化は権力の脱中心化であり、地方ナショナリズムやエスノ・ナショナリズムの勃興につながる。また、当然地域間の経済格差拡大につながり、中国共産党にとって求心力の回復が90年代の課題となる。これを背景として、新たな権威主義を求める保守勢力の声が顕著となる。彼らは権威主義がより効率的な成長を約束すると信じる一方で、西洋の諸価値、諸制度が中国に混乱をもたらしていると考える。まさにこの時期、S・ハンチントン（Samuel Huntington）が世界の紛争を「文明の衝突」として説明しているが、保守傾向を強めていた中国知識人たちもまた、これに応える形で、自らの優位を文明の優位として説明しはじめる。一神教や社会進化論を基礎にした西洋文明よりも、儒教を基礎にした中華文明がより寛容で平和的だとの主張を行ったのである。西洋から中国へと注がれた視線への反作用として顕在化した新しいナショナリズムは、「富強」を追い求める便宜にすぎない公定ナショナリズム（愛国主義）と、反西洋的な大衆ナショナリズムに分岐してゆく。体制は時に大衆ナショナリズムを自身の合法性強化に利用しようとするが、公定ナショナリズムの現実路線とは相容れない大衆ナショナリズムによって、外交政策のオプションを縛られてしまうこともある。そして西側、特に米国の対中政策が、こうした中国のジレンマを深刻化させていると見るのである。

　村田も鄭も、単純な政府主導による中国アイデンティティの再構築を想定していない。中国ナショナリズムはそれ自体多元的であり、しかも対内対外の緊張関係に依存しつつ、絶えず変容するものとして認識されている。

3　大衆ナショナリズムの顕在化
——コソボ紛争と海南島事件後の議論

　1999年、NATO軍は「アライド・フォース作戦」によってコソボ紛争に介入、その過程でベオグラードの中国大使館が「誤爆」を受け中国人ジャー

ナリスト3名が犠牲になるという悲劇が起きた。故意の攻撃であることを確信する中国群衆は、中国各地で抗議デモを決行、米国大使館、総領事館がデモ隊の暴力的示威行為にさらされる事態となった(なおこの時、総領事館の存在しない都市では米国系ファーストフード店等が襲われ、いわば今日の「反日デモ」で繰り返される暴力行為のひな形ができあがった)。また、その2年後には、いわゆる「海南島事件」が発生する。海南島東南の公海上を偵察飛行していた米海軍 EP-3E 機とスクランブル発進を行った中国海軍戦闘機が空中接触事故を起こし、中国機は墜落(行方不明となったパイロットについては、後日死亡と発表)、海南島に不時着した米軍機は中国側に接収され、搭乗員が拘束される事態へと発展した。江沢民国家主席とクリントン大統領の相互訪問によって好転しつつあるかに見えた米中関係は、この世紀をまたぐ諸事件によって、再度緊張関係に陥るのである。

　高揚する反米感情を受け、21世紀に入り、外交政策への影響を念頭においた中国ナショナリズム研究が、続々と発表された。そのうち、ここでは3点を紹介する。

　2004年、デンバー大学大学院准教授趙穂生(Suisheng Zhao)は、*A Nation-State by Construction* (2004)を発表している。彼は昨今の中国に芽生えた排外主義的情緒の存在は認めつつも、多様化する中国ナショナリズムを冷静に分析している。趙穂生によれば、中国にはエスノ・ナショナリズム(ethnic nationalism)、リベラル・ナショナリズム(liberal nationalism)、国家ナショナリズム(state nationalism)という大きな三つの流れがある。いわゆる民主化運動を「リベラル・ナショナリズム」としてとらえている点は、村田の議論に通じる。趙によれば、当初リベラル・ナショナリズムに寛容な態度をとっていた鄧小平がその抑制に傾くと、リベラル・ナショナリストは「反伝統」を隠れ蓑に自らの主張を展開する。こうして80年代後半に「文化熱」「新学熱」と呼ばれるブームが知識人の間に生まれ、ドキュメンタリー『河殤』(1988)が制作された。しかし、天安門事件以降、「反伝統」は後退を余儀なくされ、逆に「伝統」の再評価が進んでゆく。鄭同様、趙はその背景にハンチントンの「文明の衝突」論があると見ている。海峡危機から海南島事件へと至る米国との緊張関係の中で、西洋への対抗的象徴として「伝統」が動員

され、「国学熱」が「新学熱」にとって代わる。リベラル・ナショナリストたちはそうした逆風の中で、西洋に対する幻想は捨てつつも、理性的な国家意識や市民による全面的な政治参与が愛国の前提であるとの主張を続けている。

エスノ・ナショナリズムは、中央政府による諸民族集団への優遇政策にもかかわらず、80年代以降、その文化的アイデンティティを求めつつ顕著になってゆく。優遇政策は結果として漢族の諸民族集団居住地域への進出を促し、かえって諸民族集団の周縁化を招いた。90年代以降、中央政府は民間に依存した諸民族集団居住地域の経済振興を志向するようになり、いわゆる「西部大開発」の方針が打ち出される。しかし、経済市場化の進展は貧富の格差拡大につながり、エスノ・ナショナリズムの抑制にはつながっていない。

ポスト毛沢東時代の中国共産党のリーダーたちは、こうした状況に対して、常に実践的な国家ナショナリズムを掲げて対処してきた。リベラル・ナショナリズムに対しては経済成長の優先こそ国益につながることを主張し、エスノ・ナショナリズムに対しては「愛国主義」こそ正しいアイデンティティのよすがであることを強調した。1992年の南巡講話以降は「愛国主義教育」としてこうした国家ナショナリズムの国民に対する浸透がはかられ、再評価された儒教からも「徳目」が教育資源として調達されている。こうした国家ナショナリズムが現在は主流であるが、その指導者たちは現実主義者であり、その主張は一見強硬に見えるが、本質において防御的である。この、中国ナショナリズムの現実主義と防御性を強調している点も、上述の鄭の分析に通じる。

P・H・グリーズ（P. H. Gries）は、やはり中国脅威論に否定的ではあるが、2004年に刊行された *China's New Nationalism* において、鄭や趙とは異なる視座から中国ナショナリズムの分析を試みている（Gries, 2004）。グリーズは「社会心理学的アプローチ」を採用し、その分析においては「面子（face）」がキー概念になっている。彼は、ベオグラード「誤爆」事件後、米国の学界やメディアで主流となりつつある、「中国共産党がナショナリズムを自らの合法性のために利用している」との見解を、一面的な見方だとして批判している。その原因は、中国ナショナリズムが歴史や他国との関係性とは切り離

された形で語られやすい傾向にあると見ている。筆者によれば、今日の中国ナショナリズムにおいては伝統的礼教秩序における優越性がその自尊心の根拠となっており、「面子」という概念が重要な意味をもっている。「面子」は、中国固有の概念ではないが、「面子」をめぐる「ゲームの規則」が西洋とは異なっている。中国人は「面子」を守るために他者との関係を断絶することがあるが、逆に「面子」のために社交的にふるまうこともある。「面子」を守るために一種の屁理屈をこねる場合もあり、それはかつて魯迅によって「阿Q精神」と呼ばれた、等々。つまり、グリーズの視座はおおむね文化論的であり、いささか本質主義のきらいもある。むろんそこには、文化コードの違いから米中間に生まれる誤解を回避したいとの、真摯な動機がある。

　以上の視座から、グリーズはさまざまな事例を分析する。例えば、中国は今、「教師と生徒」の関係を逆転させ、対「西方」オリエンタリズムによって自らの優位を主張し、「教師」としての地位を確保しようとしている。それまで「教師」としてふるまってきた西洋や日本を、「生徒」の位置に貶めようとする。ナショナリズムはそうした試みの中で育まれており、したがって中国アイデンティティは西洋や日本との関係性に依存しつつ変容することになる。また、1997年の香港返還を契機に、「150年の屈辱」のナラティブが勝利のナラティブへと読みかえられており、日清戦争は李鴻章個人の失敗として説明され、満州事変以来の日本による侵略は国民党の責任に帰せられ、朝鮮戦争、国連への復帰等は、対米勝利の物語として再編される。こうした「勝利」は、「面子」の立場からは他者の承認がなければ意味がない。したがって中国は、常に西洋や日本に対して、承認を求めている。また、その「勝利」に対して払われた犠牲についても海外からの承認を求めており、その意味では米国華人I・チャン（Iris Chang）が執筆した『レイプ・オブ・ナンキン（*The Rape of Nanking*）』（原著刊行1997）は重要な意味をもっていた。一方、海外からの承認の欠如という意味で、ノーベル賞受賞者の不在という事態は、中国人に強い失望を与えている（この本の執筆時、まだ莫言はノーベル文学賞を受賞していない）。こうした諸事例は、すべて「面子」という概念から説明される。また、ベオグラード事件や海南島事件については、東洋と西洋とで「責任」概念が異なるとの説明もしている。

グリーズに特徴的なのは、その文化論的視座によって、中国ナショナリズムを大衆のものにしているという点である。鄭にせよ趙にせよ、中国ナショナリズムをめぐるナラティブは、党、政府の政策と知識人の言論をつなぐ形で紡がれている。大衆ナショナリズムへの言及はあるものの、具体的な分析は乏しい。その点グリーズはそもそもナショナリズムを土着文化に基礎づけており、この視座の中では、党と政府はナショナリズムの主宰者ではなく、むしろ大衆に代わって、専ら「面子」を守る役に徹することになる。その役に徹しきれない場合、党と政府の外交政策は大衆からの支持を失うことになる。事実グリーズは、中国共産党がナショナリズムをコントロールできなくなりつつあると述べている。この立場からは、ナショナリズムの責任を中国共産党に帰する「西側にありがちな分析」は、退けられることになる。
　Ｃ・Ｒ・ヒューズ（C. R. Hughes）も、中国ナショナリズムを単なる党の政策の結果だとは見ていない。ヒューズは、鄧小平流のナショナリズムと大衆ナショナリズムの齟齬に注目している（Hughes, 2006）。
　ヒューズによれば、鄧小平は経済の市場化改革にあたって、中国の「富強」、さらにはその結果としての覇権主義への対抗や国家の統一達成を目的として掲げた。つまり、ここにおいて、経済改革とナショナリズムは一致していたのである。言い方を換えれば、経済改革の成否が外交の成否によってはかられることになり、改革を進める政権の合法性が外交成果に依存するという論理にもつながる。そしてこの論理には、最初から矛盾も内包されていた。鄧小平は経済成長を優先する現実的なナショナリズムを掲げているが、国家統一を追求するにあたっては、volkisch（土着民族的）な民族概念が喚起されるからである。ここでヒューズがvolkischというドイツ語を使っているのは、当然Ｊ・フィヒテに代表される、ドイツ民族の原初的純粋性に回帰せんとしたナショナリズムを意識してのことであろう。しかしこうしたナショナリズムにおいては、国籍や市民権を基礎とした国民（Ｈ・コーンのいう西型 nation）とは異なる、文化や血統を基礎とした国民が生まれる。グローバル化の時代、経済成長を最優先とする時、外交政策は穏健かつ協調的なものにならざるをえない。しかし、volkischな感情は、例えば1998年のジャカルタ暴動で同じvolkに属する「海外同胞」が迫害を受けたのを契機に高揚し、インター

ネットを通じて「弱腰」な党と政府への批判につながる。本来現実的な国家の論理に基づく外交が、volkischな民族の論理によって縛られるのである。

また、volkischな呼びかけは、中国アイデンティティが希薄な李登輝以降の台湾指導者に対しては無効であった。この失敗は政権にとって合法性の危機となり、政権は「武力解放」のオプションを放棄できず、現実的な「和平崛起」の方針を貫徹できない。

この矛盾がやっかいな形で現れるのが、日中関係である。volkischな民族を基礎とする大衆ナショナリズムからの圧力で、中国指導部は現実的な対日外交に徹することができない。馬立誠や時殷弘といったエリートからは現実路線を求めるアピールがなされているが、大衆ナショナリズムの怒声にかき消されてしまう。こうしたナショナリズムは、まさにvolkischな広がりを見せ、例えば香港の民主活動家が「保釣運動」（尖閣諸島奪還運動）に身を投じるといった事態まで生じている。

このような状況下で、経済建設と外交的勝利を一致させる鄧小平流のリアリズムは、ますますその難度を増している。経済の相互依存と国際分業体制が地域の安定をもたらすといったリベラルな仮説は、東アジア地域には到底あてはまらない。ヒューズはこうした現状の根本原因が、結局は中国共産党が一党支配の合法性をナショナリズムに求めざるを得ないという、合法性における脆弱さにあるとしている。

以上3点の研究は、stateの理が生むナショナリズムとnationの情が生むナショナリズムの乖離を問題視している点において、共通している。プロセス民主主義不在のなか、後者のナショナリズムが制度外で外交政策を左右するという、ゆがんだ民意の表出が大衆ナショナリズムであった。

4　少数民族問題
——諸民族集団のエスノ・ナショナリズムと民族政策

80年代以降、エスノ・ナショナリズムが刺激され、チベットや新疆で紛争が起きている。ゲルナーのように産業化という「下部構造」からナショナリズムを構想する論者は、民族集団の独立は産業化初期の不平等を基礎とし、利用可能な文化を契機に進展すると考える。他方、W・コナー（W. Connor）

のように、ケベック州やメーン州の事例を用いて経済を基礎としたエスノ・ナショナリズム観を否定し、情念を重視する論者もいる（Connor, 1994）。中国のエスノ・ナショナリズムについてもさまざまな立場、視座からの分析がなされている。以下に、いくつかの研究例を紹介する。

　反右派闘争から文化大革命の時代、中国共産党では「民族問題は階級問題である」という下部構造還元論が主流であったが、民族問題を経済に還元して考える論調は今でも少なくない。特に中国国内では、いまだそれが主流であるように見える。例えば、王希恩（Xi'en Wang）は、「少数民族および民族地区がより速い発展を切実に求めていることと、自身の発展能力不足との間にある矛盾、これが現在の中国、および社会主義初級段階における中国民族問題全体の、主要矛盾なのである。［中略］大半の民族問題の解決も、この矛盾の解決にかかっている」（王希恩、2002：10－14）。つまり、一部外国勢力による煽動といった従属変数はあるにしても、民族問題は基本的に経済発展の問題だととらえている。

　中国ほどではないが、経済還元論的な立場をとる研究は、日本にもある。例えば、大西広ほか（2012）は、マクロなデータを中国側統計に依存しつつも民族地区に対するフィールドワークによる聞き取り調査をおりまぜ、繰り返し「民族問題は経済問題である」との立場を表明し、諸民族集団内における起業家育成の重要性を指摘している。

　王柯（Ke Wang）も、条件づきながら開発を肯定する。彼によれば、改革開放後チベットや新疆に対して積極的に行われた中央からの財政支援は、被支援地域の民族集団から（かつての失政に対する）「償い」「贖罪」であると受け止められ、かえって反抗心を煽る結果に終わってしまった。その反省から、中央政府は手法を財政支援から「西部開発」にシフトする。王はゲルナーを引用しつつ、開発は万能ではないが、ナショナリズムを緩和する作用はあるので、このまま続行せざるをえないと述べている（王柯、2006）。

　中国による民族地区の経済開発に注目しつつも、その効果を疑問視しているのが加々美光行である。加々美は、大躍進失敗の根本原因について次のように述べる。「漢民族内部においてまず地域差・個人差を無視した生活・生産の様式の画一化（均質化）をもたらし、しかる後、その画一化された生活・

生産様式を少数派諸民族に押し広げるという方向を目指すものだった」（加々美、1992：188）。しかしそれは、大躍進にとどまるものではない。「先進／落後」という二項対立を基礎とした進歩史観が、諸民族集団固有の歴史や個性への軽視につながっているというのである。「結局、文革派の国家論も欧米中心の近代化論も、世界をひとつの均質な空間に変えることをもって進歩と考える歴史発展観を抜きがたく持っているといえるのである」（加々美、2008a：185-186）。おそらく加々美は、近代リベラリズムとリアリズムに共通する、「価値中立的」であるがゆえに金銭的価値のみを動機として行動する画一的存在としての人間像、つまりホモ・エコノミクスを想定していない。ゆえに、経済開発が紛争を生むという、王や大西とは正反対に近い結論を導き出しているのである。

　こうした、開発の背景にある楽天的な進歩・発展史観に加え、加々美は紛争についてもうひとつの背景を指摘している。加々美によれば、中国ナショナリズムは「普遍＝特殊融合型ナショナリズム」に属する。梁啓超や孫文以来の「中国＝天下＝世界」という礼教的、普遍主義的世界観と国家主義的傾向との混在が、中国ナショナリズムを特徴づけている。一方ウイグル族にせよチベット族にせよ、イスラム教や仏教といった普遍主義の宗教に基づく世界観を有しており、歴史的に「華化」を受け入れたことはあっても「漢化」したことはない。ゆえに彼らは、近代以降の中国が「普遍＝特殊融合型ナショナリズム」を育む中で、反作用的に自らの「普遍＝特殊融合型ナショナリズム」を育むことになる。加々美は、中国の民族紛争がこうしたナショナリズム同士の衝突であるとも考えている。

　一方、毛里和子（1998）は、政治制度とその前提となる認識に焦点を当てる。毛里は、特に費孝通の民族観を問題視している。費の民族観は、雲南や貴州のフィールドワークを通じて育まれている。同地域に居住する民族集団には、固有の文字や国家を形成した歴史がない。そこで得た認識が、固有の文字や中華帝国との攻防を繰り返した歴史をもったことのある民族にまで適用され、結果として55の民族集団が一括りにされてしまっている点が問題であるとする（なお、両者の違いを加々美の用語で表現すると、前者が「漢化したが漢人化していない民族」、後者が「華化したが漢化していない民族」となる）。

毛里（2001）は、武者小路公秀の用語を借りて、後者を「国家形成エスニー」と呼んでいる。

　民族識別工作で、中間レベルの「民族」として上からのステータスを与えられた人々、もとより固有の文字や歴史認識を有するチベット族やウイグル族、逆に長年政体上の分離を経験したことで独自のアイデンティティを育みつつある台湾人、それらをすべて包括する形で、やはり上からかぶせられた概念が「中華民族」である。そしてこの「中華民族」は、五千年来の文化的アイデンティティによって凝聚力が担保されている。こうした概念構造自体に、無理がある。

　そこで毛里は、徐賁の「憲法愛国主義」の議論をふまえ、大きく三つの提案をしている。第一は、重層構造をもった領域統合のメカニズムを作り出すこと。第二は、政治参加を通じたアイデンティティの再構築。第三は、社会の自律性回復である。これらは、いずれも中国共産党にとってきわめて困難な政治改革なしには実現しないであろうし、つまるところ問題は、ヒューズのいう「合法性の脆弱さ」に行きつくようにも見える（Hughes, 2006）。

　以上のように、いわゆる「民族問題」については、経済問題に還元する論者、世界観や歴史観の問題として考える論者、政治制度の問題として考える論者など、さまざまな立場があり、当然のことながら、その違いに応じた解決が模索されることになる。

おわりに

　以上、駆け足で諸研究を紹介してきたが、最後に今後の課題として、いくつかささやかな問題提起をしておきたい。第一は、外からナショナリズムを語ることの限界である。多くの場合、分析は知識人の発言や著作、国家の諸政策を根拠に行われているが、はたしてそれがナショナリズムの「現場」なのかといえば、疑問が残る。紹介した中でもすでに複数の研究者が指摘しているように、現在の中国では国家主体の「愛国主義」とは明らかに異なるナショナリズムが草の根レベルで育まれており、それが政策を左右するまでに影響力を増している。だが、そうした大衆ナショナリズムの「現場」がどこ

にあり、何が一次資料なのか、見極めが難しい。よく指摘されるのが大衆ナショナリズムとインターネットの関連性であるが、ネット空間の発話は、いつ誰がどの程度の信念に基づいて行ったものかが不明であり、一次資料として扱うには不確定要素が多い。筆者はかつて、中国インターネット人口の構成が変容する時期と、ネット言論が過激化する時期が一致しているとの指摘を行ったことがあるが、これも間接的に因果関係を示唆したにすぎない（田島、2005）。そういう意味では、近年中国で出版された王軍（Jun Wang）(2011)などは、インターネット言論の分析と、青年層への聞き取り調査、アンケート調査を同時並行で行い、ネット言論が政策に与える影響を考察しており、興味深い。ネット言論の発信者と調査対象になっている青年たちが一致しているとは限らないし、政策との因果関係を明らかにする方法も示されていないという欠点はあるが、新しい試みとして歓迎できる。

　第二は、アクター設定の難しさである。例えば、チベット問題が語られる時、えてして「ダラムサラ亡命政府　対　北京政府」という構図になりやすい。いうまでもないが、ダライ・ラマは民主選挙で選出されたチベット族の代表ではない。数あるチベット仏教諸宗派の中でもゲルー派に属する活仏であり、部族的にはアムド人に属する。だが、いわゆる「チベット仏教」にはニンマ派、カギュー派、サキャ派などさまざまな宗派があり、またいわゆる「チベット族」と呼ばれる人々にもカンパ人、ウ・ツァン人など、時に意思疎通が成り立たないほど懸隔のある方言を使用する、諸部族が存在する。商人もいれば遊牧民もいて、彼らが同じ利害や同じ理想で、一体となって動いているとは思えない。同じことは、中国ナショナリズム分析においてもいえるだろう。例えば、「中国共産党の掲げる愛国主義」といった表現をしばしば目にするが、共産党内部がいわゆる現実路線の愛国主義で一致しているかどうかは疑問である。昨今の「反日デモ」には必ずといっていいほど毛沢東のプラカードを掲げた集団が現れるが、同様の集団は薄熙来の裁判にも押しかける。大衆ナショナリズムの背後に、党中央主流派とは考えを異にする集団が参与しているのではないかとの疑念も禁じ得ない。

　そして第三は、われわれ日本人が中国ナショナリズムを語ることの難しさである。いうまでもなく、中国ナショナリズムは諸外国との関係性に依存し

つつ変容するのであり、なかでも日本の動向が中国ナショナリズムに与える影響は大きい。研究者は、歴史や文脈を超越した神のごとき存在ではない。便宜的に「研究対象」とはいいつつも、それを一方的な観察対象に貶める権利はもっていないし、そもそも自らが（そして研究者としての自らの語りが）日本国籍を有する研究者として、中国ナショナリズムの文脈に埋め込まれていることを忘れるべきではないであろう。中国ナショナリズムのナラティブは、日本人にとって常に再帰的である。加々美（2008b）は、日本の中国研究におけるオリエンタリズムを分析した上で、「コ・ビヘイビオリズム」に基づく「中国学」を提唱している。「コ・ビヘイビオリズム」においては、研究「対象」としての諸アクターと研究者が、共に目的意志的な態度をもっていること、その間に「共同主観的存在構造」とでも呼ぶべき相互連動性が存在することを強く意識しつつ、そこに混入するオリエンタリズムの認識構造、存在構造を明らかにすることが求められる。中国ナショナリズム研究は、こうした姿勢が特に強く要請される分野であろう。

1) 公務員が初任地から、転勤を重ね、退任の地に至るまでの道程を指す。

参考文献
【日本語】
加々美光行（1992）『知られざる祈り——中国の民族問題』新評論。
─────（2008a）『中国の民族問題——危機の本質』岩波書店。
─────（2008b）「現代中国学の新たなパラダイム——コ・ビヘイビオリズムの提唱」加々美光行編『中国の新たな発見』日本評論社、2-38頁。
毛里和子（1998）『周縁からの中国——民族問題と国家』東京大学出版会。
─────（2001）「中華世界のアイデンティティの変容と再鋳造」毛里和子編『現代中国の構造変動 7　中華世界——アイデンティティの再編』東京大学出版会、13-50頁。
村田雄二郎（1993）「中華ナショナリズムの現在」『世界』1993年11月号、岩波書店、127-135頁。
王柯（2006）『20世紀中国の国家建設と「民族」』東京大学出版会。
大西広編著（2012）『中国の少数民族問題と経済格差』京都大学学術出版会。
田島英一（2005）「「愛国主義」時代の日中関係——「中国」という文脈における歴史認識とアイデンティティ」『国際問題』2005年12月号、日本国際問題研究所、46-61頁。
アンダーソン，ベネディクト（1997）『増補　想像の共同体——ナショナリズムの起源

と流行』（白石さや・白石隆訳）NTT出版．
ゲルナー，アーネスト（2000）『民族とナショナリズム』（加藤節監訳）岩波書店．
スミス，アントニー・D（1999）『ネイションとエスニシティ——歴史社会学的考察』（巣山靖司・高城和義他訳）名古屋大学出版会．
チョウ，レイ（1998）『ディアスポラの知識人』（本橋哲也訳）青土社．
ホブズボーム，E・J（2001）『ナショナリズムの歴史と現在』（浜林正夫・嶋田耕也・庄司信訳）大月書店．

【中国語】
費孝通（1999）『費孝通文集　第十一巻』群言出版社．
孔慶榕・魯開垠主編（2006）『中華民族精神與当代中華民族凝聚力研究』中国社会科学出版社．
劉培峰（2007）『結社自由及其制限』社会科学文献出版社．
王軍（2011）『網絡民族主義與中国外交』中国社会科学出版社．
王希恩主編（2002）『当代中国民族問題解析』民族出版社．

【英　語】
Connor, Walker（1994）*Ethnonationalism: The Quest for Understanding*. Princeton: Princeton University Press.
Gries, Peter Hays（2004）*China's New Nationalism: Pride, Politics, and Diplomacy*. Berkeley / Los Angels / London: University of California Press.
Hughes, Christopher R.（2006）*Chinese Nationalism in the Global Era*. London and New York: Routledge.
Zhao, Suisheng（2004）*A Nation-State by Construction: Dynamics of Modern Chinese Nationalism*. Stanford: Stanford University Press.
Zheng, Yongnian（1999）*Discovering Chinese Nationalism in China: Modernization, Identity, and International Relations*. Cambridge: Cambridge University Press.

第10章
社会の統制

金野　純

はじめに──社会統制へのアプローチ

　社会統制（Social Control）とは、個人や集団の振る舞いを統制する社会過程を指す用語である。したがって社会統制を扱う研究は、以下のような問いかけを含むものになる。それは、誰が統制しているのか、どのような統制技術が用いられているのか、社会統制の過程に対して個人やグループはどのくらい抵抗できるのか、そもそも誰の利益において統制が行われているのか、といった問いである[1]。それでは社会統制のメカニズムを、われわれはどのような枠組のなかで観察することができるのだろうか。広範な研究領域を包摂する社会統制論においては、少なくとも以下のような二つの区別を設定する必要がある（Scott and Marshall eds., 2009：699）。

　Ⅰ　ハードな技術：直接的な身体的拘束もふくむ抑圧的・強制的統制形態
　　　　　　　　　（警察や軍隊のような組織を利用した統制）
　Ⅱ　ソフトな技術：思想、価値、そして意識の形成を通して作用するイデオロギー的統制形態（主としてマスメディアを利用した情報統制）

　近年の中国の社会統制について考える際、まずⅠの領域に関して目を引くのが、中国人民武装警察部隊のような治安維持組織の役割の増大である。たとえば全国人民代表大会は、2011年3月に政治社会の安定を維持する目的として6,244億元（およそ950億ドル）の予算を承認したが、これは2010年度の予算から13.8パーセントの増額であり、中国人民解放軍の支出をも上

回った。実際には、この予算は公共衛生のような分野もカバーする広範囲なもので、ただちに治安維持費の増大を意味しないが、背景のひとつに、経済発展の進展に伴って起きている社会の動揺——増加する犯罪、大量の農民の移住、都市の失業者の増加、高まる少数民族の不満等が横たわっていることが指摘されている（Guo, 2012）。

次にⅡの領域に関して注目されるのが、インターネットも含めたマスメディアの急速な商業化の進展である。中国では1979年から新聞、雑誌、テレビ、ラジオの分野で市場化が拡大し、発行物や番組が急増した。1994年までインターネットへの（電子メール接続等に限定されない）フル機能（full-function）での接続はできなかったが、それでもCNNIC（中国互聯網絡信息中心）の統計報告（2014年7月）によると、ネット利用者は2014年6月末時点で6億3,000万人を超えるまでに急増している。インターネットは中国において巨大メディアへと成長を遂げたのである。このように商業化されたメディアは、潜在的には政権への不満の表出機能を備えているため、メディア統制もまた中国の社会統制戦略において重要な位置を占めている。

中国の社会統制について説明する本章では、以下、①警察権力等を通じた抑圧的統制と②メディア等を通じた（イデオロギー戦略も含む）情報的統制の双方の研究成果を包括的に概観しながら、現代中国の社会統制について考えてみたい。

Ⅰ　これまでの研究①——抑圧的統制

社会統制を構成するメカニズムのなかで、犯罪のような逸脱行為の抑制と管理は最も重要な戦略のひとつである。すべての国家は、逸脱を法的に定義し、逸脱者に対して物理的な強制力を行使する権限を独占している。これは中国に限られたことではない。逸脱行為の抑制は社会統制の強化につながるため、国家は社会の変化に対応しながらより効率的な逸脱行為の管理システム構築を模索することになる。

1 毛沢東時代の社会統制論
——中国社会主義モデルからのアプローチ

　研究者による現地調査が困難だった毛沢東時代の社会統制を研究する際には、基本的に、新聞、公式・非公式の資料集、档案（公文書）のような文書資料に基づく歴史的な実証研究の手続きを経て、最終的に類型化や理論化を試みるのが一般的な研究のアプローチであった。以下、毛沢東時代の社会統制に関して具体的にいくつかの研究を概観してみよう。

　毛沢東時代の中国（1949～76年）は——大衆動員期の混乱は別として——社会統制という側面から照射すれば比較的秩序が維持された社会として把握されることが多い。政治学者のタウンゼント（James R. Townsend）は、これに対するひとつの説明として「政府がその方針に違反する機会と誘惑を減らすことに成功したということである。平等主義と厳格さをそなえた中国社会主義が、ここでの要因である」と指摘している（タウンゼント、1980：352）。

　中国社会主義モデルから当時の社会統制を分析する際、所得格差や経済的不公平への認識の低さ、小火器保持への厳しい規制、配給制、市場活動の統制、居住や移動の厳密な管理等のような、タウンゼントが指摘する中国社会主義の諸特徴が、治安維持に重要な役割を果たしたというのは一般的に受け入れられている見解であろう。タウンゼントが特に重視しているのは、「中国の社会的組織の形」が、個人の逸脱行為に対して大きな抑止力を発揮した点である。毛沢東時代の末端社会では、住民それぞれが非常に小さな集団で組織されており、「それぞれが必ず個々の人々の活動と問題を知っている内在的指導構造をそなえている。これらの単位の多くが労働集団であり、また居住集団でもあるという事実が、構成員が相互についてもつ知識の完全性をさらにつよめる」（同上：353）のである。タウンゼントの指摘は、毛沢東時代の統制が単純に暴力的取締りに頼るものではなく、社会的組織を経由した相互監視のメカニズムを形成していたことを提示している。

　中国とソ連の比較政治的視点から、毛沢東時代の統制戦略をより複合的・過程的に検証したのがシャーマン（Franz Schurmann）の研究である。まずシャーマンは、統制の内実を政治的統制と経済的統制の二つの類型に分ける。政治的統制は、個人に対して「正しく」振る舞うように要求し、「正しくな

い」行いには罰を与える。経済的統制は、国家によって課された基準に対する個人の実質的成果をチェックする。シャーマンはさらに、統制の組織的形態を外部統制（external control）と内部統制（internal control）に類型化する。統制対象と組織的に分立した外部機関が統制を行うのが外部統制であり、統制対象の内部組織が統制を行うのが内部統制である（Schurmann, 1971）。

　このようなシャーマンの分析枠組の重要性は、大きく二つの点に要約できる。ひとつは、類型化によってソ連のような他の国家との比較が可能になること。もうひとつは、類型の転換を分析することで——中国社会主義モデルにありがちな静態的分析を超えて——過程的変化の特徴を明らかにできることである。シャーマンによれば、毛沢東時代初期の中国における一般的な組織構造はソ連をモデルにしており、統制についてもソ連と同じようなアプローチがとられていた。公安のような組織はソビエトのチェカ（Cheka、秘密警察組織の総称）を想起させ、中国人民銀行はソ連国立銀行と同じ機能を果たした。また政府や党内を監視する監察部や監察委員会のような組織も、ソ連と同様の組織である。こうした官僚的な統制システムの構築は、中国が当初はソ連と同じく外部統制に軸足を置いていたことを示している。しかし統制に関与する官僚組織の権力は1950年代半ば以降、徐々に低下したとシャーマンは指摘する。中国ではその後、ソ連に範をとる官僚政治から共産党の一元的支配へと統治戦略が変化した。その結果、党の細胞組織による内部統制がより重視されるようになり、経済的統制から政治的統制へのシフトが発生した（同上：309-364）。

　また以上に紹介したような制度や組織からのアプローチ以外に、より政治文化的ファクターを組み込んだ解釈も存在する（Ren, 1997；Troyer, Clark, Rojek eds., 1989）。例えばレン（任昕 Xin Ren）は、中国では国家が家族、学校、メディア、党派等種々の社会組織に浸透することで、心理的均一性（mind uniformity）を創出し、それが社会の統制を維持する上で重要な役割を果たしていた点を指摘している（Ren, 1997）。レンによれば「（欧米的な意味での——引用者）個人主義的伝統の欠如と経済や社会生活における私有の極小化は、社会統制過程において中国の国家が強力な役割を果たすことができた非常に重要な前提条件」（同上：143）であった。もちろん毛沢東時代の中国が住民の

逸脱行為を根絶できたわけではない。タウンゼントも指摘するように、婚姻法や集団化に対してはかなりの反抗があり、大躍進運動失敗後の経済危機はさまざまな違法行為を生み出し、文革でも種々の暴力・破壊行為が「革命」の名の下に正当化された。しかし、そうした諸事象があったとしても、総体的に見て毛沢東時代の社会統制が逸脱行為を効果的に抑制していたことは確かである。

ところが、文革の終焉後の1970年代後半から導入された経済自由化の政策過程に伴って中国社会は急速な変動期に突入していく。海外との往来や出稼ぎ等によってコミュニティの流動性が増大し、商業化されたメディアの情報を通して人々の価値観も多元化した。こうした情況の変化によって中国社会主義モデルを単純に適用した分析は難しくなったのである。

2 近代化理論から見た逸脱と統制——J・リュウらの共同研究

シェリー（Louise Shelley）は、その近代化理論において国家の近代化と社会構造の変化は犯罪の増加を引き起こすことを指摘し、その傾向は資本主義国のみならず社会主義国にも見られることを指摘している（Shelley, 1981）。シェリーの研究は中国を分析していないが、中国の社会統制に関するリュウ（劉建宏，Jianhong Liu）らの共同研究は、シェリーの近代化理論が経済自由化後の中国にも当てはまることを実証的な検証を通して指摘している（Liu, Zhang, and Messner eds., 2001）。方法的な特徴についていえば、先に見た毛沢東時代に関する研究とは異なり、改革開放後の中国の社会統制に関しては、資料分析に加えて統計を利用した量的分析とインタビューや参与観察等の質的分析を併用する傾向にある。以下、リュウらの共同研究の内容に基づきつつ、近代化理論から見た中国の逸脱と統制戦略についてまとめてみよう。

(1) 中国の現代化プロセスと治安状況の相関性

中国では1970年代後半以降、急速な現代化のプロセスを歩んできた。図1は、その変動期にあたる78〜98年までの中国における犯罪率の推移であり、その特徴は以下のようにまとめられる。第一に、全体的な犯罪率は78〜98年にかけておよそ3倍に増加した。第二に、改革開放後、犯罪率は高ま

(犯罪数／10 万人)

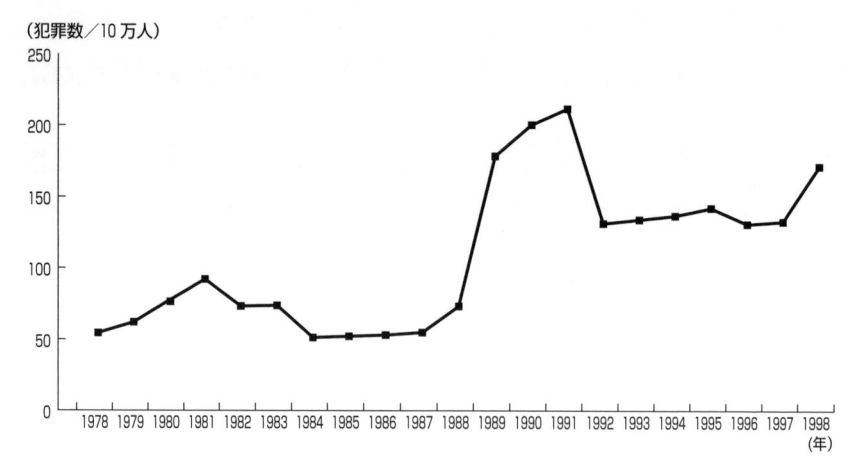

図 1　犯罪の全体数の推移（中国、1978～98 年）
出所：Liu, Zhang, and Messner. eds., 2001: 11.
注）犯罪の定義、統計方法の変化、警察による犯罪記録の整理方法の変更等によって統計の数字は変化するため、他の統計資料同様に数値の精度にはばらつきがある。

り 81 年に最初のピークに達した。第三に、88 年まで犯罪率は比較的低く抑えられたが、89 年に急速に増加して 91 年に犯罪率が 2 回目のピークに達した。第四に、低下した犯罪率は 95 年まで大きな変化はなかったものの、97 年から再び増加した。

　取締りキャンペーン、警察の統計報告の厳正化、犯罪の定義の変化等に応じて、犯罪率の推移には波があるが、総じて犯罪数が増加傾向にあることには変わりがない。リュウらの共同研究の大枠は、70 年代後半以降の経済改革に伴う社会変動が、文化的な信念や規範を変化させ、伝統的な社会統制メカニズムを混乱させ、そして社会統合の度合を低下させているというものであり、基本的に社会統制に関する近代化理論が中国にも適応できることを認めている。

　それでは、具体的に不平等と犯罪の関連性は確認できるのだろうか。この点に関してツァオ（曹立群，Liqun Cao）とダイ（戴宜生，Yisheng Dai）が中国のジニ係数と犯罪件数の相関性を検証している。ジニ係数とは、0 に近いほど格差が少なく、1 に近いほど格差が大きい状態を指す数値である。その検証結果は**表 1** のようにまとめられ、経済的な不平等状態が都市と農村の犯罪

表1　中国のジニ係数と犯罪率

	ジニ係数	犯罪件数／10万
都市		
1986年	0.19	11.2
1990年	0.23	44.6
1994年	0.37	34.0
農村		
1986年	0.30	3.7
1990年	0.34	5.4
1994年	0.41	7.9

出所：Liu, Zhang, and Messner. eds., 2001: 79.

表2　中国の都市における移住者による犯罪率（1994年）

都市名	移住者による犯罪の割合	都市名	移住者による犯罪の割合
北京	46.2%	深圳	97%
上海	53.6%	東莞	85.4%
天津	30%	杭州	50%
広州	69.2-70%	温州	48.6%
寧波	41.2%	貴陽	30%
西安	53%	斉南	28%
重慶	53.9%	ハルピン	19.6%
ウルムチ	43.2%	南京	47%

出所：Liu, Zhang, and Messner. eds., 2001: 127.

率上昇とパラレルな関係にあることが指摘されている。また中国の格差は地域的格差と深く結びついている。沿海部の豊かさと比較して、内陸部の山岳地帯等では貧困ライン以下で生活する人々も多数存在し、こうした地域格差が貧しい地域から都市への移住者の急増を招いている。人口流動と治安の関係性については、移住者による犯罪率が検証されている。表2は1994年の中国の一部都市における移住者による犯罪割合を調査した結果である。この調査結果は、都市への大量移住者の統制の難しさを示しており、それが都市犯罪の主要な源泉になっていることが指摘されている。

また社会統制を考える際、コミュニティの果たす役割は重要である。末端

の草の根レベルでいえば、中国の社会統制には二つのレベルが存在する。ひとつは、公安局の派出所や分局等であり、もうひとつは、政府の末端組織である街道弁事処のような組織である。地域の公安局による戸籍管理は政府の社会統制にとって重要であり、街道弁事処は居民委員会のような住民組織を通して社会統制に一定の役割を果たしてきた。それらの組織は近隣地域の安定を保証し、「部外者」を識別するのを容易にしていたのである。しかし近年の経済改革は、中国のコミュニティの基本的な特徴——家族の形、職場組織、学校組織、近隣地域の形、余暇活動、政治教育や政治組織——を大きく変化させ、同時に人間関係や社会主義的倫理といった文化的側面も変わってきた。

　人々の活動の厳しい統制は経済成長を妨げるため、中国政府は戸籍管理を緩和し、出稼ぎ等を通した人口の流動性が高まった。加えて市場経済は都市労働者の流動性も高めており、社会の流動性は近隣地域の不安定化を加速させている。さらに、トイレやキッチンを共用するような居住空間においては、近隣住民の交流が犯罪抑制に効果を発揮したものの、住宅形態の変化でそのような準公共的（semi-public）な場は失われつつある。世帯規模の縮小は、近隣地域の高齢者による見守り機能を失わせる結果につながっており、発展のなかで人々が経済活動をより重視することで、コミュニティ生活の重要性も失われつつある。ルー（陸紅, Hong Lu）とミース（Terance D. Miethe）は、上海でのインタビュー調査の分析を通して、インフォーマルな社会統制、特にコミュニティの統合が社会統制において極めて重要であることを指摘している。

　以上のような諸分析を見ると、改革開放路線へ転換してからの現代化プロセスが、中国の所得格差を深刻化させ、都市への移住者を増加させ、結果として治安の悪化を招き、共産党や政府による社会統制をより困難にしている現状が理解できる。

(2) 党・政府の統制戦略

　それでは治安の悪化に、共産党や政府はどのような統制手法で対応しようとしているのだろうか。リュウらの共同研究でとりあげられているのが「厳

打」と称される政府の犯罪取締強化運動である。例えば1983年、刑法が改正されて厳罰の法的環境が整えられた上で、「厳打」が始まり、それは83年8月から87年1月まで続き177万人以上が逮捕されて有罪判決を受け、32万2,000人以上の「犯罪者」が労働改造所へ送致され「再教育」を受けた。91年にも再び「厳打」が行われ、さらに96年の4月と11月に、政府は二つの「厳打」運動を行った。これらによって全体の犯罪数は169万から160万に低下した[2]。

　以上のような政治的キャンペーンの効果は、図1の犯罪件数の増減に明らかに反映されている。この分析によって、キャンペーンに犯罪率を一時的に低下させる効果があることは確認できるが、為政者にとってむしろ深刻なのは、厳しい取締にもかかわらずキャンペーン後に犯罪件数が増加に転ずる傾向であろう。すなわち、「厳打」のようなキャンペーンは、一時的な犯罪抑制効果を発揮するが、全体的には中国の犯罪件数は上昇を続けており、単なる取締強化だけでは社会統治の安定は実現しがたい局面を迎えているのである。

　そこで分析されているのが包括的戦略である。この戦略の基本原則は処罰と抑止の統合であり、特に後者が重視される。包括的戦略においては、共産党と政府が政治的・経済的・行政的・法的・文化的・教育的手段を通じてリーダーシップを発揮して、さまざまな社会セクターが力を合わせることで、犯罪を統制・抑止しようとする。例えば公安部だけが治安維持に関わるのではなく、種々の部門や組織に公安業務が割り当てられ、宣伝部、教育部、文化部のような組織の力を合わせて犯罪の抑止に関わることになるのである。

　社会統制のために、教育や文化等種々の組織を動員していく手法は、毛沢東時代からの中国の社会統制の特徴でもある。共同研究者の一人である司法部犯罪予防研究所（預防犯罪研究所）のフォン（馮樹梁, Shuliang Feng）は次のようにその特徴について述べている。「社会秩序の包括的統制は、中国の犯罪に対する戦いのアプローチを示している。それは独特なイデオロギー的かつ哲学的背景を有している。戦略の本質はできる限りの社会勢力を犯罪と闘うように動員する点にあり、それは毛沢東の大衆路線と継続性がある。あらゆる犯罪と闘う中で、中国は大衆路線と専門部署を結びつける本質的な基

本原則を継承している」(Liu, Zhang, and Messner eds., 2001：129)。

3 社会統制の組織分析——X・グオ

　組織の実証分析から、中国の社会統制にアプローチしたのが、グオ (Xuezhi Guo) の研究である。グオによると、中国の国内治安組織は以下の六つの広い領域を包含している (Guo, 2012)。

　第一の領域は、無数の警察組織であり、すなわち全国的な治安組織である。第二の領域は、人民武装警察部隊、民兵、そして予備隊を含む準軍事的組織である。第三の領域は人民解放軍の駐屯部隊と他の治安組織である。第四の領域は、公安機関、検察、裁判所、司法部も含む司法システムである。第五の領域は、国家安全部、公安部、軍の情報局のような国内の情報機関である。第六の領域は、中央規律検査委員会、中央政法委員会、中央弁公庁である。これらの中央組織は軍隊や警察の人員への文民の監視を保証し、規律違反や罪を犯した国家官僚や党幹部へ懲戒処分や刑事処分を科す。グオはこれらの組織の絡み合いを実証的に検証し、中国の治安をめぐるダイナミズムを組織論の側面から明らかにしようとしている。

　この分野の研究は特に、入手できる情報が限定的で情報の精度にもばらつきがある。そのため、グオは①ナラティブ分析、②統計分析、③ネットワーク分析、④コンテント分析を複合的に組み合わせる手法をとっている。例えば、文脈のなかで事例を理解するためには、①を利用して関係者の語りを分析することが重要であり、量的なデータを利用できる場合、根底にある原因、パターン、関係、傾向を探るのには②が有効な方法であろう。そして、リーダーたちの関係の構造を検証するためには③が、テキストのなかに現れる諸概念を分析するためには④が、効果的な手法となる。このように入手できる資料の精度に合わせた複合的分析は、中国政治の実証研究ではよくとられるアプローチである。

(1) 組織分析から見た統制

　中国の社会統制戦略において、近年、注目されているのが人民武装警察部隊のような準軍事的組織の役割である。その背景として、中国で増加傾向に

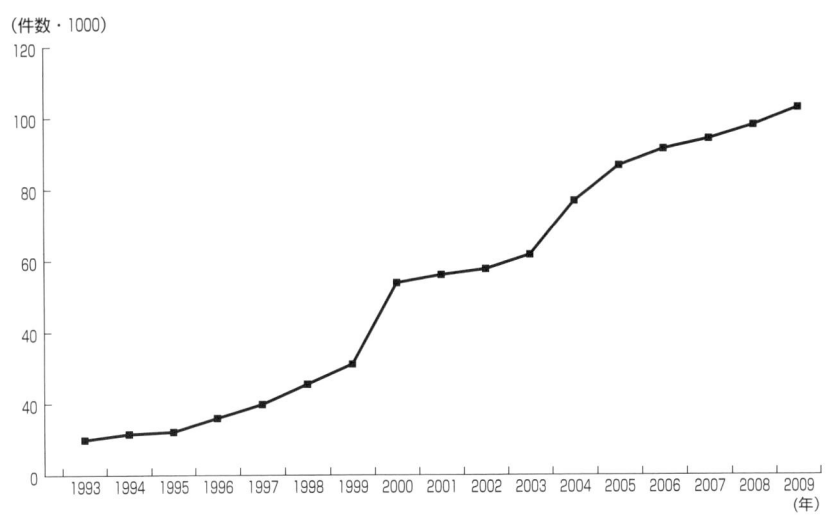

図2　集合行動の増加傾向

出所：Guo, 2012: 247.

ある抗議活動、暴動、ストライキ、バリケード、署名活動のような集合行動——いわゆる「群体性事件」（mass incidents）——がある。その増加傾向をグラフにしたのが図2である。特に1993年から集団的事件は急増しており、95、96年には10パーセントの増加があり、97年から2004年まで毎年の増加率は平均25.5パーセントであった。こうした集合行動の発生には、腐敗、貧富に加えて不十分な社会保障制度等多くの原因がある。

グオによると、天安門事件で武装警察が抗議活動の抑制に失敗した後、中国の指導者は準軍事的な組織である武装警察の緊急時の対応能力を高め、抗議活動のような大衆の集合行動に対応する主要な組織として役割を果たすようにしようとした。武装警察は人民解放軍が運営、指揮、訓練、政治活動の責任をもつが、組織的には国務院の下に配置されている。さらに公安に関係する業務内容のため、武装警察は公安部からの指示も受けている。中国の三つの武装組織（人民解放軍、武装警察部隊、そして民兵・予備隊）のなかで、2009年、公式のメディアは武装警察の数を68万人と報道したが、しかし実際には武装警察の人員数は150万から230万人と推定されている。

社会統制全体に関与する公安組織について、グオは公安部による統制へのアプローチが抑止重視へと変化している点を指摘する。この指摘は、先に見たリュウらの議論と共通している。インターネット上の警察活動（policing）の増大は、こうした抑止重視の統治戦略の延長線上にある。すなわち、社会不安を引き起こしかねないような「望ましくない情報」を事前に削除するというわけである。また、労働を通した「再教育」もそのひとつであり、主要なターゲットとして反体制主義者、解散したカルト集団、地下教会等が挙げられている。

　このように公安部という組織が非常に大きな権限を維持できる背景には、中国独特の司法システムが存在する。すなわち中国共産党の司法システムにおいて、公安部は伝統的に最高人民法院や最高人民検察院よりも重要な役割を果たすのである。グオは、中国における法のシステムは伝統的に弱く、権威がなく、そして権力の分立はなく、機能の分立だけがあると指摘するが、こうした権限の集中が公安部の権力を強化し、ある種の強引さを伴いつつも、社会統制を有効に機能させる要因のひとつとなっている。

　しかし組織的な観点から見れば、現在大きな問題点も浮上しているようである。グオによると、ポスト毛沢東時代の公安システムに関する重要な変化は、地方の公安分局に対する地方党組織の権力が増大したことである。改革開放の成功のためには社会の安定が最優先事項であり、公安分局が地方政治で果たす役割は重要となっている。そのため公安分局は公安の上級組織に加えて地方の党委員会の指導も受けているが、採用・昇進・給与と諸手当や資源分配においては地方の党委員会がより重要な役割を果たすようになっている。これは、とりもなおさず中央による組織統制度合いの低下を意味しており、犯罪組織と地元の党・政府関係者の癒着の原因ともなっている。この情況に対応して2007年1月以来、地方の公安局長の任命はすべて、公安の上級組織の許可が必要となった。これは地方の公安リーダーの任命や昇進において、地方党組織の優位を防ごうとしたものである。すなわち社会統制に関する中国共産党のリーダーシップは、地方の党・政府組織の増大する権力に直面しており、中央の影響力は徐々に低下しているのである。こうした問題が、今後、中国の社会統制にどのような影響を与えるのか注目していく必要

があるだろう。

(2) 選択的「民主」と一党独裁体制

グオの研究は、今後の中国政治の行方についても一定のビジョンを提示している。グオは中国における今後の政治改革について、党内民主制（intraparty democracy）の進展はあっても、おそらく長期にわたって中国共産党による権力の独占が継続するであろうと分析している。

グオによれば、それぞれの状況に応じて選択的な民主的統治のシステムを作り上げる中国的「民主主義」は、個人の権利よりもコミュニティの福祉を重視し、完全に民主主義的でもなく、完璧に抑圧的なわけでもない。それはあくまで共産党の支配下における「民主」である。したがって社会の安定を維持し、党の専制を確実なものとするために、中国の政治体制は、反体制者、民族分離主義者、激しいデモ参加者に対しては国家公認の抑圧や人権侵害を行うことをためらわないであろう。中間層の増大や社会運動が中国共産党に政治改革を強いることは確かだが、そうした政治改革も党内に限定的に制度化されたチェック・アンド・バランスに基づく党内民主制の増大という範囲内にとどまるとグオは推測している。

II これまでの研究②——情報統制

現代中国研究において、メディア統制は比較的新しく流動的なテーマであり、確固とした研究のパラダイムが確立しているわけではない。しかし、社会統制という側面から中国のメディアを観察する際、われわれは大きく二つの見方を提示することができる。ひとつは、インターネットも含めたメディアの影響領域の拡大は、共産党や政府の社会統制を弱体化させるという見方である。もうひとつの見方は、共産党や政府はメディアを統制下におくことができるという見方である。いわゆる「アラブの春」でインターネットが果たした役割が指摘されるなか、中国のメディア統制はどのような変化を遂げ、いかなる状態にあるのか、そして今後はどうなっていくのだろうか。

1 毛沢東時代のメディア統制——全体主義モデルからのアプローチ

　革命直後で政権基盤がぜい弱なうえに朝鮮戦争が勃発した建国直後の中華人民共和国にとって、プロパガンダを通じたイデオロギー的統制は非常に重要な意味をもった。1951 年にはプロパガンダ・ネットワーク（宣伝網）の全国的構築が中国共産党によって指示され、さまざまな課題を伴いつつも、都市と農村を覆う強力なプロパガンダ・ネットワークの形成に成功したのが毛沢東時代の中国であった。毛沢東時代においては、一時期を除いてメディアは国家によって完全にコントロールされジャーナリズムは存在しなかった。

　ソ連や毛沢東時代の中国を全体主義的社会（totalitarian society）と特徴づけ、そのコミュニケーションを検討した政治学者のプール（Ithiel de Sola Pool）は、全体主義の独裁は「いわゆる人民の敵を抑圧するために多大な恐怖を利用してきたが、彼らは少なくとも同程度に、人々の熱狂や惜しみない協力を勝ち取るために、大衆説得（mass persuasion）に依存してきた」（Pool, 1973：462）と述べる。そのため全体主義の分析においては、そのコミュニケーションのあり方も重要な検証課題となるのである。

　地域研究の個別的成果を総合しながらソ連と中国のコミュニケーションを比較検証したプールは、中国の特徴として大衆動員への大幅な依存をあげ、ソ連との差異について次のように指摘する。「中国は、プロパガンダ技術や大衆動員に関するもともとのアイデアをロシアから借用したが、それらをさらに極端にした。しかし、ロシアとは異なり、中国は彼らのコミュニケーション・システムを工業化された経済に基礎づけることはできなかった」。そのため、ソ連とは異なり、中国ではローコストな大衆集会や壁新聞（大字報）のような手法が発達した（同上：491-492）。

　そしてメディアの海外への開放度もソ連と中国では大きく異なっていた。ソ連がマスメディア、特に短波放送によって、世界にニュースを提供した共産主義国家だとするならば、中国は世界から自らを封鎖してきた共産主義国家であった。建国後の中国における深刻な紙不足は新聞や雑誌の流通を制限したため、各紙が多くの読者に届くように、壁新聞、職場やクラブの読書室、集会での新聞音読等の方策がとられた。ラジオは欠乏しており、有線の拡声器が利用された。口頭での宣伝員が多く組織され、訓練された。大抵は職場

や居住区で行われる頻繁な会議に、多くの人々が出席しなければならなかった。検閲は厳しく、メディアは党によって支配されていた。

毛沢東時代の中国におけるコミュニケーションの状況を、全体主義モデルから把握しつつ上記のように特徴づける研究は少なくない。しかし、イデオロギー的統制という側面から分析する際、われわれは被支配者側に権力者のメッセージを「正しく」理解させるためのコミュニケーション戦略にも目を向けなければならない。この点を鋭く指摘したのが、すでに紹介したシャーマンの研究である（Schurmann, 1971）。シャーマンは、毛沢東時代の中国においてマスメディアは単に「快適な椅子にもたれて」読まれていたわけではなく、主に学習集会で読まれていたことを指摘する。すなわち、重要なイデオロギー的文献は組織化された読会や討論を通して学習され、口頭での情報伝達の場を経て、「正しい」意味を賦与されたのである。高度に管理された毛沢東時代にあって、権力者の重要なイデオロギー的メッセージは「学習」（study）と「口頭での伝達」（oral transmission）を濾過しつつ社会に拡散した。こうすることで支配者と被支配者のコミュニケーションは統制され、政府は単に情報をアウトプットするだけではなく、多くの人々を「正しい」理解へと導こうとしていたのである。

2　メディア統制への相互作用論的アプローチ——S・シャーク

経済自由化以後、「強力な権威主義的政治体制が一方的にメディアを統制している」という静態的モデルでは中国のメディア統制を理解できないという認識は、多くの研究者に共有されている。中国共産党が統制の主体的存在でありメディアが規制を甘受する受動的存在という見方は、実は一面的な見方にすぎない。技術革新によるメディアの進歩に対応して統制の戦略も不断に見直され、それに対応してメディア側も変化するというような、相互作用を通じた関係の再構築が繰り返されているのである。

こうした動的視点から中国のメディア環境を分析したのがシャーク（Susan L. Shirk）らの共同研究（Shirk ed., 2011）である。シャークらの研究は明確な理論的骨格を提示していないが、各論考において中国のメディアを取り巻く環境を動的なものとして捉え、急速に変化するメディア環境が、共産党・政

府・軍等といったアクターとの関係のなかで不断に再構築される状況を分析する姿勢は共有されている。本章ではそれを相互作用論的アプローチとして位置づけて、特にメディア統制の側面からその内容をまとめてみたい。

（1）メディアの統制と利用

　一概に統制といっても、メディアの種類によって統制の度合いは異なっている。統制度が最も高いテレビは各行政レベルの宣伝部により管理され、すべてのテレビ局は、国、省、市もしくは地方政府によって所有されている。紙媒体に関しては、ライセンス制によってメディアの多くが政府の管理下に置かれているが、雑誌は新聞よりもよりルーズにコントロールされる。インターネットのような情報インフラの整備は資本主義経済の健全な発展にとって重要であるものの、プロパガンダの側面から見れば大きな脅威でもある。そのため、インターネットに対する政府の統制は、海外や中国国内のすべてのサイトをブロックできるいわゆる「グレート・ファイアーウォール（Great Firewall）」や危険と判断されたキーワードでの検索をフィルタリングしたり禁止したりする技術的手法によってなされている。インターネットに関する政府の主要な戦略はプロバイダーに利用者の行為の責任を負わせることである。事業者は積極的にサイトの内容を検閲する以外に選択肢はなく、中国人にとって主要な情報源のひとつである民間ニュースウェブサイトの Sina.com、Sohu.com、Netease.com は、政治的には迎合的であり、独占的地位を維持するために、彼らは国務院新聞弁公室と緊密に協力している。ただし、こうした中国共産党の監視にもかかわらず、インターネットは中国で最も自由なメディア空間を創りだしているとシャークは評価している。

　また中国において、メディアは統制の対象であると同時に、利用の対象でもある。なぜなら、市場経済の導入により複雑化した利害関係があるなかで、中央が地方幹部を監督するのに、古いトップダウンの官僚的手法はもはや機能しないため、中央は時として地方の監視にメディアを利用することもあるのである。またシャークがいうように、メディアによる地方の悪事の暴露は、中央にとっては、庶民の批判の目をそらせて地方の役人に向けさせるメリットがある。実際、世論調査において中国では──アメリカと対照的に──中

央の役人に対してよりも、地方の役人に対してより批判的である。

　こうしたメディアの利用について中央と地方の態度は対照的である。中央は地方政府の腐敗に対して、ジャーナリストに腐敗を暴露させるが、地方政府は非常に自己保身的でジャーナリストの扱いに関して中央と地方の間には齟齬が生じている。したがってジャーナリストは腐敗を報道する際には、職場への影響力が弱い省外の事象を報道する。それは「異地監督」と呼ばれている。これに対する省や市の役人からの不満に対応して共産党中央宣伝部は「異地監督」を2004年に禁止したが、その命令は広く無視されたので、次の年には政治局のレベルでこの問題が提起された。共産党において省のリーダーたちの権力は強く、中央委員会では最も勢力があり政治局でも一定の勢力を成している。彼らの不満によって、異地監督は県レベルかそれ以下の役人だけに制限された。もちろん、地方政府に対して行われたようなメディアを利用した監視は解放軍に対しては行われていない。

　このようにして見ると、インターネット等の普及によって政治的な透明性は確保されてきたものの、それはあくまで統制された透明性にすぎない。またシャークによれば、中国における大衆からのインプット増大は新たな問題も生み出しており、ネット世論、特にナショナリズムへの配慮が外交政策を縛ったり、いわゆる「正義への大衆的要求」(populist demands for justice) が、逆に法に対する党の介入を促したりする等の副作用がある点も指摘されている。

3　インターネット革命とオンライン・アクティビズム
　　——G・ヤンの多元相関論

　さてシャークが指摘するように、中国で最も自由なメディア空間を創りだしているのがインターネットであるならば、オンライン上の統制と反抗のダイナミズムはどのようなものなのだろうか。このオンライン・アクティビズム（online activism）とインターネット統制のダイナミズムをより多面的に検証したのがヤン（楊国斌, Guobin Yang）の研究である。ヤンはインターネット統制をめぐる力学について次のような状況を指摘する。すなわち政府の統制に対して人々はいわゆる「囚われの聴衆」(captive audiences) ではなく「う

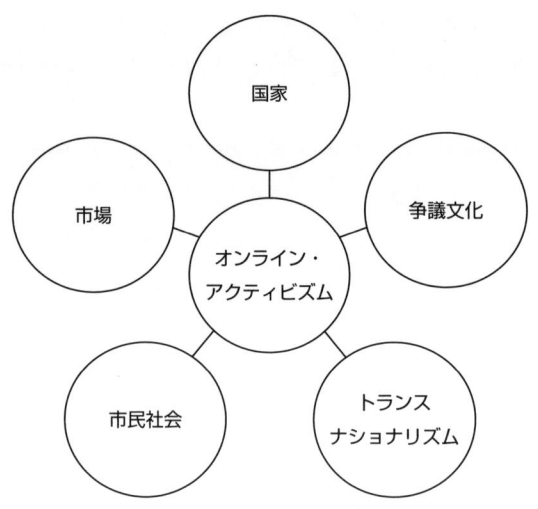

図3 オンライン・アクティビズムの多元的ダイナミクス
出所：Yang, 2011: 8.

まい役者」（skilled actors）であり、インターネットの世界において統制とアクティビズムは相互に作用しながら進化する「共進化」の関係にあるのである。このオンライン・アクティビズムを分析するために、ヤンは図3に示されるモデルを提示し、中国のオンライン・アクティビズムが国家・マーケット・市民社会・争議文化・トランスナショナリズムが相互に連関しあう、いわゆる多元相関論（multi-interactionist perspective）を提示している（Yang, 2011）。

　ヤンは「オンライン・アクティビズムは、中国社会の構造的変化によって引き起こされる不満、不正、そして不安への反応である」（同上：7）と指摘する。国家権力は争議を規制するものの、活動家は規制をかいくぐる中でより「創造的」かつ巧妙になっており、その方法にはシンボル・心象・レトリック・音声等において中国民衆の抗議活動の文化的伝統が反映されている。インターネット・ビジネスは、ウェブ・トラフィック（ネットワークを移動するデータ量やユーザーによるサイトの訪問回数）を増大させるオンライン・アクティビズムから利益を受ける。市民組織とオンライン・コミュニティは、戦略的に社会変革のためにインターネットを利用しており、環境や健康問題のようなトランスナショナルな争点は、オンライン・アクティビズムの規模

を拡大し、急進化させている。図3は、こうした多元相関的な視点を表現したモデルであり、ヤンの分析はこうした相関性を各自検証するかたちで構成されている。

(1) 中国におけるオンライン・アクティビズム

本章ですでに確認したように、90年代以降の中国では民衆のさまざまな抗議活動が増加傾向にある。それは労働運動や農民の抗議活動から環境運動、消費者運動、女性運動、HIV/AIDS に関わる運動、宗教運動、エスニック・マイノリティの運動、大衆のナショナリズム、権利保護活動（維権運動）にまでわたる広範囲なものであり、オンライン・アクティビズムもそのひとつの形である。

オンライン・アクティビズムの起源は、正確には天安門事件時期の1989年にまでさかのぼることができるが、当時の中国国内では非常に限られた人だけがインターネットを利用しており、その影響力には限界があった。中国で（電子メール接続等に限定されない）全機能的なインターネットへの接続が可能になったのは94年以降であり、一般的な消費者が利用できるようになったのは96年以後のことである。そして、オンライン・アクティビズムの中心的な場となるBBS（電子掲示板）は95年まで現れなかった。

初期のオンライン・アクティビズムのケースとして、NATOによる前ユーゴスラヴィアの中国大使館の爆撃に対する1999年の抗議活動があげられる。人民日報によって抗議フォーラムとしてBBSが設置され多くのコメントが寄せられた。その後、ブログ、オンライン・ビデオ、テキスト・メッセージが一般化し、人々はそれらも抗議活動のために利用するようになり、BBSだけではないインターネット空間の拡大は、オンライン・アクティビズムの件数や影響力を増大させた。例えば2003年、孫志剛の死に対する抗議が起こり（居民身分証をもっていなかったために身柄を拘束され、収容所で死亡した事件）、その結果、政府の規制は変更された。2005年には日本の国連安全保障理事会の常任理事国入りに反対するオンライン上のキャンペーンが行われ、3000万人の署名を集めた。2007年にはいわゆるPX事件が発生し、アモイの住人はPX（パラキシレン）は健康に害があると考え、化学工場の建設に反

対するためにインターネットやテキスト・メッセージを利用してデモを成功裏に組織した。

　以上のようなオンライン・アクティビズムの特徴をヤンは以下の7点に整理している。①広範囲な普及、②争点の増加、③（一部の事例における）組織基盤の保持、④（③以外の事例における）現実の不正義に対する自発的反応や個人により開始された運動、⑤参加者は主に都市の若年層、⑥具体的で穏健な目標、⑦穏健な手法（ナショナリスティックな問題については比較的過激な傾向）。

(2) 国家によるインターネット統制の3段階

　オンライン・アクティビズムに対する統制のプロセスを、ヤンは以下の3段階に整理する。第一段階は、1994〜99年におけるネットワーク・セキュリティ、インターネット・サービス供給の規制と組織の再構成の時期である。コンピューター情報システムの安全と保護に関する主要な責任組織は公安部とされた。また1997年12月、公安部は中国のインターネット・サービス・プロバイダー（ISPs）の責任を具体的に規定した。

　第二段階は、2000年から2002年におけるインターネット統制の拡大と洗練の時期である。そこではインターネット・コンテンツ・プロバイダー（ISPs）と個人利用者の双方をターゲットとしたコンテンツ規制が強化された。コンテンツの統制は、さらに技術的手段を利用したキーワードのフィルタリングとブロックを含んでおり、例えば「六四」や「法輪功」等は自動的にブロックされることになった。中国共産党は現在も、ウェブサイトの運営者に対して定期的に禁止用語のリストを検閲のために配布している。

　第三段階は、2003年以降である。政府によるインターネットの規制と統制は拡大を続けている。分岐点は、2002年末から2003年初めにおける江沢民から胡錦濤への指導権の移行であった。この時期に至り、インターネットの統制強化のガイドラインは共産党の決定として出され、中国政府は増加するICPs（2003年には60万に達した）の規制強化を続けた。さらに、インターネットの倫理的使用に関する社会的責任、職業的行動規範、そして自己管理を促進するために公式なキャンペーンが開始された。オンライン上の世論形

成をかじ取りするために「インターネット・コメンテーター（網絡評論員）」という新たなメカニズムが2004年に導入され、ボランティアもしくはアルバイトとして雇われたスタッフが、ネット上の掲示や議論に直接介入し、中央宣伝部の方針に沿った形に議論の方向をもっていくということまで行われている。

　このような統制があるものの、ヤンはオンライン・アクティビズムに表象されるコミュニケーション革命が政治に与える影響について、比較的高い評価を与えている。オンライン・アクティビズムは限界はありながらも政府の透明性と住民の政治参加を促し、基本的な市民的権利への願望を示し、そして市民の非公式的民主主義の領域を拡大している。それは制度化された公式的民主主義との距離を縮めるものとして、ヤンは捉えている[3]。

4　「応答性のある権威主義体制」——D・ストックマン

　変動期の権威主義体制下におけるメディアについて、政治学の立場からより理論的に分析したのがD・ストックマン（Daniela Stockmann）の研究である。体制変動においてマスメディアが重要な役割を果たすことは、政治学においてしばしば指摘されてきたことである。マスメディアが中国の社会統制になんらかのネガティブな影響を与えるか否かは、多くの人々の関心事であろう。「国家が情報の流れをしっかりと統制できなくなるため、メディアの発達は権威主義体制を自由化していくであろう」という一般的な認識は、中国にも適応できるのだろうか。

　この問いに対して比較政治学の手法でアプローチしたストックマンは、中国におけるメディアの商業化は、むしろ一党体制を強化しているという、一般的な想定とは逆の結論に達しており興味深い分析をしている。ストックマンは中国の政治体制を「応答性のある権威主義体制」（responsive authoritarianism）と位置づけている。それは、国家が「許容」（tolerance）と「統制」（control）の間の微妙なバランスを維持できている限りにおいて、メディアを通した社会からのインプットは権威主義的支配にとって有益である点を強調した概念である（Stockmann, 2013）。

　ストックマンによると、中国のメディアには二つの役割がある。ひとつは

図4 メディア商業化の影響

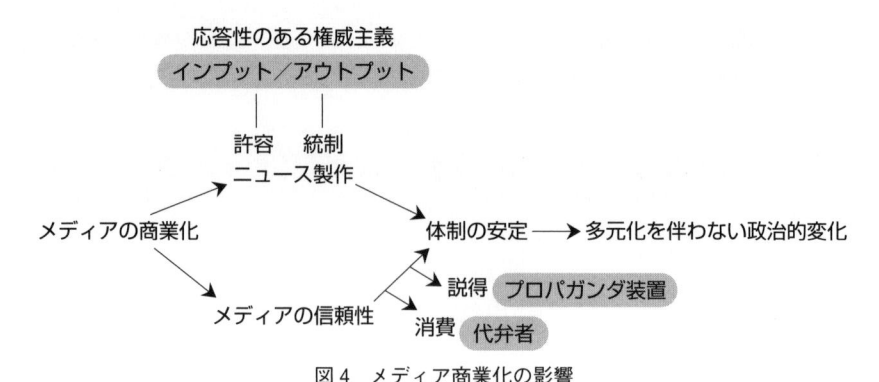

出所：Stockmann, 2013: 14.

党の「目と耳」として大衆から党へのフィードバックを行うことである。もうひとつは、党の代弁者として政府の政治目標や政策の情報を広め、プロパガンダの道具として人々の政治信念を変革することである。ストックマンは、中国の新聞がこの一見矛盾した機能を果たす能力を、市場メカニズムが向上させた点を強調する。「許容」によってメディアの自由度が高まったため、党はメディアを通して大衆からのフィードバックを得ることができる。商業化して自由度が高まったメディアは大衆の信頼性を増大させている（メディアの商業化の度合いと信頼性の度合いが相関関係にある点は実証的に検証されている）。一方、実は「統制」を通して各種の情報は大まかな統一性をもたせられているため、現在のメディアは党の代弁者としての機能を強化されているのである。

　しかし、だからといってストックマンは、中国政治に何の変化も起こらないと主張しているわけではない。ストックマンはこうした状況が、中国の権威主義体制の（社会の要求に対する）応答性を増大させる可能性は指摘しているが、それはあくまで「多元化を伴わない政治的変化」(political change without diversification) とされている。こうした状況をストックマンは図4のようなモデルで説明している。このストックマンの分析モデルからいえば、メディアの商業化は中国の社会統制にとってむしろ有益なものだという結論にも達するのである。このような観点は、中国におけるメディアの影響に関する一般的見方とは正反対であり、興味深い研究成果といえよう。

(1) 一党支配の持続性とメディア——政治エリート、資源、組織基盤

 それではなぜ——例えばアラブの春といわれるような変動を経験した権威主義体制の国々があるにもかかわらず——中国は相対的に見てメディアを有効に統制することができているのだろうか。政治学の立場からストックマンは、そのファクターとして体制的差異を重視している。

 一党体制は、権威主義的支配の最も一般的なタイプであり、それらはさらに単一政党の体制と支配政党の体制の二つに分類できる。中国は前者に属し、敵対する党が選挙を通して政治参加することはできない。ジンバブエや民主化以前のメキシコは後者であり、支配政党が勝つ傾向はあるが選挙における政党間の競争が認められていた。1989年以降、単一政党の体制は少なくなり、現在は中国、ベトナム、キューバ、北朝鮮、ラオスが残っている。

 ストックマンの論点は多岐にわたるが、おおまかにまとめれば、ストックマンは一党支配を強化する要素として①政治エリートの凝集力、②重要な資源の独占、③組織基盤の発達といったファクターを重視している。独裁者が権力の地位を追われる事例の多くが政権内部の造反に起因するが、一党支配は政治エリートにとって支配集団に属することのインセンティブが高い。また資源の独占度が高い一党支配下では、資源分配を利用して忠誠を獲得し、政権を安定させることが可能になる。さらに個人独裁や軍事独裁と比較して、社会統制のための組織基盤——例えば中国のメディアに関していえば宣伝部のような組織——の整備が進んでいる。これらのファクターが一党支配に持続力を与えているというのがストックマンの見方である。以上のような政治体制分析を土台として、ストックマンは中国以外の国々におけるメディアの商業化と情報の多元化の関係性を検証し、中国以外の一党支配下でもメディアの商業化が政治的情報の多元化に結びつかない傾向にあることを指摘し、中国のメディア統制を有効に機能させている政治的要因として、一党支配という体制的特徴をあげている。

おわりに——研究の課題と展望

 発展する経済は、中国の社会統制内部にある種の難しさや不協和音をもた

らす要因のひとつとなっている。市場経済の発展にとって移動の自由は必要不可欠だが、他方で移住者の急増は地域社会を不安定化させる。地方経済にとって開発は重要だが、一方で地域住民の不満を募らせたり、役人の汚職を深刻化させたりする危険性もある。メディアの商業化・民営化は政府の負担を軽減する上で財政部にとって望ましいことだが、宣伝部にとってはプロパガンダ弱体化の要因となり得る。オンライン・アクティビズムは統治者側からすれば望ましくないものの、ウェブ・トラフィックの増大はビジネスにとって歓迎すべきものである。その一方で、主要なニュースウェブサイトは政府に協力することによって、その分野で独占的地位を維持することができる。

　それでは、こうした二律背反性を内部に抱えながら、党と政府はどのような統制戦略を展開しようとしているのだろうか。本章で概観した先行研究の知見によれば、党と政府は「厳打」のようなキャンペーン式の取締強化運動とともに、政治経済から教育や文化の方面にまで至る幅広い組織と公安部門とが協力して犯罪抑止を行う包括的戦略をとっている。しかし同時に、中国の社会統制を「権威主義的な党・政府による一般民衆に対する厳しい統制」と単純化して捉えることはできない。主たる統制者が共産党や政府であるという世間一般的な見方は間違ってはいないが、十分ではない。すでに8,000万人を超えたともいわれる巨大な党組織自体や各地の地方政府組織もまた、中央にとっては重要な統制対象なのである。特にインターネットが一般化した1990年代以降の情報統制は複雑化している。メディアが地方政府関係者の悪事を暴露することを一定程度許容してメディアに地方の監督機能を与えたり、プロバイダーに利用者の行為の責任を負わせることで政府の検閲に協力させたり、ボランティアもしくはアルバイトに書き込みをさせてオンライン上の世論形成を企図したり等、統制の主体と客体は複雑に絡み合っている。

　以上のような情況を見ると、もはや現在の中国で治安維持に関わるハードな統制技術だけを分析する社会統制論は成立せず、情報面に関わるソフトな統制と統合した社会統制モデルを考える必要がある。遡ってみれば、本章で紹介したシャーマンの研究は、毛沢東時代についてはイデオロギーと組織の両面から体系的な分析を提示していた。しかし70年代以降、中国社会が複

雑化すればするほど、また利用できる資料が増えれば増えるほど、研究も細分化する傾向にあり、現在、ハードな統制面とソフトな統制面の間には研究上の大きな断裂がある。中国のような大きな地域を対象とする際、研究の細分化や分析の個別事例化は対象に近づくためのアプローチとして有効に機能する面があるのは確かである。しかし他方、現状の

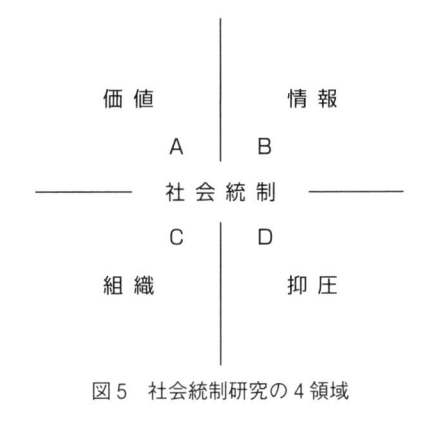

```
      価 値    |    情 報
        A     |     B
    ──── 社 会 統 制 ────
        C     |     D
      組 織    |    抑 圧
```

図5　社会統制研究の4領域

社会統制に対する体系的解釈の欠如は克服されなければならない課題であろう。

　本章で概観した諸研究の成果を鳥瞰的にまとめておくことは、今後われわれがこうした課題を克服するためのヒントを与えてくれるかもしれない。図5は、本章で紹介した各論者の主要な研究領域を、A価値、B情報、C組織、D抑圧の4領域にまとめたものである。例えばシャーマンはAとCの領域を分析しており、リュウらの共同研究はDを、ストックマンの研究はBの領域に関連した成果といえよう。そして、これら各領域別の研究が描き出した中国における社会統制戦略の理念型は以下のようにまとめることができる。

　中央は社会の安定を促進するような価値を生み出し、メディアはそれを社会全体に浸透させると同時に、社会の声を権威主義的体制に対して適切にインプットすることで民意を伝達する（A・B領域）。あらゆる組織は中央の価値を受け入れて共に犯罪行為の抑制に協力し、人々を逸脱させるような情報や情況は事前に取り除く。にもかかわらず生まれた逸脱行為に対しては、抑圧的暴力を行使することで排除する。また、統制は党・国家の暴力的装置によるフォーマルな統制ではなく、できるかぎりコミュニティや日常の社会関係を通して作動するインフォーマルな統制であることが──統制を意識させない統制であることが──望ましい（C・D領域）。したがって、われわれが中国の社会統制を体系的に分析しようとする際には、少なくとも図5に示すような複数領域にまたがる視角をもつ必要があるのである。例えばB領域

の統制がうまく機能しているからといって、必ずしも体制全体の安定度は計れないであろうし、逆にD領域だけ分析をしても、インターネットの世界にまで「逸脱」範囲が拡大した現状を論じられない。中国の社会統制の強度は各領域の相関的指標から観察されなければならない。

　以上のように社会統制というテーマが包摂する範囲は広く、今後より一層深く検証すべきトピックは少なくない。例えば、法学的視点からその問題点が指摘されることの多い労働教養制度や公安による居民身分証の管理は、A・C・D領域が絡み合う社会統制論の複合的視角から考察することも可能であろうし、情報面（B領域）でのオンライン・アクティビズムの展開は、今後の技術革新に伴ってさまざまな研究トピックを生み出すであろう。また社会統制のような政治と社会にまたがるテーマでは、ある程度、学際的（interdisciplinary）な視野も重要となる。政治学だけでなく社会学の知見にも目配りすれば、先行の諸研究で十分に検討されていない研究課題に気づくことができるかもしれない。例えば、そのひとつとして監視する側と監視される側に存在する互酬関係がある。国民国家と暴力の関係を歴史的視点から分析した社会学者のギデンズ（Anthony Giddens）は、国家による監視が「シティズンシップの諸権利の実現とも結びついている」点を指摘している。一例を挙げれば、国家による福祉手当の支給には、住民のモニタリングが不可欠だが、集められた情報は、困窮した人々にとって「潜在的自由の源泉」となると同時に、国家当局が人々の活動を「規制する手段」となる可能性もあるのである（ギデンズ、1999：353）。中国の社会統制を考えるとき、われわれは無意識のうちに国家権力と民衆の緊張関係を前提とすることが多く、そうした前提から、抗議活動の増加や民族問題の過熱のような問題が日々報じられている。それにもかかわらず、共産党の支配体制が堅牢に維持されている現状を考慮すれば、逸脱や抑圧と同時に互酬関係もまた社会統制にとって重要な検討課題のひとつとなるだろう。

1)「社会統制」には種々の概念規定があるが、西洋社会を念頭においたものが多い。本章では、簡素ながら包括性の高いScott and Marshall eds.（2009）の定義とリサーチ・クエスチョンズを採用した。

2) こうした「厳打」を主に分析した研究としては、取締強化運動の通時的分析によって中国の警察活動（policing）を分析した、トレバスキス（Susan Trevaskes）や法学的視角からアプローチした坂口一成の研究も参考になる（Trevaskes, 2010；坂口、2009）。また労働改造所の内実については、シーモア（James D. Seymour）とアンダーソン（Richard Anderson）の事例研究が詳しい（Seymour and Anderson, 1999）。
3) 先に紹介したシャークは、こうしたオンライン・アクティビズムに関して、オンライン上での発散は路上へ繰り出すよりも安全なため、インターネットは逆に革命運動の成功を妨害する可能性がある点を指摘している。またオンライン・コミュニケーションの分散的性質は、人々を革命組織へ効果的に統合する代わりに、運動を分裂させる可能性があるとも述べている（Shirk ed., 2011：7）。

参考文献
【日本語】
坂口一成（2009）『現代中国刑事裁判論——裁判をめぐる政治と法』北海道大学出版会。
ギデンズ、アンソニー（1999）『国民国家と暴力』（松尾精文・小幡正敏訳）而立書房。
タウンゼント、J・R（1980）『現代中国——政治体系の比較分析』（小島朋之訳）慶應通信。

【英　語】
Guo, Xuezhi（2012）*China's Security State: Philosophy, Evolution, and Politics*. New York: Cambridge University Press.
Liu, Jianhong, Lening Zhang and Steven F. Messner（eds.）（2001）*Crime and Social Control in a Changing China*. Westport, CT: Greenwood Press.
Pool, Ithiel de Sola（1973）"Communication in Totalitarian Societies," in Ithiel de Sola Pool et al.（ed.）*Handbook of Communication*. Chicago: Rand McNally.
Ren, Xin（1997）*Tradition of the Law and Law of the Tradition: Law, State, and Social Control in China*. Westport, CT: Greenwood Press.
Schurmann, Franz（1971）*Ideology and Organization in Communist China*（2nd ed. enlarged.）. Berkeley and Los Angeles, California: University of California Press.
Scott, John and Marshall, Gordon（eds.）（2009）*A Dictionary of Sociology*（3 rev. ed.）. New York: Oxford University Press.
Seymour, James D. and Anderson, Richard（1999）*New Ghosts, Old Ghosts: Prisons and Labor Reform Camps in China*. Armonk, New York: M. E. Sharpe.
Shelley, Louise I.（1981）*Crime and Modernization: The Impact of Industrialization and Urbanization on Crime*. Carbondale: Southern Illinois University Press.
Shirk, Susan L.（ed.）（2011）*Changing Media, Changing China*. New York: Oxford University Press.
Stockmann, Daniela（2013）*Media Commercialization and Authoritarian Rule in China*. New

York: Cambridge University Press.
Trevaskes, Susan (2010) *Policing Serious Crime in China: From 'strike hard' to 'kill fewer.'* New York: Routledge.
Troyer, Ronald J., John P. Clark and Dean G. Rojek (eds.) (1989) *Social Control in the People's Republic of China*. New York: Praeger.
Yang, Guobin (2011) *The Power of the Internet in China: Citizen Activism Online*. New York: Columbia University Press.

第Ⅴ部

政治体系の変化

第11章
民主化の可能性

高橋伸夫

はじめに

　中国の政治体系は有効な政治体系に属しているのであって、虚弱な政治体系の範疇に属しているわけではない。それは権威を備え、機能する政府をもち、社会から現実に資源を動員することができる。そして、何よりも政治的安定を享受している。

　だが、いかなる研究者も中国の政治がこのままの形で安定し続けるであろうとは考えていない。それはいかなる権力による支配も永久に続くことはないという歴史の教訓だけからではなく、腐敗の蔓延、高まる社会的不満と抗議運動、政府による政治的締付けの強化など、支配の弱体化を物語る兆候が確認できるからである。中国の政治体系が変動を免れないとすれば、将来の中国政治はどのような姿をとるのだろうか。民主化は、中国においてありうる政治変動のひとつにすぎない（総論の図2を参照のこと）。毛沢東時代を思い起こさせるような全体主義への回帰、清朝崩壊後しばらくの時期を彷彿させるような恐るべき混乱、そして別のタイプの権威主義体制（例えば、軍事独裁）による置き換えもまた可能性として排除することはできない。

　それにもかかわらず、研究者たち（ここでは主として中国の外側にいる研究者を指している）による中国における政治変動の可能性の探求は、もっぱら民主化の可能性を念頭に置いて行われてきた。後述するように、現在では中国の権威主義体制の「強靱性」について語ることが流行しており、民主化の展望は遠のいたとみなされている。だが、それでも彼らは、いわば裏側から

民主化の可能性について語っているのである。

　なぜ研究者たちはこの主題を好んで取りあげるのであろうか。それは第一に中国人自身の目標であったからである。彼らがいうところの「民主」は、必ずしも西側諸国がいうデモクラシーとは合致していない。だが、孫文が民主主義へ向かう潮流は長江の流れのようなもので、誰も押しとどめることができないと述べたように、1919年の五四運動で「デモクラシーとサイエンス」が目標に掲げられたように、1978年に北京で「民主の壁」が出現したように、さらに2008年に劉暁波らによる「零八憲章」が「人民により選挙された政府」を求めたように、ある種の――と限定を付しておかなければならないが――民主主義は20世紀初頭以来、中国知識人の悲願であった。

　第二に、インドとともに膨大な人口を抱え、しかも過去をどこまで遡っても権威主義的な伝統しか見当たらない、したがって西洋的伝統から最も遠いように思われる東洋の大国で民主主義が根を下ろせば、それは西洋的理念の普遍性とその最終的勝利を示すことになるからである。そのとき、18世紀の啓蒙思想の目標であった、人類の理性的な進歩に向かって進む、国家の諸制度に体現されたルールと道徳的規範の普遍的な諸体系が完成するであろう。

　そして第三に、民主主義への穏やかな移行とその安定が、中国の政治的将来にとって、最も望ましいように思われるからである。それは国内的抑圧を減らし、そして――あまり大きな期待は禁物だが――周辺国とより協調的な政府を作り出すであろうと期待されている。逆に、中国において現在の政治体制が崩壊し、どのような体制に向かうかもはっきりしない果てしない漂流が始まったらどうなるか。このような漂流はカオスとほぼ同義であって、そこから中国自身と世界にとって好ましくない副産物が次々に放出されるであろう。したがって、民主主義への軟着陸と、その後の安定が最も望ましいシナリオなのである。その意味で、中国における民主化の可能性に関する多くの議論は、この大国の政治的将来に関する期待と憂慮の混合物といってよい。

I　概念とアプローチ

　ここで民主主義とは、国民による自由で公正な選挙によって、もっとも有

力な政策決定者集団を選抜する政治システムを指すとしておく。指導者が民衆のために何か取り計らうこと、民衆が指導者に要求をのませること、および「人民代表」の選挙が行われることは、それだけでは民主主義ではない。したがって、中国大陸でしばしば用いられる「民主」という概念とは慎重に区別しなければならない。また民主化とは、権威主義体制が民主主義体制に移行することであるが、それは移行そのもの（transition）、および民主主義の安定（consolidation）という二つの、必ずしも截然と区別することができない過程からなる比較的長期の過程である。

まだ成し遂げられてもいなければ、始まってもいない（ようにみえる）中国の民主化は「いつ」、「なぜ」、「どのように」生じるであろうか。いくつかの考え方の筋道がありうる。

1 構造的アプローチ

第一は構造的アプローチと呼びうるもので、一組の客観的諸条件が揃えば、民主化がほぼ自動的に始まると考えるものである。このアプローチは、民主化を社会・経済構造によって運命づけられた必然の産物として描くであろう。すなわち、民主化の過程は、いわば構造に促されて自然に始まり、あたかも自動制御されているかのように、不可逆的かつ不可避的に進み、あらかじめ定まった目的地にひとりでに向かうものと理解されるのである。このアプローチを採用する人々は、民主化の起源と過程をひとまとまりのものとして考えるであろう。というのも、民主化を推進する人々の目標、計算、および価値は構造から演繹され、それに還元されてしまうからである。したがって、民主化推進勢力の意図も行動もあらかじめ構造によって決定されている。彼らは結局のところ、構造の代理人にすぎない。すべては自動的に始まり、進行し、そして収束するであろう。

経済発展が進むことで民主化が生じるとする有名なリプセット（Seymour Martin Lipset）の仮説は、このアプローチに属していると考えられる（Lipset, 1959）。この仮説を、中国について支持する人々はほとんど見出しがたい。2012年における中国の1人当たりのGDPは5,974ドルに達し、すでに民主化を達成したタイ（5,480ドル）やインドネシア（3,557ドル）のそれを上回っ

ている（『アジ研ワールドトレンド』2013年10月：56-58）。北京や上海の中心部に暮らす人々のライフスタイルは、もはや東京に住む人々のそれとほとんど変わりない。だが、それらの場所は、現在のところ、民主化のありうる震源地からもっとも遠い場所とみなされているのである。厚みを増した中産階級が支配エリートと衝突し、やがて民主化に導くというシナリオ——これはアメリカ政府が中国に関与する場合の信念の拠りどころであった——もまた構造的アプローチの範疇に入るが、中国についていえば、これもまた当てにならないと考えられている（マン、2007）。

　とはいえ、社会的・経済的構造を形作る客観的諸条件とは、国民1人当たりのGDP、あるいは所得水準に限らない。高等教育機関への進学率、テレビの普及率、余暇にかける時間、貿易額、マクロ経済、階級の配置状況、世界システムなどを含めてもよいであろう。したがって、すでに民主化を成し遂げた国々とまだ成し遂げていない国々との比較は、より包括的になされるべきである。構造的アプローチの魅力は、「いつ」、「なぜ」民主化が起こるかに関する力強い説明を提供してくれる可能性にある。一方、このアプローチは、「どのように」民主化が起こるかについてはほとんど説明しないであろう。

2　主意主義的アプローチ

　「どのように」民主化が起こるかについては、主意主義的アプローチがより雄弁に語るであろう。上述した構造的アプローチは、いわば「起こるもの」としての民主化を語るのに対して、主意主義的アプローチは「起こすもの」としての民主化を語る。後者のアプローチを採用する場合、民主化の起源に関する分析と過程（始まりから大衆の動員、暴力を伴う紛争の激化、権力の移動、新たな制度と象徴の創出そして再生産に至るまで）に関する分析は分離されることになる。というのも、民主化の過程は、人間の意志の力に開かれているものと理解されるからである。民主化を最終的にもたらす政治変動の起源がどうであれ、事件（あるいはその連鎖）としての民主化の過程には別の力学が付きまとう。そのため、民主化とは大いなる不確実性のなかで、あるいは予測可能性がごく限られた状況下で、あたかも手探りで新しい秩序を構築す

るかのような手間の多い仕事としてイメージされるのである。人間の意志と実践こそが歴史の進行にとって決定的な作用を果たすと理解することがこのアプローチの核心である。

　民主化に関わる理論的研究でよく知られている、体制側のタカ派とハト派、そして反体制側の穏健派と急進派の四者間のゲームによって、民主主義への移行を説明しようとする立場（例えば、Przeworski, 1992）は、このアプローチに属している。民主化を望む人々とそれを阻止しようとする人々の間の駆け引きと相互作用のなかに民主化の可能性を見出すのであれば、ハンチントンによって示された、権威主義体制から民主主義体制への移行の過程についての以下の三つのシナリオは、思考の出発点として有益である（ハンチントン、1995）。第一は「変容」（transformation）である。これは体制側が反体制側より優勢な場合であって、政治エリート内部で改革派が保守派に対して優位を占めることで民主化が始まる場合である。これは「上からの」民主化と呼んでもよい。第二は「置換」（replacement）である。これは体制側が一切の改革を拒否するなか、反体制勢力が革命を起こして——ブルジョア革命であれ、プロレタリア革命であれ——体制を葬り去ることで民主化が実現する場合である。これは「下からの」民主化と言い換えることができる。そして第三は「共同移行」（transplacement）である。これは体制側、反体制側ともにお互いに他を圧倒できない状況下、体制側の改革派、そして反体制勢力の穏健派が主導権を握り、両者の間で協定（pact）が成立した結果、体制移行がなされる場合である。

　以上の各シナリオは、ひとつの大きなシナリオのなかの連続して生じる各段階とみなすことも可能であろう。例えば、「変容」が失敗して民衆が蜂起するも、やはり失敗に終わる。その後、政府の一部と社会の一部との間で民主化に向けた妥協が成立して、民主化がなされるという具合である。

　すぐに気がつくことであるが、中国の場合——他のいかなる国においてもそうであろうが——「上からの」民主化も「下からの」民主化も、純粋な形では起こりそうにない。一方で、中国共産党（以下、煩雑さを避けるため、共産党、あるいはたんに党と表記することがある）は国家に対する「党の指導」について、現在、いささかも譲歩する気がない。他方で、民衆蜂起は「党の軍

隊」である人民解放軍と、これまた同様に巨大な治安維持機構を敵に回すことになる。1911年の辛亥革命は、地方的な反乱が各地でほぼ同時に発生した結果、成就した革命だと見ることもできるが、100年後、民衆が打ち破らなくてはならない体制を保護する壁はあまりにも高く、途方もなく頑丈である。したがって、現実には、何らかの形での「共同移行」(それも人民解放軍と治安維持機構の少なくとも一部を巻き込んだ)のみがありうるシナリオであろう。

　たしかに、党‐国家によって画された規制線をいくぶんなりとも踏み越えようとする一部の指導者と知識人による小さな結節は、前例もあり、民主化の拠点となるかもしれない。1978年、1986年、1989年に中国の学生たちが展開した「民主化運動」――各時期において彼らが行った運動の詳細な検討と評価はまだこれからといってよい――は、おそらく党‐国家の側に、学生たちに共鳴し、そして彼らを支持する指導者たちが背後に存在していた。もしこのような「共同移行」の小さな芽に「外からの」支持が加わるなら、その潜在力はいっそう大きなものとなるに違いない。もっとも、このような兆候は、たとえほんのわずかなものであっても、党‐国家の側の鋭敏な警戒心を呼び覚まし、ただちにそれを葬り去ろうとする対抗戦略を発動させるであろう。国内の「修正主義」分子と国外の帝国主義勢力の結託が中国共産党の権力を崩壊に導くことに関する特別な恐怖と警戒は、確実に毛沢東から鄧小平へと受け継がれ、さらにその後の指導者たちにも共有されている。したがって、われわれがもし具体的な行為者に注目して中国における民主化を語るのであれば、「上」、「下」、「外」において民主化のために協力するが時には反発しあう人々と、あらゆる手段を用いて民主化を阻止しようと、やはり協力するが時には反発しあう人々との間の複雑なゲーム――それは四者間のゲームにとどまらないに違いない――のなかで検討しなければならないであろう。

3　状況的アプローチ

　以上のように、構造的アプローチは「起こるべくして起こる」民主化を想定し、主意主義的アプローチは民主化を「起こそう」とする意志をもつ人々

の行動を通じて民主化が達成されると考える。だが、民主化は構造とはほとんど関わりのないところで、また民主化への明確な意志を少なくとも当初はもち合わせない人々の相互作用によって「起こってしまう」のかもしれない。偶然の作用およびその連鎖を重視するこのような考え方を、状況的アプローチと呼んでおこう。このアプローチにおいては、あらかじめ民主主義への意志を備えた変革主体が民主主義を準備するのではなく、状況と出来事の推移こそが変革主体を出現させるであろう。ブルボン王朝末期の危機のなかで現れたパトリオット派は、そのような変革主体の事例かもしれない（柴田、2012）。状況的アプローチを採用する人々は、民主化を求める人々を、同時代の人間にとっては、どこからともなく、不意に現れたかのように描くであろう。フランス革命におけるパトリオット派がそうであったように、中国における民主化推進勢力も一枚岩ではなく、内部に多様な社会層を含み（構造的アプローチおよび主意主義的アプローチを採用する人々は、民主化の「担い手」として特定の階層、あるいは二、三の階層の連合を想定することが一般的である）、さらに時期的に態度の変化を見せるかもしれない。だが、そうした勢力は時に構造に導かれ、時に民主化に反対する人々によって、自らの立場を徐々に明確化しながら、結果的に民主化を達成してしまうであろう。もちろん、このような事態の展開は、現在の中国については、理論的に考えられるのみである。

II　既存の研究

　仮に今から数年の後に中国で民主化が達成されたとして、それを事後的に考察する未来の研究者の一部は、構造的アプローチに立脚して、この国の民主化の過程がすでに21世紀初めには開始されていたのだと主張するかもしれない。だが、構造的アプローチの最も有力な仮説であった、豊かになると民主化するとの仮説を中国に適用することがますます難しくなるように見え、また民主化を推進しようとする勢力がエリートの側にも一般の人々の間にもいっこうに現れない（あるいは現れては弾圧される）のを見て、現在の研究者が中国における民主化の可能性について書く文献は、構造的アプローチに立

つものでもなければ、主意主義的アプローチに立つものでもなく、ましてや状況的アプローチに立つものでもない。既存の文献は、以下の二つに分類しうる。すなわち、「下からの」民主化のポテンシャルに関する兆候発見主義的文献群、およびそもそも民主化の可能性が現在のところきわめて小さいか、あるいはほとんどないと想定して中国における権威主義体制の「強靱性」の源泉を論じた文献群である。

1 「下からの」民主化のポテンシャルに関する兆候発見主義的文献群

　この文献群は、過去の他国・他地域での歴史的経験に照らして、この東洋の大国における民主化の兆候と思われる（あるいはそのようなものとして期待できる）ものに焦点を当て、その潜在力を問うている。その理由は、1989年の天安門事件以降、「上からの」政治的改革は凍結されたように思われたからである。その結果、研究者たちは「下からの」民主化の兆しと考えられるものに、ある種の期待を込めて着目したのであった。これらは、さらに次のようないくつかの異なる領域を扱ったものに分けられる。

- グラスルーツにおける選挙（基層選挙）の普及および人民代表大会の機能の変化が政治体系全体に対してもつ意味を扱った文献。
- 労働組合（工会）、経営者団体、消費者団体、住民組織などの中間的諸集団を扱った、あるいはそれらの団体が織りなして形成される市民社会（civil society）の萌芽を扱った文献。
- 新興のビジネスエリートをはじめとする中産階級の政治的態度を扱った文献。
- 集団的抗議、「維権運動」、「法による抵抗」（rightful resistance）、陳情などの一般民衆の政治的態度、あるいは政治文化の変化を扱った文献。
- 中央－地方関係の変化、とりわけ地方分権の進行が政治体系全体に対してもつ意味を扱った文献。

　これらの文献は、改革開放の開始以降、急速に変化しつつある中国社会のさまざまな地点に探り針を入れ、民主主義へ向かう潜在力の診断を試みたものである。それぞれの文献群は、すでに本書の各章において紹介されているので、ここではそれらのエッセンスを述べるにとどめたい。総じて、これら

の兆候発見主義的文献は、以下のような主張を展開している。第一に、基層選挙を通じた村民による自治の拡大は、そもそも人民公社制度の崩壊から生まれた無秩序な農村社会を再構築し、基層社会における安定を確保するために採られた措置と考えるべきで、民主主義的な制度の芽生えというよりは、党の支配の再浸透と考えたほうがよい（例えば、中岡、2011；O'Brien, et al. 2009）。第二に、改革開放のなかで急速に台頭しつつあるビジネスエリートたちの関心は、全体として政治よりはビジネスに向いており、その限りで現状維持を志向している（例えば、Pierson, 1997）。それどころか、私的企業家は「国家の同盟者」（Chen and Dickson, 2010）ですらある。また中産階級は、現状に満足しているがゆえに、またさらなる生活水準の向上を期待しているがゆえに政治的変革を望んでいない（例えば、チェン、2015；Li, 2013）。第三に、市民社会を構成するはずの中間団体は、いずれも一方で国家からの自立性を高めているように見えるが、他方で国家に依然として固く縛りつけられているようにも見え、国家と社会を股にかけた両義的な存在である（例えば、Frolic, 1997；高橋、2008）。第四に、集団的抗議運動、あるいは法律で保護されるはずの権利を奪われている人々による運動など、政治に関わる人々の活動空間は拡がりつつある。だが、それらはほとんどの場合、その場限りで、かつ視野も限定的である。したがって、政治体系全体に影響を及ぼしそうにない（例えば、Cai, 2010）。

　以上のいくつかの発見を横断する概念は、「取引」であるかもしれない。すなわち、中国の人々は、手近な利益を得るのと引き換えに、政治体系全体への挑戦を放棄しているということである。このような仕組みがいつ、どのように出来上がったか——党‐国家によって意図的に作られた比較的新しいものなのか、それともその起源は古く、王朝時代にまで遡ることができるのか——は判然としない[1]。ともあれ、この仕組みにおいて、支配エリートの側は、人々にある程度まで政治的活動のための空間を故意に空けておき、合法的に、半合法的に、そして時には非合法的にさえ振る舞わせるであろう。その限りにおいて、この空間で政治的に振る舞う人々には一定の自由が与えられる。また、その余地は次第に拡大しつつあるように見える。だが、これはあくまでも党‐国家によって巧妙にしつらえられた空間にすぎない。不満

をもつ人々はそこで自らの要求を語り、ある場合にはひと暴れしてうっぷんを晴らし、別の場合には地方役人に補償させることができる。その際、上級政府は慈悲深く介入して事件を解決する——実際には選択的に介入するにすぎないが（Cai, 2010）——と同時に、人々が何を真に求めているかについての、他の手段では得られない貴重な情報を得るのである。

かくして、民主主義の兆候と呼びうるものは確認されながら、その多くは党-国家によって巧妙に体制内部に取り込まれてしまうのである。以上の文献群の観察と分析が正しければ、われわれは当面の間、忍び寄るブルジョア革命も期待できなければ、再度のプロレタリア革命にも期待することはできない。

2　中国における権威主義体制の「強靱性」について論じた文献群

どれほど豊かになっても、いっこうに民主化する気配がないためか、あるいは民主化の兆候と見えたものを仔細に検討してはその結果に期待を裏切られたためであろうか。研究者たちは中国における民主化の可能性の探求を放棄してしまったわけではないが、それをいったん脇によけて、中国における権威主義体制の「強靱性」（resilience）の源泉の探求に向かい始めた。このような探求は、1970年代以降に生じた「民主化の第三の波」の勢いが失われた後、権威主義体制をやがて民主化する体制としてではなく、それ自体として存続可能な体制として、また生存のために自己を絶えず変革する能力を備えた体制として理解しようという、より大きな知的傾向の一部であった。

代表的な文献のひとつ、アンドリュー・ネイサン（Andrew Nathan）の論文は、「強靱性」の理由を制度化（institutionalization）に求めた。彼のいう制度化とは、権力継承、官僚機構内部の能力に応じた任用と昇進、さらには退職に関わるルールの整備と定着などを指す（Nathan, 2003）。このようなルールを通じて、たとえ最悪のものが指導者となったとしても、彼または彼女は任期が終われば、政治的舞台から静かに退場するであろう。また、イデオロギーあるいは個人的忠誠よりも能力が昇進の決め手となるため、派閥闘争が和らげられることも期待できる。かくして、体制全体がプラグマティックになるであろう。そのようなプラグマティズムの背後では、より複雑化した専

門的機構の数々がそれぞれの役割を果たし、それによって体制が直面する挑戦によりうまく対応できるようになるはずである。

　ネイサンがあげている要因、および他の「強靱性」文献が指摘する中国の権威主義体制の「強靱性」を形作る要因のリストを作成すると、おおよそ次のようになるであろう。

- 経済的実績。共産党と政府は所得と消費生活の水準の絶えざる向上を通じて、人々に受益者感覚を植えつけ、彼らから支持を引き出している。
- 柔軟なイデオロギー、あるいは党とは何かに関する融通無碍な再定義。いまや中国共産党は、「何をすべきか」ではなく、「何をしてはならないか」しか語らない。加えて、この政党は、世界各地の保守的な政党とまったく同じように、自国のすぐれた伝統とみなしうるものを推奨しはじめた。それが誕生した瞬間から長い間、旧い中国の伝統と手を切ることに存在意義を見出してきたことをあたかも忘れたかのように、この世界最大の政党は儒教的価値をもち上げはじめた。
- 指導者たちの団結。1980年代の後半、指導者たちの間に深刻な亀裂が走っていたことが、大安門事件に導いた。だが、亀裂は見事に修復され、今や彼らは一党支配、限定された政治的自由化、高度に国家主義的な市場改革、漸進的な私有化、そして国際経済への深い関与を組み合わせた発展モデルの周囲に見事なまでに結束している（Walder, 2009）。
- 潜在的には危険な階級、すなわちブルジョアジーの取り込み（cooptation）——腐敗をさらに育むという代償を支払って。その名称に歴史的に込められた意味にもかかわらず、中国共産党は江沢民による「三つの代表論」とともに、階級政党から包括政党へと脱皮をはかった。急速に台頭するブルジョアジーが、現実に共産党の思惑通りに、その体内に取り込まれているかどうかは見解が分かれている（例えば、Dickson, 2008 と Pei, 2006；Gilley, 2004 を比較せよ）。だが、もはや毛沢東時代の資本主義復活に関する恐怖は過去のものである。
- 選択的な弾圧と、強化され洗練された監視の組み合わせ。前者は、突出した反体制派と見られる人々に対して容赦ない弾圧を加えるものの、その他大勢に対しては寛容な態度で臨むことを指す。後者の例は、イン

ターネットの掲示板への集合行為を誘発するような書き込みの削除である（King, et al., 2013）。
・ナショナリズムのアピール。ナショナリズムは、一方で人々に富強の大国という夢を与え、他方で矛盾に満ちた社会的現実から人々の目を一時的にそらすために効果的に使われている。
・体制内に組み込まれた一種の「衝撃吸収装置」。これは人々の要求を分断し、局地化し、そして体制の核心にまで攻撃が向かわないようにするメカニズムのことである。上述した「取引」の空間がこれに当たる。

　以上の諸側面を有機的に結び合わせる言葉を見出そうとすれば、それはネイサンがいうように「適応」（adaptation）であろう。つまり、中国の党‐国家が、あるいは自らが引き起こし、あるいは他に原因がある環境の変化に合わせて、自らの姿を融通無碍に変える能力を備えていることである。この高度の適応能力はどこから来るのであろうか。それは、シャンボー（David Shambaugh）が指摘するように、中国共産党が自らの失敗した経験、および崩壊した他の社会主義国の経験から真剣に教訓をくみ取ろうとしたことと関係があるであろう（Shambaugh, 2008）。だが、おそらくそれだけではない。創立以来、実際にこの党は何度となく自らを生まれ変わらせてきた。1920年代初めは知識人の小さな集団として、1920年代後半からは食うや食わずの多数の農民を従えた集団として、そして1949年の建国以降は労働者の階級的利益のチャンピオンとして、この党は人々の前に姿を現したのであった。そうであるなら、中国共産党には当初から変幻自在の能力——それは、この党が、崇高な理念を掲げながら、現実にはそれにあまり拘束されないがゆえに獲得された能力であるように思われる——が備わっていたのかもしれない。ともあれ、以上にあげた要因をまとめて眺めれば、中国における権威主義体制の適応能力はきわめて高度であるように思えてくる。

　だが、1980年代の東欧の社会主義国についても、ジャスミン革命前のチュニジアについても、アラブの春以前のエジプトについても、体制の「強靭性」が語られていたのではなかったか。例えば、スタニシキス（Jadwiga Stanisikis）は1980年代初めのポーランドについて、「なぜ現代の形態の社会主義体制はこれほど安定しているか」と問い、その答えとして「支配集団が利用する特

殊な統制と操作の技術」、「体制内での緩衝装置」、「危機が安定化の機能を果たす」ことなどについて実に説得力ある——当時としてはという限定を付けるべきであろうが、いま読み返しても鮮やかな——議論を展開していた（スタニシキス、1981）。そうだとすると、現在、中国の権威主義体制の強さを語っている文献も、将来同じ運命を辿る可能性がある。実際、「強靱性」文献には、次のような問題があるように思われる。

　第一に、中国共産党は全能であるわけではない。適応とは、生物学的な意味では、変化する環境に合わせて生存を確保することができる状態にすることであるが、いかなる生物も環境に完璧に適応しているわけではない。政治学的に考えても、あらゆる挑戦をはねつけることのできる体制など存在しないであろう。「強靱性」文献は、現在まで存続しえたという点から、その体制の強みを演繹的に導き出すのだが、それがまだ見ぬ挑戦にも過去と同様に耐えることができるかどうかは未知数である。

　第二に、適応は副産物や対抗適応（counter adaptation）を生み出す。副産物についていえば、例えば、ナショナリズムの喚起は、必ずその民族の過去の「古き良き伝統」の強調をともなう。というのも、「過去は、あまりはめたたえるものがない現在に、もっと輝かしい背景を与える」からである（ホブズボーム、2001）。現在の中国共産党も、儒教の美徳を推奨している。しかし、儒教をもち上げるなら、共産党である必要はない。したがって、共産党でなくてもよい——共産党は不可欠（indispensable）ではなく、なくても済む（dispensable）ものだという人々の感情を呼び覚ますかもしれない。一方、対抗適応とは、例えば、肉食獣の足が獲物をよりよく捕えるために速くなる（これは適応である）と、獲物となる動物も捕食されないように足が速くなるかもしれないということである。党－国家の適応が進めば、それに支配される社会の側の対抗適応も進む可能性がある。だが、この点は「強靱性」を語る文献において十分に考慮されていないように見える。

　第三に、そもそも適応力の高さは、中国の権威主義体制が生き延びるための必要条件でもなければ、十分条件でもない。適応力が低い人間でも、その人物が置かれた環境と幸運に恵まれれば、生き延びることは可能であろう。逆に、適応力が高い人間でも、突然の病気あるいは事故によって、不幸にし

て命を落とすことはある。それは権威主義体制でも同様であろう。実際、現在の北朝鮮は上述の要因のほとんどを備えていないように思われるが、それでも存続している。逆に、崩壊前の東ヨーロッパの共産主義政権、やはり倒れる前のチュニジアのベン・アリー政権、およびエジプトのムバラク政権には、それらのうちのいくつかを見出すことができたように思われる。そうだとすれば、これらの要因は、たとえ現在の中国に存在したとしても、今後、中国の権威主義体制が生き延びることを必ずしも保証しないであろう。ついでにいえば、ペイ（Minxin Pei）が指摘するように、いかに外部世界が中国における権威主義体制の「強靱性」の要因を多数並べようとも、中国の指導者たち自身は、自らの体制について大きな不安を抱えているのである（Pei, 2012）。

　このように述べたとしても、「強靱性」文献の筆者たちは反対することはあるまい。かくして、研究者たちは、一方で中国における民主化の兆候を探し求めては裏切られ、他方で権威主義体制の「強靱性」の要因を明らかにしようとしては、それが党－国家の将来の存続を保証するものではないことに気づくのである[2]。ならば、中国における民主化の展望についてどのように考えればよいのであろうか。

III　民主化への展望はいかに開けるか

1　不安定化しつつある均衡状態

　たとえ現在は安定しているように見えても、中国の政治体系は次第に不安定化しつつあるといいうる。それは、市場経済化、情報革命、グローバリゼーションに伴い、中国社会に、従来の政治的枠組には収まりにくい集団と要求が次々に生まれているからである。改革開放が始まった1980年代初め、中国人は環境保護団体も、家屋所有権者の団体も、消費者保護団体も知らなかった。だが、現在それらの団体は、政府の政策に一定の影響を与えるべく活発に運動を展開している。新たな集団が掲げる新たな要求は、一方で、入力を出力に変換する装置（政策決定機構）にかかる負荷を増大させるが、他方で、その多くが無視されるか、せいぜいおざなりにしか扱われない。とい

うのも、この政治体系のもとでは、本来、社会からのさまざまな要求を政策決定機構に伝えるチャネルが限られているからである。すると、次に生じるのは、実際の出力（政策）と人々の要求との間のギャップの拡大であり、それは政府の権威の低下と人々の欲求不満へと導くであろう。このような事態の発展を食い止めようとすれば、要求を伝達するチャネルを増やすことと同時に、さまざまな集団の間での対立を緩和し、要求を調整する仕組みが必要である。こうした工夫がなされない限り、人々の不満は高まり続けるであろう。

　以上を要するに、社会的・経済的変化が急速に進めば、党－国家による一元的な支配のもとに置かれる政治体系は不安定化せざるをえないということである。これは、政治の次元と経済的・社会的次元を切り離したうえで、後者のみを大胆に変革したことの必然的帰結と考えてよい。ハンチントンがいうように、政治発展（political development）の核心が、利益の多元化に応じた制度化の進展を指すのであれば（ハンチントン、1972）、中国における政治発展は1989年の天安門事件以降、凍結されたままである。このとき、政治体系を安定させるはは唯一の出口は民主主義的な諸制度を採用することであろう。ここにこそ、多くの研究者が民主主義の兆候を求めて中国のあらゆる地点で土壌を掘り返した動機があるのである。

　長期的に考えれば、この政治体系は構造的な手直しを行わない限り、破綻を免れない。だが、短期的・中期的に見れば、破綻に至る過程はシステムを存続させるための工夫によって引き延ばされるであろう。その工夫は、「強靱性」文献が明らかにしているとおりである。かくして、ある種の不安定化しつつある均衡状態がもたらされる。研究者はこの状態を矛盾する言葉を連ねて表現するほかはない。ウォルダー（Andrew Walder）のいう「手に負えない安定」（unruly stability）はその一例である（Walder, 2009）。「手に負えない」のほうを相対的に強調するか、それとも「安定」のほうを相対的に強調するかは、研究者次第である。「強靱性」とは、そのような不安定化しつつある均衡状態につけられた仮の名前にすぎない。筆者はペイとともに、中国の権威主義体制の「強靱性」が、やがてはシステム上の弱点に屈服することを余儀なくされる一時的な見せかけであろうと考える（Pei, 2012）。

2　均衡の崩壊と民主化の可能性

　では、いつ、どのように均衡は崩れるだろうか。ここでもシステム論的に考えた場合、社会からの要求の噴出に政策決定機構が圧倒されたとき、均衡は崩れるであろう。それには、次の二つの場合が考えられる。ひとつは、政策決定機構が入力の処理能力を失う場合である。それは、例えば、支配エリートの分裂によって生じるであろう。

　もうひとつは、政策決定機構がもつ入力の処理能力を、相対的に凌駕するような社会からの要求が浴びせられたときである。なるほど、支配エリートが民衆からの圧倒的な要求にさらされた際、入力の処理などあきらめてしまうこともできる。中国の党－国家は、その洗練された社会統制と世論操作の技術によって民衆の許容が撤回されたとしても生き延びる能力を、言い換えれば支配の正統性を失っても存続する能力を身につけている可能性がある。だが、人々が党－国家が「なくても済む」(dispensable) からさらに一歩進んで「不要だ」(unnecessary) と考え始めたとき、彼らの反抗のレベルは上昇し、統治のコストは急激に増大するであろう。実際、すでに軍事費を上回る金額が治安維持のために支出されている（Guo, 2012）。膨らみつつある統治のコストを党－国家が負担できなくなる日は、やがて訪れるかもしれない。もし、そうなれば、民衆からの要求の大波が政策決定機構を飲み込んでしまうであろう。以上の二つの場合は、実際には区別が難しい。というのも、政策決定機構の処理能力が大きく低下するから入力に圧倒されるのか、それとも要求が津波のように押し寄せるから政策決定機構が機能不全に陥るのかは、見分けがつかないからである。

　用心深い中国の党－国家は、以上の可能性にすでに気がついている。そうであるがゆえに、統治のコストを引き下げようと、逆説的であるが、選挙に基づかず統治する党－国家は、見えざる「日々の人民投票」によって、人々の歓心を買おうと躍起になるのである。例えば、経済成長のアピールによって、腐敗撲滅キャンペーンによって、国力のひけらかしによって、「和諧社会」の訴えによって、支配エリートは民衆の利益の擁護者であることを装う。だが、そのような民心を買おうとする企てもまた、統治のコストを引き上げることに導くであろう。

ともあれ、均衡が崩れた時のイメージはこうである。デモやストライキが頻発し、犯罪や暴力沙汰が増加し、国外へ移住しようとする人々が増加する。公務員の規律が緩み、行政効率が低下する。政治エリートたちの間での公開、あるいは非公開での論争が活発化し、それに知識人とマスコミが加わる。国外では、中国の将来に関する不安が高まり、投資が引き上げられる。

　このとき、政治体系の内側にいる人々、および外側にいる人々は、それぞれが中国の政治的将来に関する重大な選択を迫られることになる。ひとつの選択は他の選択に影響を及ぼす——正の影響であれ、負の影響であれ——であろうが、彼らが行う選択の組合せ次第では、民主化は可能なシナリオのひとつとなるであろう。そのような選択の第一は、政治エリートたち（これは大雑把に党、政府、軍の上層部に位置する人々を指すとしておく）の一体性の保持に関わるものである。彼らは、その一体性を守りながら、権威主義的支配を維持することが、なおも可能であり、かつ望ましいと考えるであろうか。それとも、そのような確信をもつことができない人々が、民主主義を求める「ハト派」として出現し、自らを「タカ派」と区別しようとするであろうか。危機に直面したエリートたちの一体性の崩壊は、動揺した指導者たちが犯す明白な失政、自らの失政によるとは限らない、他の要因（例えば、天変地異）によって引き起こされた切迫した危機、あるいはたんなる仲間割れを契機として生じる可能性がある。たしかに、19世紀半ばの同治中興時期における清朝のエリートたちがそうであったように、危機を触媒として彼らが結束することもありうる。だが、エリートとその予備軍の規模からして、一枚岩の団結の維持はきわめて難しい。8,500万人を超え（2012年末現在の数字）、なおも次第に膨らみ続ける党員数は、一体性の基礎を形作るよりは、それだけで分裂の可能性を高めている。

　第二は、社会の動きに関わるものである。一般の人々は、「時代の終わり」を予感して、エリート内部に突如現れた「ハト派」を支持するであろうか。それとも、「天下がどちらに転ぶか」を見定めようとして、しばらくは傍観者を決め込むであろうか。

　おそらく、支配エリートが現体制の「支柱」とみなす中間層がいかなる動きを見せるかが重要であろう。もし、チェンが述べるように、中国の中間層

が自らの生存と繁栄に関し、国家に強く依存していることが、彼らの現体制に対する支持の源泉であるなら（チェン、2015）、彼らは国家との関係からもはや利益を引き出しえないと判断したとき、支持をあっさりと撤回する可能性がある。つまり、新たな理念に引き付けられた人々が旧体制を見放すのではなく、新たな制度が具体的な利益に結びつきそうだという見通しがものをいうであろう。20世紀前半の中国革命の経験からすれば、革命の帰趨に大きな影響をもったのは、まさにそうした見通しを抱いた日和見主義的な人々が、雪崩を打って共産党の側に傾いたことであったように思われる（高橋、2006）。この歴史的類推が当てはまるとすれば、体制の崩壊は徐々に進むのではなく、ある時点で一気に進む可能性がある。

　第三は、諸外国の動向である。アメリカ、日本、ロシアのような大国は、中国における共産党政権の崩壊を阻止するような——清朝末期、よろめいた清朝を存続させるために、イギリスが演じたような役回り——圧力をかけるのであろうか。それとも、崩壊を促し、崩壊後の政治体制の民主主義的な再編成に手を貸すのであろうか。いずれの場合であれ、大国の公然たる介入は、それに反対するナショナリズムの高揚を招きかねず、混沌とした状況に複雑な力学を付け加えるであろう。

　すぐに理解できるように、以上の分岐点にさしかかった時、エリートの分裂と「民主派」の出現、社会の大部分が現体制に見切りをつけ、「民主派」の側に立つこと、そして諸大国が中国の民主化を支持することが、民主主義への移行を最もよく促す組合せとなるであろう。だが、そのような幸福な組合せが生じる可能性はどう見ても限られたものである。というのも、中国の人々にとって、民主主義的な諸制度とその運用は、歴史的に馴染みのないものだからである。過去をどこまで遡っても権威主義的な遺産しか見出すことができず、しかも長い間、西洋諸国の民主主義は欠陥だらけであると吹き込まれてきた彼らには、民主主義を想像することが難しいのである。

おわりに

　システム上の隘路から、党-国家の指導者たちがやがて独裁に対する自信

を失うであろうと考える十分な理由があるが、そこから先の事態の展開は、半ば構造に拘束され、半ば目的を遂げようと行動する人々の意志によるであろう。半ば構造に拘束されるというのは、例えば、日本以上に急速に進む高齢化した人口構成のなかで、多くの人々が広範な暴力を伴うような政治体制の根本的変化を望まないという事態を考えてみればよい。これほどまでに老人の多い社会で、かつて革命が起こったためしはないのである。とはいえ、構造がいかなるものであれ、あるいは構造に逆らって、理想に駆られた人々が成し遂げる事業はあるであろう。

とはいえ、構造と意志のせめぎ合いのなかに、中国の民主主義が成長する小さな間隙を見出そうとする考え方は、根本的に間違っているかもしれない。ある日、利益をもたらす従来の仕組みがもはや機能しないことに気がついた人々が、「民主主義」なるものから利益を得ることができるとの期待を抱き、突然「民主派」として姿を現す――その理念についてどう考えているのであれ――こと、しかもそのような人々が大量に現れることが中国の民主化にとって決定的役割を果たすのかもしれない。これは先述した状況的アプローチに通じる想定である。だが、もちろんここで語っているのは民主主義体制への移行についてであって、偶然が重なって「成立してしまった」民主主義が定着するかは、また別の問題である。

1) この問題を考えるのに有益な文献としては、角崎（2013）がある。
2) *Journal of Democracy* 誌の 2013 年 1 月号の特集「転換点を迎えつつある中国？」において、ネイサンは中国の権威主義体制の「強靱性」が限界に達しつつあるというのが、いまやコンセンサスであると述べている。

参考文献
【日本語】
角崎信也（2013）「中国の政治体制と『群体性事件』」鈴木隆・田中周編『転換期中国の政治と社会集団』国際書院。
加茂具樹（2006）『現代中国政治と人民代表大会――人代の機能改革と「領導・被領導」関係の変化』慶應義塾大学出版会。
小嶋華津子（2008）「市場経済化と中国都市部の『市民社会』」竹中千春・高橋伸夫・山本信人編『現代アジア研究 2　市民社会』慶應義塾大学出版会。

柴田三千雄（2012）『フランス革命はなぜおこったか——革命史再考』山川書店。
高橋伸夫（2006）『党と農民——中国農民革命の再検討』研文出版。
高橋伸夫（2008）「中国『市民社会』の歴史的展望を求めて」竹中千春・高橋伸夫・山本信人編『現代アジア研究2　市民社会』慶應義塾大学出版会。
中岡まり（2011）「中国地方人民代表大会選挙における『民主化』と限界——自薦候補と共産党のコントロール」『アジア研究』第 57 巻第 2 号。
オドンネル、ギジェルモ・シュミッター、フィリップ（1996）『民主化の比較政治学——権威主義支配以後の政治世界』（真柄秀子・井戸正伸訳）未來社。
スタニシキス、J（1981）『ポーランド社会の弁証法』（大朏人一訳）岩波書店。
チェン、ジー（2015）『中国の中間層と民主主義——経済成長と民主化の行方』（野田牧人訳）NTT 出版。
トクヴィル、アレクシス・ド（1998）『旧体制と大革命』（小山勉訳）筑摩書房。
ハンチントン、サミュエル（1972）『変革期社会の政治秩序』上・下（内山秀夫訳）サイマル出版会。
―――（1995）『第三の波——20 世紀後半の民主化』（坪郷實他訳）三嶺書房。
ホブズボーム、エリック（2001）『ホブズボーム歴史論』（原剛訳）ミネルヴァ書房。
マン、ジェームズ（2007）『危険な幻想——もし中国が民主化しなかったら世界はどうなる？』（渡辺昭夫訳）PHP 研究所。

【英　語】

Cai, Yongshun（2010）*Collective Resistance in China: Why Popular Protests Succeed or Fail*. Stanford: Stanford University Press.

Chen, Jie and Bruce J. Dickson（2010）*Allies of the State: China's Private Entrepreneurs and Democratic Change*. Cambridge, MA: Harvard University Press.

Chu, Yun-han, et al.（eds.）（2008）*How East Asians View Democracy*. New York: Columbia University Press.

Diamond, Larry（1994）"Rethinking Civil Society: Toward Democratic Consolidation," *Journal of Democracy*, 5（3）.

Dickson, Bruce J.（2008）*Wealth into Power: The Communist Party's Embrace of China's Private Sector*. New York: Cambridge University Press.

Ding, Yijiang（2001）*Chinese Democracy after Tiananmen*. New Haven: Columbia University Press.

Frolic, B. Michael（1997）"State-Led Civil Society," in Timothy Brook and B. Michael Frolic（eds.）*Civil Society in China*. Armonk: M. E. Sharpe.

Friedman, Edward（ed.）（1994）*The Politics of Democratization: Generalizing East Asian Experiences*. Boulder, CO: Westview Press.

Gilley, Bruce（2004）*China's Democratic Future: How It Will Happen and Where It Will Lead*. New York: Columbia University Press.

―――― (2003) "The Limits of Authoritarian Resilience," *Journal of Democracy*, 14 (1).
Goodman, David S. G. (2008) *The New Rich in China: Future Rulers, Present Lives*. New York: Routledge.
Guo, Xuezhi (2012) *China's Security State: Philosophy, Evolution, and Politics*. New York: Cambridge University Press.
He, Baogang (1997) *The Democratic Implications of Civil Society in China*. London: Macmillan Press.
King, Gary, Jennifer Pan, and Margaret E. Roberts (2013) "How Censorship in China Allows Government Criticism but Silences Collective Expression," *American Political Science Review*, 107 (2).
Li, Cheng (ed.) (2008) *China's Changing Political Landscape: Prospects for Democracy*. Washington, D. C.: Brookings Institution Press.
Li, Chunling (2013) "Sociopolitical Attitudes of the Middle Class and the Implications for Political Reform," in Minglu Chen and David S. G. Goodman (eds.) *Middle Class China: Identity and Behaviour*. Northampton: Edward Elgar.
Linz, Juan J. and Alfred C. Stepan (1996) *Problems of Democratic Transition and Consolidation: Southern Europe, South America, and Post-Communist Europe*. Baltimore, MD: Johns Hopkins University Press.
Lipset, Seymour Martin (1959) "Some Social Requisites of Democracy," *American Political Science Review*, vol. 53, no. 1.
Nathan, Andrew (2003) "China's Changing of the Guard: Authoritarian Resilience," *Journal of Democracy*, 14 (1).
Nevitt, Christopher E. (1996) "Private Business Associations in China: Evidence of Civil Society or Local State Power?" *The China Journal*, 36.
O'Brien, Kevin J. and Rongbin Han (2009) "Path to Democracy? Assessing Village Elections in China," *Journal of Contemporary China*, 18 (60).
Ogden, Suzanne (2002) *Inklings of Democracy in China*. Cambridge, M.A.: Harvard University Press.
Oksenberg, Michel (1998) "Confronting a Classic Dilemma," *Journal of Democracy*, 9 (1).
Pearson, Margaret M. (1997) *China's New Business Elite: The Polilical Consequences of Economic Reform*. Berkeley: University of California Press.
Pei, Minxin (2001) "Is China Democratizing?" *Foreign Affairs*, 79 (3).
―――― (2002) "China's Governance Crisis," *Foreign Affairs*, 81 (5).
―――― (2012) "Is CCP Rule Fragile or Resilient?" *Journal of Democracy*, 23 (2).
Przeworski, Adam, *et al*. (eds.) (1992) *Democracy and Development: Political Institutions and Well-Being in the World, 1950-1990*. Cambridge: Cambridge University Press.
Shambaugh, David (2008) *China's Communist Party: Atrophy and Adaptation*. Berkeley: University of California Press.

Unger, Jonathan and Anita Chan（1996）"Corporatism in China: A Developmental State in an East Asian Context," in Barrett MacCormick and Jonathan Unger（eds.）*China after Socialism: In the Footsteps of Eastern or East Asia?*. Armonk: M. E. Sharpe.

Walder, Andrew（2009）"Unruly Stability: Why China's Regime Has Staying Power?" *Current History*, 27（4）.

Zhao, Suisheng（ed.）（2008）*Debating Political Reform in China: Rule of Law vs. Democratization*. Armonk, NY: M. E. Sharpe.

補　遺
欧米の研究者による中国政治研究
——道具箱のなかのあらゆる道具を使用する？

メラニー・マニオン
（上野正弥訳）

はじめに

　本章では、欧米の研究者が中国政治を研究する際に用いる方法論的アプローチを概観し、評価する。ここでいう「欧米の研究者」とは主に、米国、カナダ、ヨーロッパ、オーストラリアを拠点に活動する研究者を指す。また、ここで筆者は中国の国内政治に関する研究に焦点を絞るが、それは米国的政治学の分類においては比較政治学の領域に当てはまる[1]。比較政治学の研究の多くは、一国の政治に焦点を当てる。それはアメリカ政治を研究する仕方とよく似ているが、中国の国内政治に関する研究も同様のパターンをとっているのである。

　本章は、［中国政治の研究で用いられている方法論の］描写と説明を目的としている。まず第Ⅰ節では、政治学者が利用することができる方法論的ツールを概観する。方法論的ツールとは、米国のトップレベルの政治学の大学院で広く教えられ、政治学のジャーナルで政治の問題を研究するために広く用いられている方法のことである。第Ⅱ節が本章の議論の核心部分である。そこでは、利用可能なツールという観点から中国の国内政治に関する研究の現状が検討されるであろう。より具体的にいえば、筆者は、欧米の研究者たちが中国の国内政治を研究する際に用いる研究手法の分布はどのようなものかを問うている。この問いに答えるため、筆者は2000年から2012年の間に刊行された広い意味での政治学、比較政治学、中国研究のジャーナルの論文を系

275

統的に調査した。それぞれの論文において使われている資料や方法の違いを、ジャーナルのタイプの違いを慎重に見極めながら描き、検討していく。また第Ⅱ節において、欧米の研究者の間での中国政治研究の方法論の現状に関する自らの見解をも述べるつもりである。筆者は、欧米の研究者たちが中国政治についての発見を示すうえで、トップレベルの政治学雑誌においてだけでなく比較政治学の雑誌においてさえも、ほんのわずかな成功しか収めていない証拠を見出している。これは言葉の最も広い意味での方法論的アプローチと大いに関係があると主張したい。第Ⅲ節では、模範的と思われる中国政治に関する三つの最新の研究（いずれも2013年に刊行されたもの）を検討する。これらの研究は、政治学にとって新しい、あるいは欧米の中国政治研究では普通用いられない方法論的ツールを採用しているだけでなく、内容もきわめて興味深く、方法論を考えるうえでも示唆に富むものである。この第Ⅲ節では、政治学や政治現象一般、そして中国政治にとって広く重要な諸問題に取り組んでいる、厳密で体系だった（しかし、必ずしも実証的研究であるとはかぎらない）研究にひかれる筆者自身の好みも明らかになるであろう。ここで紹介する研究のほとんどは若手によるものであるが、こうした研究は（非常に残念なことに）流行とはほど遠く、とりわけ現代中国研究の代表的雑誌である『チャイナ・クォータリー（China Quarterly）』によく掲載されるような標準的論文とは趣を大きく異にしている。筆者がこの三つの論文をとりあげるのは、われわれが中国政治の研究を前進させるうえで、方法論上の地平線を押し広げる刺激的な可能性を示しているからである。

Ⅰ　利用可能な方法論的ツール

本節では、いかなるツールが中国の国内政治研究に「利用可能」であるかについて、可能性の幅を考察してみたい。筆者は、現在の欧米の研究者が実際に採用している研究手法を整理するための枠組として、またそれらを評価するための物差しとして、そのような幅を提示する。ここでいう「利用可能」とは、米国における研究志向の大学院の政治学科で今日教えられ、また学生にその習得と、博士論文での一部の使用が期待されている方法論上のスキル

を参考に定義される。まず述べておくべきなのは、[アメリカの]ほとんどの政治学部においては、比較政治学の博士論文を書くための研究においてフィールドワークを実施することが、必須ではないにせよ、強く奨励されているということである[2]。さらに、「マルチ・メソッド」が政治学専攻の大学院において新たなキャッチフレーズになっている。比較政治学においてこの言葉は、主としてフィールドワーク（しばしば事

表1 「使用可能」なツール

データ収集ツール
　文献調査
　半構造化インタビュー
　エスノグラフィー的調査
　参与観察
　サーベイ調査
　実験（サーベイ実験、フィールドでの実験、自然実験）

データ分析ツール
　定性的分析
　統計学的分析
　内容分析

　フォーマル理論

例研究を含む）と比較的大きなデータセット（独自に収集されたデータ、あるいは既存のデータ）を用いた定量的分析の組み合わせを意味する。キング、コヘイン、ヴァーバ（King, Keohane, Verba, 1996）は、大学院の政治学科でのリサーチ・デザインの指導において広く使われている（だが、定性的分析を行う研究者の間ではいささか議論を呼んでいる）教科書であるが、この本が「マルチ・メソッド」を大いに推奨したのであった。表1は、上で定義した意味で利用可能な、標準的な方法論的ツールを、証拠を収集するためのツールと証拠を分析するためのツールに分けて簡単にまとめたものである。

　まず証拠を収集するためのツールについて見てみよう。**文献調査**は、（第Ⅱ節で述べるように）中国政治の研究においてたいへん高い割合で用いられているツールであるが、政治学部では普通教えられていない。このことは、文献調査の方法が特別な訓練を必要としないと暗に考えられていることを示している。

- 多くの大学院の政治学科では、リサーチ・デザインの講座が設けられており、定性的研究と定量的研究の講座の二つに分けて開設されていることがある。これらの講座では普通、因果関係についての推論を行うための最も重要な基礎として、まず**実験計画法**が教えられる。政治学者も実験室での実験を行うことがあるが、一般的ではない。その代

わり、実験計画がサーベイ実験やフィールドでの実験、自然実験において用いられる。
- 他のいくつかの証拠収集ツールも、リサーチ・デザインの講座でよく教えられている。**インタビュー**は広く教えられているが、**民族誌（エスノグラフィー）的フィールド調査**や**参与観察**はそれほど多く教えられていない。
- **サーベイ調査の手法**は、政治学部では必ずしもそうではないとはいえ、いくつかの社会科学系の学部で教えられている。この調査手法の訓練には、サンプリング法と質問紙調査法が含まれ、それぞれが高度に発展した専門分野である。

以上にあげた証拠を収集するためのツールは、教えられるとしても、実践的な形で教えられることはあまりない。例えば、ひとつの学期における統計学の授業で、学生が学んだことを実際に応用できるようにするために、課題や試験が課されないとすれば、ばかげたことである。しかし、証拠収集ツールを教える授業となると、学生にインタビュー調査を課すものは依然としてほとんどなく、民族誌的調査や参与観察を課すものとなるとさらに少ない。そのひとつの理由は、人間を被験者とするすべての調査に対して計画書の提出を要求する治験審査委員会（Institutional Review Boards：IRB）の制度があるためである[3]。その代わり、学生にハンドブックや実例を読ませ、また彼ら自身の研究計画書を作成させることで、リサーチ・デザインや証拠を集める方法を教えているのである。とはいえ、一般的にいって、学生たちは実際に調査を行うわけではない。

しかし、証拠を分析するための方法論的ツールとなると、状況は大きく異なる。
- ほとんどの大学院は、学生たちが**統計的推論の方法**について、少なくとも初歩的な能力を身につけることを期待している（そして多くの大学院ではそれが必須となっている）。具体的には、多変量解析が教えられており、しばしば最尤法も教えられている。
- いまや、ほとんどの大学院で**フォーマル理論**を、少なくともゲーム理論を教えている。もっとも、必修ではない場合がほとんどであるが。

- Atlas-ti などのソフトウェアを用いた**内容分析**は、大学院でめったに教えられないが、多くの大学院生が在籍中にこの手法を身につけている。
- **定性的分析**で用いられるさまざまな要素は、リサーチ・デザインの授業で広く教えられている。それらのなかに含まれるのは、概念化、測定、類型論、過程追跡、歴史制度分析などである。

II 実際に使用されている方法論的ツール

　ここまで政治学研究者としてのわれわれにとって、少なくとも原理的には利用可能な方法論的ツール4)を簡単に見てきたが、本節では、実際に使われているツールの考察と評価を行う。ここでの筆者の実証の基礎となるものは、五つの有名なジャーナルに掲載された中国政治についての研究論文を体系的に読むことである。ここでは論文を、対外政策を含む中国大陸の政治に関するものに限定し、もっぱら台湾や香港の政治を扱った論文は除外した。とりわけ、私は『アメリカン・ポリティカル・サイエンス・レビュー』（*American Political Science Review*）、『アメリカン・ジャーナル・オブ・ポリティカル・サイエンス』（*American Journal of Political Science*）、『ワールド・ポリティクス』（*World Politics*）、『コンパラティブ・ポリティカル・スタディーズ』（*Comparative Political Studies*）に掲載された中国政治に関するすべての論文を検討した5)。『ワールド・ポリティクス』は定性的研究を好んで掲載するのに対し、『コンパラティブ・ポリティカル・スタディーズ』はより多様な論文を掲載するものの、明らかに定量研究のほうを多く掲載する傾向がある。筆者はまた、『チャイナ・クォータリー』に掲載された欧米研究者による中国政治に関する論文も検討した。以上の雑誌の小さな集合体は、二つの政治学のトップレベルの雑誌、二つの比較政治学のトップレベルの雑誌、そしてひとつの現代中国研究のトップレベルの雑誌からなっている6)。最初の四つの政治学雑誌について、筆者は過去12年間（2000年1月から2012年12月まで）の巻号を調べた。そして、中国政治についての論文をより多く掲載している『チャイナ・クォータリー』については、過去5年間（2008年1

表2 中国政治に関する論文

雑誌名	時期(年)	対象巻数	中国政治に関する論文の数／全論文数（割合）
『アメリカン・ポリティカル・サイエンス・レビュー』	2000-2012	52	3／572(0.5%)
『アメリカン・ジャーナル・オブ・ポリティカル・サイエンス』	2000-2012	52	1／761(0.1%)
『ワールド・ポリティクス』	2000-2012	52	5／208(2.4%)
『コンパラティブ・ポリティカル・スタディーズ』	2000-2012	144	20／998(2.0%)
『チャイナ・クォータリー』	2008-2012	19	110／137(80.3%)

月から2012年9月まで）の巻号を調べた。

　表2に示されているように、二つの一般政治学雑誌に掲載された論文1,333本のうち、中国政治を扱ったものはわずか4本（0.3%）にすぎなかった。『アメリカン・ジャーナル・オブ・ポリティカル・サイエンス』に掲載されたのはガン・グオ（Guo, 2009）の「中国における地方の政治的予算サイクル」の1本のみで、『アメリカン・ポリティカル・サイエンス・レビュー』に掲載されたのは、リリー・ツァイ（Tsai, 2007）の「農村部中国における連帯グループ、インフォーマルな説明責任、および地方的公共財の提供」、ジェームズ・カイシン・クン、シュオ・チェン（Kung and Chen, 2011）の「ノメンクラトゥーラの悲劇——中国の大躍進期における昇進インセンティブと政治的急進主義」、そしてビクター・シー、クリストファー・アドルフ、ミンシン・リュウ（Shih et al., 2012）の「共産党内で出世すること——中国共産党中央委員の昇進を説明する」の3本であった。二つの比較政治学雑誌に掲載された論文1,206本のうち、中国政治を扱ったのは25本（2.1%）であった。これらとは対照的に、筆者自身が数えたところ、過去5年間に『チャイナ・クォータリー』に掲載された論文137本のうち、80%以上の論文が何らかの形で中国政治に焦点を当てたものであった。

　世界における中国の政治的重要性や資料の利用可能性に鑑みれば、この状

況はたいへん悲しむべきことである。以下で述べるように、政治学や比較政治学の雑誌において中国政治の論文が比較的少ないのは、その他にもいくつかの要因があるとはいえ、中国政治研究で実際に使われている方法論的ツールと大いに関係がある。

　そこで次に、今回の調査対象となった139本の中国政治研究の論文において使われている方法論的ツールを見てみよう。表3に示されているように、証拠収集ツールは雑誌によって異なっており、証拠を分析するツールはさらに大きく異なっていることがわかる。もちろん、『アメリカン・ポリティカル・サイエンス・レビュー』、『アメリカン・ジャーナル・オブ・ポリティカル・サイエンス』、『ワールド・ポリティクス』のサンプル数はきわめて少なく、『コンパラティブ・ポリティカル・スタディーズ』に掲載された関連する論文数もかなり少ない。

　証拠収集ツールについて考察しよう。文献調査は、最も伝統的な研究方法であるが、最も多く使われている方法でもある。『チャイナ・クォータリー』に掲載される論文でも、やはり文献調査がよく使われている（50％を占めている）のは、驚くに当たらない。だが、このことによって『チャイナ・クォータリー』の論文が他の政治学雑誌の論文から区別されるわけではない。文献調査には例えば、中国語の書籍、定期刊行物、党や政府の文書、公式の統計データが含まれる。政治学雑誌のほとんどの論文は、文献調査かサーベイ調査のいずれかに依拠して書かれている。『チャイナ・クォータリー』の論文は調査方法において、もっとも多様性に富んでいる。文献調査とともに半構造化インタビュー（semi-structured interviews）も主要な証拠収集ツールであり、サーベイ調査も使われている。

　『チャイナ・クォータリー』の論文とその他の政治学雑誌の論文のきわめて重要な違いは、**証拠を収集するための**ツールではなく証拠を分析するためのツールにある。『チャイナ・クォータリー』の論文は、実際上、すべて定性的分析である。同誌の論文で使われる統計は、公式統計やサーベイ調査で得られた統計のいずれかの、記述的統計である。この論文で調査対象となっている政治学の雑誌のなかでは、『ワールド・ポリティクス』においてのみ定性的分析が『チャイナ・クォータリー』と同様に支配的である。これらと

表3 中国政治の論文で使われている主なツール

	「チャイナ・クォータリー」	「アメリカン・ポリティカル・サイエンス・レビュー」	「アメリカン・ポリティカル・サイエンス・ジャーナル・オブ・ポリティカル・サイエンス」	「アメリカン・ジャーナル・オブ・ポリティカル・サイエンス」	「ワールド・ポリティクス」	「コンパラティブ・ポリティカル・スタディーズ」
論文数	110	3	1	5	20
データ収集ツール					
文献調査	50%	67%	100%	100%	25%
半構造化インタビュー	30%	0	0	0	5%
エスノグラフィー的調査	4%	0	0	0	0
参与観察	4%	0	0	0	0
サーベイ調査	12%	33%	0	0	70%
実験	1%	0	0	0	5%
データ分析ツール					
定性的分析	94%	0	0	100%	35%
統計学的分析	6%	100%	100%	0	60%
内容分析	1%	0	0	0	0
フォーマル理論	0	0	0	0	0
目的					
記述的説明	85%	0	0	25%	10%
因果的説明	15%	100%	100%	75%	90%
内容					
政治経済学	4%	67%	100%	80%	30%
選挙	2%	0	0	0	20%
その他	94%	33%	0	0	50%

注：小数点以下四捨五入のため、数値の合計が100％にならない場合がある。

282

は対照的に、『アメリカン・ポリティカル・サイエンス・レビュー』、『アメリカン・ジャーナル・オブ・ポリティカル・サイエンス』、『コンパラティブ・ポリティカル・スタディーズ』の研究は、推計統計学に基づいた分析を行っている。加えて、研究目的にも雑誌の間で違いが見られる。『チャイナ・クォータリー』の論文は、記述を主な目的としたものが圧倒的に多い。さらに、それらの論文はその記述（論点がある場合には、その論点）を、中国を超えて一般化しようとしていない。これとは対照的に、政治学雑誌の論文（定性的分析を行った『ワールド・ポリティクス』の論文も含む）は説明を目的としている。たとえそうであっても、ここで注意したいのは、いずれの雑誌の論文も、論点を中国を超えて一般化することをほとんどしていないことである。これは、論文の内容と何らかの関係があるためだと思われる（後述）。『チャイナ・クォータリー』に関していえば、記述への傾斜と一般化の欠如という状況は近いうちに変化するかもしれない。新たに『チャイナ・クォータリー』の編集者になったクリス・ブラモール（Chris Bramall）は、論文投稿者に以下のように要請した。

> ……細かい発見を報告するだけでなく、研究をより大きな問題や議論の文脈に位置づけ、また研究から、中国全体の理解にとって、そして各学術領域にとって、より一般的なインプリケーションを引き出すこと。（Bramall, 2012：312）

刺激的で（定性的な）大きな議論を展開したチェン・リー（Li, 2012）は、「強靱な権威主義体制」パラダイムにも反論しており、おそらくブラモールが投稿者に奨励したいと考えている議論の一例であろう。

　表中のゼロという数字にも注目すべきである。中国政治研究においてフォーマル理論を使った論文がまったくないことがはっきりとわかる。『チャイナ・クォータリー』誌上でフォーマル理論に出くわすことは、もちろん期待できない。たしかに、フォーマル理論は比較政治学でそれほど広くは使われておらず、国際政治や米国政治の研究でより多く使われている。中国政治について体系的な実証的研究を実施するのが困難であることを考えれば、われわれはフォーマル理論をよりモデル化することを期待してもよいで

あろう。しかし、概して、中国の国内政治に関する定量的研究は、モデル化ではなく測定を重視している。つい最近になってはじめて、フォーマル理論を用いた中国政治研究が好評を博したのである（後述）。中国政治にフォーマル理論を適用する「障害」は、中国政治について実証的研究を行う場合のそれよりもずっと大きなものであるように思われる。これは、比較政治学における偏向に関わっているのかもしれない。つまり、伝統的な教育を受けた地域研究者たちがそのような方法にほとんど価値を見出していないことである（フォーマル理論を用いた論文の審査に当たる雑誌のレフェリーたちのなかに、こうした研究者は間違いなく存在している）。

　欧米の研究者たちが採用している方法のどれかひとつを、中国政治に対する標準的アプローチと呼ぶのは誤解を招きやすい。むしろ、われわれは、おそらく存在する四つの方法を区別すべきなのである。

　(1) 方法1は、『チャイナ・クォータリー』で見られる研究方法である。この方法は中国での徹底したフィールド調査に依拠したもので、通常、ひとつの場所の事例研究を伴っている。そうした研究は中国語の定期刊行物や公的文書を主な資料としているが、地方幹部に対する半構造化インタビューもしばしば補助的に用いられている。通常、場所やインタビュー対象者の選定は、体系的というよりも行き当たりばったりでなされる。文章は記述的、定性的なものである。論点と呼べるようなものはしばしばなく、その議論を比較政治学のより広い議論のなかに埋め込むことが可能であるとしても、中国を超えて一般化しようとする試みはほとんどない。

　(2) 方法2は、『ワールド・ポリティクス』で見られる研究方法である。これらの研究は、『チャイナ・クォータリー』に掲載される研究と同様に定性的研究で、普通文献調査に基づいているが、中国でのフィールドワークは含まない場合がある。このような研究は、大きな問いを立ててそれに対する答えを導き出そうとしたり、大きな謎を説明したり、あるいは大きな論争に決着をつけようとしている。それは通常、研究者たちの誰もがもっている中国の政治・経済に関する根本的疑問に答えを出そうとしたものである。それはしばしば比較政治学や中国研究の二次的文献をはっきりと引用して問題を設定しているが、中国を超えた一般化をいつも展開しているというわけでは

ない。ただし、論点は明確に提示している。ツァイ、トレイズマン（Cai and Treisman, 2006）の「中国経済の奇跡は政府の分権によって引き起こされたのか？」はこうした研究の一例である。この論文は、記述的な統計、中国専門家による二次的文献、および文献調査に基づいて、中国の政治経済に関する「市場保全的連邦主義」（market-preserving federalism）モデルを退けたものである。

（3）方法3は、『コンパラティブ・ポリティカル・スタディーズ』で見られる研究方法である。その問題設定は、通常さほど「大きい」ものではないが、中国以外の地域にも関連する問題（結論ではないにしても）を指し示している。これらは、多くの政治学者——比較政治学の領域を超えて——の関心も引きそうな問題である。さらにこれらの研究は、独自に収集した、または既存のデータセットから得られたサーベイデータ、そうでなければ公式統計データの少なくとも適度に凝った分析をしばしば売り物としている。この方法の典型的な例は、ジョン、チェン（Zhong and Chen, 2002）の「投票すべきか棄権すべきか」である。これは（村の）選挙に関する独自のサーベイ調査を行ったものである。その統計学的分析はたいへん簡明であるが、欧米で一般的な投票行動に関する行動論的分析をひっくり返す興味深い議論を提示している。すなわち、村での選挙を制度的な文脈に置いたうえで、強い政治的有効性感覚と民主主義的志向を備えた中国人は、選挙が欠陥の多いものであるとの理由で投票に**行かない**傾向にあると論じている。

（4）方法4は、トップレベルの政治学雑誌で見られる研究方法である。証拠の収集方法には違いがあるにせよ、典型的に、その分析は精巧な推計統計学に基づいている。中国政治にとって、あるいは比較政治学にとってさえも、とくに重要な問題設定というわけではないが、方法論の扱いは間違いなく最先端であるか、少なくとも非常に周到である。クン、チェン（Kung and Chen, 2011）の「ノメンクラトゥーラの悲劇——中国の大躍進期における昇進インセンティブと政治的急進主義」、およびシー、アドルフ、リュウ（Shih *et al.*, 2012）の「共産党内で出世すること——中国共産党中央委員の昇進を説明する」——いずれも『アメリカン・ポリティカル・サイエンス・レビュー』に掲載された論文——はこうした研究の例である。筆者は、ツァイの「中国農

村部における連帯グループ、インフォーマルな説明責任、および地方的公共財の提供」が三つの論文の中で最も優れていると考えているが、このような研究が標準的研究だとは考えていない。この論文が採用した定量的方法は高度に精巧であるとはいい切れないものの、定性的なフィールドワークを組み合わせて、比較政治学において広範な重要性をもつ問いに関する独自の理論的主張を展開している。

　内容について見ると、『チャイナ・クォータリー』では中国の政治経済に関する論文はほとんどなく、選挙に関する論文となるとさらに少ない。一方、これら二つのトピック（とりわけ政治経済）は政治学雑誌では支配的なのである。たしかに、これらの研究トピックは、政治学雑誌が好む定量的分析と通常はより相性がよい。しかし、『ワールド・ポリティクス』では、そのきわめて定性的な性格にもかかわらず、政治経済の論文が多数を占めている。このような事態になっているのは、二つのまったく異なる要因が作用しているからだと考えられる。第一に、中国の経済成長は、まさに非常に普遍的な魅力をもつ物語だからである。中国の政治経済を特異なものとして分析する研究は、きわめて重要な事例に関するわれわれの知識を深めることができるものとして受け入れられる（歓迎すらされる）。第二に、中国の選挙は、政治的に閉鎖的な体制というありえない文脈における、われわれにはなじみ深い政治活動として魅力的だからである。リベラル・デモクラシーを研究していない政治学者でさえ、いまや［中国の］選挙に心地よさを感じている——というのも、反対勢力が存在するなかでも権力の交代を許さないよう選挙が組織されている選挙権威主義体制が、権威主義体制の最も一般的な形態となっているからである。

　最後に、『チャイナ・クォータリー』において共同執筆の論文が少ないことも注目に値する。今回調査対象となった110本の論文のうち、共同執筆の論文は26％にすぎなかった。これは研究のスタイルを大きく反映している。『チャイナ・クォータリー』で研究成果を発表する研究者の大部分は、中世の職人のように、作品の全体——フィールドワークでの一次資料の収集から執筆まで——を自身で創作する。その結果、彼らの創作物には独特な様式上の特徴がついて回るのである。一方、政治学雑誌では、共同執筆はより一般

的である。今回調査の対象になった29本の中国政治に関する論文のうち、45％が共同執筆であった。これらの論文の中には、ツールの使用に熟練した研究者と地域研究者とが分業体制をとっているものもあれば、単に各部分（因果関係の推論、一般化など）や研究方法（サーベイ調査、統計学的分析）において共同作業を行っているだけのものもある。

Ⅲ　2013年に発表された三つの優れた研究

　本節では、筆者が優れている——そして示唆的である——と考える、2013年中に刊行された論文を紹介しながら、筆者自身の方法論的関心をより明確に述べたい。ここでは異なる種類の論文を選んでそれらに論評を加えるが、政治学や比較政治学の雑誌に掲載された論文すべてが『チャイナ・クォータリー』に掲載されたものより優れているというのでは決して**ない**。むしろ、私は『アメリカン・ポリティカル・サイエンス・レビュー』に掲載された中国政治に関する一部の論文が提起した議論に疑念をもっている。われわれ研究者は過去の研究成果よりも優れた論文を発表していかなければならないわけだが、今回選定した3本の論文は、新しい資料を用い、欧米の中国政治研究ではあまり見られない研究手法を採用しているという点で、過去の研究を乗り越えた優れた論文であると考えられる。そして、この3本の論文は、専門家だけが読んで楽しむような論文ではない。それぞれの論文は、中国政治、さらには政治一般を理解するうえで本質的に重要な問いを解き明かしている。

　まず、『アメリカン・ポリティカル・サイエンス・レビュー』に掲載されたゲアリー・キング、ジェニファー・パン、マーガレット・ロバーツ（King et al., 2013）の「中国の検閲部門による政府批判の容認と集合行為の呼びかけの取締り」から見ていく。キングはハーバード大学の教授であり、パンとロバーツは論文刊行の時点で博士論文提出資格者である。この論文は新しい資料や精巧な方法論を採用しているだけでなく、権威主義体制における検閲の研究において、きわめて重要な問いに対して啓発的な結論を提起した先駆的な研究である。キング、パン、ロバーツは、ソーシャルメディアへの書き込みに対する検閲を調査し、体制、指導者、政策について批判を行った書き

込みは（それが強い批判であっても）他の書き込みより削除されやすいということはないという、従来の理解とは対照的な研究結果を示した。その一方で、中国の検閲部門は集合行為を呼びかける書き込みに対しては、その内容にかかわらず削除しようとしているという。すなわち中国当局は、批判的なものではなく集合行為を引き起こす恐れのあるソーシャルメディア上の言論を検閲しているということである。

　これは衝撃的な発見である。同論文はこの発見ゆえに興味深いのであり、重要な論文であるといえる。それと同時に、キング、パン、ロバーツが同論文で示した資料や方法もまた非常に興味深いものである。この論文は説得力がある（すなわち、当論文の発見は信頼できるということである）ばかりでなく、われわれが今後見習うべき高い基準を提示した。資料について、キング、パン、ロバーツは、中国国内の1,400のソーシャルメディア・サービス上の数百万の書き込みの内容を識別、ダウンロード、分析するための独自の技術を開発した。彼らは中国当局が削除する前に書き込みを検出、ダウンロードし、検閲された（つまりインターネットから削除された）書き込みと検閲されなかった書き込みの内容を分析した。ここでは内容分析の手法が採用され、中国語に対応したコンピュータが用いられた。彼らは85のトピックを分析対象とし、それぞれの書き込みを(1)集合行為を引き起こしうるもの、(2)検閲への批判、(3)政府の政策、(4)ポルノ、(5)その他のニュースの五つに分類した。彼らは(1)の書き込みを、(i)インターネットを利用して抗議行動や集会を煽る書き込み、(ii)過去に集合行為を組織、先導したことのある人物に関係した書き込み、(iii)これまでの抗議行動や集合行為を扇動する役割を担ったナショナリズム的言論を含んだ書き込み、と厳密に定義した。キング、パン、ロバーツは、研究での発見について以下のようにまとめた。

　　分析の結果から、指導者層は国内のソーシャルメディアを許可したのと同時に、国家や政策、指導者たちについてのプラス、マイナスさまざまな言論が現れることも許可したということが推察される。その結果、政府の政策は悪く見られ、指導者たちは他の民主主義国の選挙で選ばれた政治家と同じように当惑するよ

うになった。しかし、政策が悪く見られることは、集合行為を引き起こしうる言論——政府以外の勢力が中国の大衆の行動に影響を与える事態を引き起こす言論——を消すことができる限り体制の維持に影響を与えない。これについては指導者も同様の認識をもっていると考えられる。集合行為を引き起こしうる言論について、中国の人々は個人的には自由であるが集団的には制限されている。（King et al., 2013：339）

　二つ目の論文は、まったく異なる方法論——フォーマル理論、すなわち数理モデル——を利用して、中国の民衆がどんな場合に集合行為に参加するかを解明したものである。表3からわかるように、フォーマル理論は中国政治の分析にめったに使われない。今回調査した五つの雑誌に、フォーマル理論を用いた［中国政治に関する］論文は12年間1本も掲載されておらず、フォーマル理論を用いた論文を定期的に掲載している『アメリカン・ポリティカル・サイエンス・レビュー』においてさえもそうであった。調査対象をすべての政治学雑誌に広げても、中国政治の分析にフォーマル理論を用いた研究はほとんどない。なぜならば、フォーマル理論についての専門的知識をもった研究者で中国政治を専攻している者はほとんどいないからである。しかし、カリフォルニア大学バークレー校政治学科助教授（本章執筆時点）のピーター・ローレンツェン（Peter Lorentzen）は数少ない例外である。紹介すべき二つ目の研究は、『クォータリー・ジャーナル・オブ・ポリティカル・サイエンス』に掲載されたローレンツェン（2013）の「暴動の調整——権威主義体制における民衆抗議行動の許容」である[7]。

　「暴動の調整」のなかでローレンツェンは、数理モデルを提示すると同時に中国での抗議行動について事例研究を行った。ここではそのモデルについて詳述しないが、興味を引く点のみをいくつかまとめておきたい。この論文が示したモデルには、中央政府、地方幹部、地方コミュニティの三つのプレイヤーが登場する。このモデルは、競争的選挙や自由なメディアなどが存在しない現代の権威主義体制によく見られる状況を想定している。そのような体制は、社会の不満、特にどのような社会団体が反乱を起こそうとするほど体制に不満を抱いているかについての情報を十分にもっていない。このモデ

ルでは、地方コミュニティは、(i) 現状を受け入れる、(ii) 反体制的な反乱を起こす、(iii) 体制を転換させたいのではなく特定の問題にのみ不満があるという姿勢を示しながら「王党派」的抗議行動をとる、という三つの選択肢をもつとされる。中央政府がとる行動の選択肢もいくつかあげられているが、そのひとつは、大きなコストを伴う王党派的抗議行動が発生した場合にその土地の不正幹部を処分し、行動を起こした者をむしろ褒めるという対応である。ここで注意すべきは、中央政府はすべての抗議行動に対してこうした好意的対応をとるのではないという点である。すべての抗議行動に好意的に対応してしまうと、特に不満をもたないコミュニティも抗議行動を起こしかねない。中央政府は、不満をもっているコミュニティが実際に抗議行動を起こすとわかりきっている場合には別の対応を選択する。この論文が示したモデルの面白さはこの点にある。中央政府にとって、民衆の抗議行動はどのような集団が体制に危機を及ぼすほどに不満をもっているのかを知るための情報源であり、地方幹部の行動を監視するための道具である。すなわち、中央政府は「小規模でコミュニティ内の経済問題のみを争点とした抗議行動を事実上許容したり促進したりすることで、情報収集を効率的に行っている」(Lorentzen, 2013 : 127) のである。ローレンツェンはまた、中国における抗議行動についての既存の定性的研究が示した議論を参照しながら自身のモデルの妥当性を説明している。例えば、ローレンツェンは反乱と王党派的抗議行動を明確に区別しているが、この考えは明らかにケビン・オブライエン (O'Brien, 1996) のいう「合法的抵抗」に影響を受けている。さらに彼は、自身のモデルを中国の経済体制改革の進展過程の文脈に位置づけ、「敗者なき改革」がもはや不可能な時代を迎え、政府が改革をさらに進めなければならなくなったために、政府が従来もっていた情報収集のシステムが働かなくなり、抗議行動を許容することで情報収集を行うようになったと論じた。彼のこうした研究方法が示唆しているのは、中国研究における事例研究は、単に数理モデルなどの実証性の高い検証にかけるための素材を提供するものではないということである。ローレンツェン、フラベル、パイン (Lorentzen *et al.*, 2013) がいうように、数理モデルと定性的研究手法はともに因果メカニズムの解明に関心をもっているのであり、両者(ひいては学問全体)は互い

に参照しあって発展していくべきである。

　三つ目に紹介するのは、『チャイナ・クォータリー』に掲載されたシァオペン・パン、ジュンシア・ザン、スコット・ロゼル（Pang, Zeng, Rozelle, 2013）の「選挙権についての女性の知識は村レベル選挙での投票行動に影響を与えるか——ランダム化比較試験による検証」である。この論文は、男性に比べて女性の政治参加の割合が小さいという、実際の政策を考えるうえでも重要な問題を検討している。具体的には、中国農村部の村レベル選挙において女性の投票率が男性よりも低いのは、女性が選挙権について十分な知識をもっていないためなのかという問いを検証している。この問いが正しいのであれば、女性の投票率を上げるためには女性に対する選挙教育を行えばよいということになる。この論文は、フィールドでの実験、すなわちランダム化比較試験の形での介入という非の打ちどころのない方法論を採用している。パン、ザン、ロゼルは、福建省、遼寧省それぞれから経済状況の異なる県を三つずつ無作為に抽出し、それら六つの県の 18 の郷鎮から 70 の村を標本として抽出した。70 の村は四つのグループに無作為に分けられ、合計 654 人の女性に対して選挙実施前の基礎調査（事前調査）と選挙実施後の評価調査（事後調査）が行われた。基礎調査では、調査対象となった女性の年齢、学歴、党員資格、職業、投票についての知識などの特徴が各村でだいたい同じであったことが明らかにされた。四つのグループのうち三つには選挙に関する知識の伝授という介入が施され、残りのひとつは介入を受けない統制群とされた。三つのグループにはそれぞれ次の介入がなされた。すなわち、(i) 女性にのみ投票についての知識を伝授する、(ii) 村幹部にのみ（女性に対するのと同じ）知識の伝授を行う、(iii) 女性と村幹部両方に知識の伝授を行う、の三つである。パン、ザン、ロゼルはこれらの介入が投票についての知識や投票行動にどのくらいの影響を与えるのかを測定した。その結果、女性に介入が施されたグループでは女性の投票についての知識と女性の投票率が向上し、村幹部のみに介入が施されたグループでは向上が見られなかったことがわかった。彼らの研究は、投票権についての知識と投票権の行使の間の因果関係を（フィールドでの実験を通じて）初めて明らかにしたものである。女性の権利が文化的要因により依然抑えられている社会においても、政治参加に

ついての知識の普及が重要であることを示唆するこの研究は、中国政治を専攻する研究者にとって注目すべきものである。

おわりに

　以上紹介した三つの研究はどれも、米国で政治学を専攻するすべての大学院生がもっている道具箱にあるさまざまなツールを活用しながら、しっかりとしたリサーチ・デザインの下で研究対象にアプローチしている。こうした研究はなぜ珍しいのだろうか。ここで紹介した研究には定量的研究が含まれているが、優れた研究は必ずしも定量的研究である必要はない。カールソンほか（Carlson, et al., 2010）は、定性的研究方法、実験を含む定量的研究方法の両方をとりあげ、どのような研究が中国政治研究のモデルとなるべきかを議論している。例えば、一定の刺激（例えば自然災害）に対する行政単位間の異なった対応を比較しての準実験的分析は、われわれの中国政治についての理解を深めうるが、こうした分析をする際にわれわれは必ずしも定量的アプローチを使う必要はない。中国国内の地域を事例とする事例研究においても、事例とする地域の単純な選定や、被説明変数の違いにのみ焦点を当てた事例の選定がしばしばなされているが、われわれはそのケースが全体の中でどこに位置づけられるものなのかを意識しながら慎重に事例を選定すべきである（Gerring, 2007）。最後に、リーベルマン（Lieberman, 2005）も指摘しているように、定性的な事例研究と、ラージ N（独自に収集したデータか既存のデータかは問わない）の定量的分析とを組み合わせれば、われわれはよりしっかりとしたリサーチ・デザインを作ることができる。若い世代の研究者たちは、定性的研究方法、定量的研究方法のいずれも教授され、地域研究のスキルにも、さまざまな研究手法の適切な使用法にも明るい。彼らがわれわれの知的好奇心を満足させるような研究を発表していくことを期待してやまない。

1）つまり、中国の対外政策の研究は検討の対象とするが、国民国家を分析の単位として扱い、国家間の相互関係を調べる国際政治の研究は検討の対象外とするということである。これは欧米の研究者による中国政治の研究で用いられるやり方だが、筆者に

は不可解である。
2) セントルイスにあるワシントン大学は例外であるように思われる。同大学は、比較政治学のトレーニングに関して、他の大部分の大学とは異なる考え方をもっている。
3) 人間を被験者とするいかなる調査も（被験者が公務員の場合などいくつか例外があるが）治験審査委員会の承認を必要とするが、同委員会の承認はどの大学においても、研究者が政府の研究資金を獲得するうえで越えなければならないハードルである。
4) 明らかに、これらは1世代前に訓練を受けた研究者にとって「利用可能」であるとはいいがたい。当時は、（例えば）フォーマル理論はそれほど広く教えられておらず、統計的推論についての能力も大学院の政治学科ではあまり期待されていなかった。
5) これらが、欧米の研究者による政治学や比較政治学のジャーナルとみなされているのに対し、『チャイナ・クォータリー』は研究者の地理的分布の包括性に誇りを抱いており、香港や台湾、さらには中国大陸に拠点を置く研究者による論文も掲載している。
6) 選出にあたり、ガイルズ、ギャランド（Giles and Garand, 2007）の表1（p. 743）にある信頼度ランキング（robust ISI scores）を参照した。『チャイナ・クォータリー』は、当ランキングの上位30位圏内にある唯一の中国研究雑誌である。
7) フォーマル理論を身につけ、それを研究に取り入れている研究者には、彼のほかにサザンメソジスト大学の武内宏樹がいる。また、ローレンツェンには本章で紹介する論文のほかに、「戦略的検閲」（『アメリカン・ジャーナル・オブ・ポリティカル・サイエンス』vol. 58, no. 2）がある。周知のように、検閲と集合行為は中国政治研究において重要な研究課題である。

参考文献

Bramall, Chris（2012）"A Note from the Editor," *China Quarterly*, no. 210: 311–312.

Cai, Hongbin, and Daniel Treisman（2006）"Did Government Decentralization Cause China's Economic Miracle?" *World Politics*, vol. 58, no. 4: 505–535.

Carlson, Allen, Mary Gallagher, Kenneth Lieberthal, and Melanie Manion（eds.）（2010）*Contemporary Chinese Politics: New Sources, Methods, and Field Strategies*. Cambridge: Cambridge University Press.

Gerring, John（2007）*Case Study Research: Principles and Practices*. Cambridge: Cambridge University Press.

Giles, Micheal W., and James C. Garand（2007）"Ranking Political Science Journals: Reputational and Citational Approaches," *PS: Political Science and Politics*, vol. 40, no. 4: 741–751.

Guo, Gang（2009）"China's Local Political Budget Cycles," *American Journal of Political Science*, vol. 53, no. 3: 620–631.

King, Gary, Robert O. Keohane, and Sidney Verba（1994）*Designing Social Inquiry: Scientific Inference in Qualitative Research*. Princeton, N.J.: Princeton University Press.

King, Gary, Jennifer Pan, and Margaret E. Roberts (2013) "How Censorship in China Allows Government Criticism but Silences Collective Expression," *American Political Science Review*, vol. 107, no. 2: 326–343.

Kung, James Kai-sing, and Shuo Chen (2011) "The Tragedy of the *Nomenklatura*: Career Incentives and Political Radicalism during China's Great Leap Famine," *American Political Science Review*, vol. 105, no. 1: 27–45.

Li, Cheng (2012) "The End of the CCP's Resilient Authoritarianism? A Tripartite Assessment of Shifting Power in China," *China Quarterly*, no. 211: 595–623.

Lieberman, Evan S. (2005) "Nested Analysis as a Mixed-Method Strategy for Comparative Research," *American Political Science Review*, vol. 99, no. 3: 435–452.

Lorentzen, Peter (2014) "China's Strategic Censorship," *American Journal of Political Science*, vol. 58, no. 2: 402–414.

―――― (2013) "Regularized Rioting: Permitting Public Protest in an Authoritarian Regime," *Quarterly Journal of Political Science*, vol. 8, no. 2: 127–158.

Lorentzen, Peter, M. Taylor Fravel, and Jack Paine (2013) "Bridging the Gap: Using Qualitative Evidence to Evaluate Formal Models," Paper presented at the 2013 Annual Meeting of the American Political Science Association, August 29–September 1.

O'Brien, Kevin J. (1996) "Rightful Resistance," *World Politics*, vol. 49, no. 1: 31–55.

Pang, Xiaopeng, Junxia Zeng, and Scott Rozelle (2013) "Does Women's Knowledge of Voting Rights Affect their Voting Behaviour in Village Elections? Evidence from a Randomized Controlled Trial in China," *China Quarterly*, no. 213: 39–59.

Shih, Victor, Christopher Adolph, and Mingxing Liu (2012) "Getting Ahead in the Communist Party: Explaining the Advancement of Central Committee Members in China," *American Political Science Review*, vol. 106, no. 1: 166–187.

Stockmann, Daniela (2010) "Who Believes Propaganda? Media Effects during the Anti-Japanese Protests in Beijing," *China Quarterly*, no. 202: 269–289.

Tsai, Lily T. (2007) "Solidary Groups, Informal Accountability, and Local Public Goods Provision in Rural China," *American Political Science Review*, vol. 101, no. 2: 344–372.

Zhong, Yang, and Jie Chen (2002) "To Vote or Not To Vote: An Analysis of Peasants' Participation in Chinese Village Elections," *Comparative Political Studies*, vol. 35, no. 6: 686–712.

索　引

〈人　名〉

注1. 英語で多くの著作を発表している中国人名は、氏名のピンイン（＝英語表記）をカタカナに直し配列する。例：チェン（陳捷　Jie Chen）
ただし、漢字が判明しないものについては、漢字での氏名は記載していない。
注2. 日本で漢字の音読みが一般化しているものについては、漢字の音読みにより配列する。
例：毛沢東、周恩来、呉国光、費孝通など

ア行

アーモンド（Gabriel Almond）　17, 18, 20, 22, 26, 32, 162
浅野亮　68, 100, 101
アシュレイ（Esarey W. Ashley）　65
アドルフ（Christopher Adolph）　280, 285
天児慧　197
アレイト（Andrew Arato）　148
アレント（Hannah Arendt）　142
アロン（Ilan Alon）　46
アンガー（Jonathan Unger）　146
アンダーソン（Benedict Anderson）　204, 205, 209
イーストン（David Easton）　10, 117, 161, 162
石川忠雄　40
林載桓（イムジェフアン）　92
イングルハート（Ronald Inglehart）　32, 33
于建嶸（Jian rong Yu）　128, 132, 133
ヴァーバ（Sydney Verba）　17, 18, 20, 22, 26, 117, 118, 121, 277
ウィットソン（William W. Whitson）　89
ウェイ（Lucan A. Way）　48, 49
ウェーバー（Max Weber）　7, 31, 32, 61
ヴォーゲル（Ezra F. Vogel）　68, 195
ウォーラーステイン（Immanuel Wallerstein）　8, 42
ウォルダー（Andrew Walder）　69, 267
エヴァンズ（Peter B. Evans）　59
エーケー（Peter Ekeh）　151
エーデルマン（Jonathan R. Adelman）　89, 91
エリアス（Norbert Elias）　29, 30
遠藤貢　150

オイ（Jean C. Oi）　128
王軍（Jun Wang）　219
王紹光（Shaoguang Wang）　197
大西広　216, 217
オクセンバーグ（Michel Oksenberg）　68, 196
オブライエン（Kevin O'Brien）　124, 128, 131, 177, 290

カ行

カールソン（Allen Carlson）　292
加々美光行　216, 217
川井伸一　69
岸本美緒　151
ギデンズ（Anthony Giddens）　248
邱家軍（Jia jun Qiu）　127, 134
ギリー（Bruce Gilley）　65
キング（Gary King）　277, 287
グオ（Gang Guo）　280
グオ（Xuezhi Guo）　232-235
グッドマン（David S. G. Goodman）　68, 195
グラムシ（Antonio Gramsci）　147
グリーズ（Peter H. Gries）　64, 212-214
クン（James Kai-sing Kung）　280, 285
ゲルナー（Ernest Gellner）　204, 205, 215
胡鞍鋼（Angang Hu）　197
江沢民　50, 66, 98-101, 105, 173, 211, 242, 263
コーエン（Jean Cohen）　147
コーエン（Paul A. Cohen）　41
ゴールドマン（Merle Goldman）　130
胡錦濤　99, 242
呉国光（Guoguang Wu）　64, 197
コヘイン（Robert O. Keohane）　277

295

胡耀邦　167
コン（孔慶榕　Qingrong Kong）　207

サ行
サイード（Edward E. Said）　41
蔡定剣（Ding jian Cai）　125, 126
サラモン（Lester M. Salamon）　148
ザン（Junxia Zeng）　291
サンドシュナイダー（Eberhard Sandschneider）　91
シー（Victor Shih）　280, 285
史衛民（Wei min Shi）　125
シー（史天健　Tianjian Shi）　125, 126, 129, 134
周恩来　58
朱建栄　67
朱徳　58
シェリー（Louise Shelley）　227
シャーク（Susan L. Shirk）　237-239
シャーマン（Franz Schurmann）　60, 64, 195, 225-237, 246, 247
ジャノヴィッツ（Morris Janowitz）　89
シャンボー（David Shambaugh）　60, 65, 97, 101, 172, 264
シュー（Vivienne Shue）　196
シュウォルツ（Benjamin Schwarz）　40
シュラム（Stuart Schram）　62
徐勇（Yong Xu）　128
ジョン（鐘楊　Yang Zhong）　126, 130, 134, 285
ジョンストン（Alastair I. Johnston）　95
ジョンソン（Chalmaers Johnson）　62
スウェイン（Michael D. Swaine）　97, 98, 103
スキリング（Gordon Skilling）　143
スコチポル（Theda Skocpol）　59
スコベル（Andrew Scobell）　101
鈴木隆　67, 73
スタニシキス（Jadwiga Staniszkis）　264, 265
ステパン（Alfred C. Stepan）　47
ストックマン（Daniela Stockmann）　243-245, 247
スミス（Anthony Smith）　205

諏訪一幸　67
セイチ（Tony Saich）　145
園田茂人　32
ソリンジャー（Dorothy Solinger）　147, 195, 196
ソロモン（Richard Solomon）　23, 24
孫文　254
孫志剛　241
孫龍（Long Sun）　126, 127, 134

タ行
ダイ（戴宜生　Yisheng Dai）　228
タウンゼント（James R. Townsend）　10, 120, 178, 179, 225
高橋伸夫　152, 261
橘樸　25, 151
チーク（Timothy Cheek）　151
チャールズ（David A. Charles）　87
チャン（Julian Chang）　65
チェン（陳志譲　Jerome Chen）　62
チェン（陳捷　Jie Chen）　126, 134, 261, 285
チェン（Shuo Chen）　280, 285
趙紫陽　58, 97, 98, 167
趙穂生（Suisheng Zhao）　63, 64, 128, 211, 214
チョウ（周蕾　Rey Chow）　207
チョー（Young Nam Cho）　124
チルトン（Stephen Chilton）　18
沈延生（Yansheng Shen）　128
ツァイ（蔡洪濱　Hongbin Cai）　261, 262
ツァイ（Yongsun Cai）　129
ツァイ（Lily Tsai）　130, 152, 280, 285
ツァオ（曹立群　Liqun Cao）　228
辻中豊　71, 149
鄭永年（Yongnian Zheng）　46, 47, 178, 197, 209, 210, 214
ティーツ（Jessica C. Teets）　148, 174
ディクソン（Bruce Dickson）　66, 73, 146, 147, 172, 261
ティン（William Pang-yu Ting）　94
鄧正来（Zhenglai Deng）　148
鄧小平　50, 68, 81, 94-99, 101, 166-168, 187, 196, 200, 211, 214, 215, 258

唐亮　68
トクヴィル（Alexis de Tocqueville）　31, 147
ドリフテ（Reinhard Drifte）　103
トレイズマン（Daniel Treisman）　285

ナ行
ナイ（Norman H. Nie）　117, 118, 121
内藤湖南　24, 151
中兼和津次　195
仁井田陞　25
ネイサン（Andrew Nathan）　19, 25-27, 89, 119, 135, 172, 262-264
根岸佶　25
ネルセン（Harry W. Nelsen）　93
ネルソン（Joan M. Nelson）　117
ノックス（Dean Knox）　100, 166, 168
ノラン（Peter Nolan）　46

ハ行
ハー（何俊志　Junzhi He）　127, 134
ハー（何増科　Zengke He）　148
ハーディング（Harry Harding）　92
バーネット（Doak Barnett）　68, 95, 103, 104, 166-170, 195
バーバー（Benjamin R. Barber）　44
ハーバーマス（Jügen Habermas）　142, 143, 145, 147, 152
バーンズ（John P. Burns）　68
パイ（Lucian Pye）　18, 21, 23, 24
パイン（Jack Paine）　290
パーウェル（G. Bingham Powell, Jr.）　162
パットナム（Robert Putnam）　142
パルティール（Jeremy T. Partiel）　101
パン（Jennifer Pan）　287, 288
パン（Xiaopeng Pang）　291
ハンチントン（Samuel Huntington）　44, 49, 81, 84, 85, 89, 91, 95, 99, 101, 117, 171, 210, 211, 257, 267
ピアソン（Margaret Pearson）　145, 147, 261
費孝通（Xiaotong Fei）　206, 207, 217
菱田雅晴　62, 67, 72
ヒューズ（Christopher R. Hughes）　64, 214, 215, 218
平松茂雄　83
フィシュキン（James S. Fishkin）　132, 133
プール（Ithiel de Sola Pool）　236
フォスター（Kenneth Foster）　145
フォン（馮樹梁　Shuliang Feng）　231
フクヤマ（Francis Fukuyama）　45
藤田弘夫　152
藤原帰一　74
フラベル（Taylor Fravel）　290
ブラモール（Chris Bramall）　283
フルシチョフ（Nikita Khrushchev）　87
ブレーディー（Anne-Marie Brady）　65
フローリック（B. Michael Frolic）　145, 261
ブロスガード（Kjeld E. Brodsgaard）　59, 69, 178
ペイ（裴敏欣　Minxin Pei）　67, 73, 266
ベネディクト（Ruth Benedict）　24
ペリー（Elizabeth J. Perry）　69, 130
ホア（Shiping Hua）　19, 20
彭真　128
彭徳懐　87, 88
ポプキン（Samuel L. Popkin）　170, 179
ポラック（Jonathan D. Pollach）　104
ホルビック（Heike Holbig）　65, 146
ホワイティング（Allen S. Whiting）　82
ホワイトヘッド（Laurence Whitehead）　43
ホワン（Yasheng Huang）　197

マ行
マーサ（Andrew Mertha）　170
松田康博　103
マニオン（Melanie Manion）　68, 72, 124, 127
マン（James Mann）　121
村井友秀　99
村松祐次　25
ミース（Terance D. Miethe）　230
ミュシャンブレッド（Robert Muchembled）　29, 30
閔琦（Qi Min）　25, 27
毛沢東　3, 22, 38, 58, 62, 67-69, 81, 88, 90, 92-94, 99, 143, 153, 166, 167, 169, 187, 195,

索引　297

196, 200, 219, 225-227, 231, 234, 236, 237, 246, 253, 258
毛里和子　46, 68, 74, 151, 217, 218
モルネ（Daniel Mornet）　29

ヤ行
ヤーコブソン（Linda Jakobson）　100, 166, 168, 169, 171
安田淳　102
矢吹晋　68
山下龍三　87
楊白冰（Bailing Yang）　96
ヤン（Benjamin Yang）　68
ヤン（楊国斌　Guobin Yang）　239-243
楊尚昆（Shankun Yang）　96, 98
ヨッフェ（Ellis Joffe）　83, 87, 91, 92, 94

ラ行
ラサム（Richard J. Latham）　97
ランドリー（Pierre F. Laundry）　68
ランプトン（David M. Lampton）　196
リー（李成　Cheng Li）　135, 174, 283
リー（李連江　Lianjiang Li）　128, 131
リー（Nan Li）　99
リー（Hong Yung Lee）　69
リー（Linda Chelan Li）　197
リード（Benjamin L. Read）　146
リーバーサル（Kenneth G. Lieberthal）　196
リプセット（Seymour Martin Lipset）　255
李凡（Fan Li）　125
リーベルマン（Evan S. Lieberman）　292
劉華清（Huaqing Liu）　98
リュウ（Mingxing Liu）　280, 334, 339, 285
リュウ（劉建宏　Jianhong Liu）　227, 228, 230, 234, 247
リュウ（劉培峰　Peifeng Liu）　207
劉少奇　58, 87
リンチ（Daniel C. Lynch）　65
リンドウ（Juan D. Lindau）　151
ルー（Xiaobo Lu）　72
ルー（陸紅　Hong Lu）　230
ルー（魯開垠　Kaiyin Lu）　207

ルーシェマイヤー（Dietrich Rueschemeyer）　59
レヴィツキ（Steven Levitsky）　48, 49
レン（任昕　Xin Ren）　226
ローゼンバウム（Arthur L. Rosenbaum）　145
ローレンツェン（Peter Lorentzen）　289, 290
ロゼル（Scott Rozelle）　291
ロバーツ（Margaret E. Roberts）　287, 288

ワ行
若松重吾（伊達宗義）　83
ワン（王柯　Ke Wang）　216
ワン（王希恩　Xi'en Wang）　216, 217
ワン（汪錚　Zheng Wang）　64

〈事　項〉

ア行

アーカイブ（資料）　9, 74, 150
愛国主義　206, 212, 218, 219
「アジアバロメーター」　33
アソシエーション　142, 152
新しい関与者　168-170
新しい社会階層　172-174
アヘン戦争　41
『アメリカン・ジャーナル・オブ・ポリティカル・サイエンス』　279-283
『アメリカン・ポリティカル・サイエンス・レビュー』　279-283, 285, 287, 289
アンケート調査　149
異議申立て　3, 5
維権運動　4, 118, 241, 260
異地監督　239
一肩挑　70
一国二制度　191
一長制　69
イデオロギー　3, 18, 31, 40, 45, 47, 58, 60-62, 64, 65, 69, 71, 73, 81, 83, 86, 123, 143, 209, 224, 231, 236, 237, 262, 263
因果の説明　282
インターネット　30, 74, 150, 169, 219, 224, 234, 235, 238-242, 246, 248, 288
インタビュー（調査）　9, 166, 278
エージェント・モデル　101
エコロジー　33
エスノグラフィー（民族誌）的調査　277, 282
エンパワーメント　148
王党派　290
汚職　72
『オリエンタリズム』　41
オンライン・アクティビズム　239-243, 246, 248

カ行

海外亡命者団体　10
改革開放　46, 49, 57, 59, 60, 62, 64, 65, 69, 70, 73, 93, 121, 143, 145, 172, 174, 193, 196, 199, 227, 230, 260, 261, 266
外事工作領導小組　103
解釈学的アプローチ　19, 21, 26
街道弁事処　230
海南島事件　210, 211, 213
格差　229, 230
革命世代　83, 98
革命戦争　86
革命パラダイム　10
革命・平等主義　87
過渡期の総路線　58
ガバナンス　122, 131, 132, 135, 148
諫言者　176
監察委員会　226
監察部　226
感染　49, 50
基金会　144
記述の統計　281
記述的説明　282
基層政治　4
基層（自治）選挙　3, 122, 123, 127, 128, 260
基層民主　70
共産主義青年団　70
共産主義的ネオ伝統主義（コミュニスト・ネオトラディショナリズム）　10, 69
業主委員会　146, 147
協商民主（＝協議民主）　118, 123, 131-133, 135
共生　81, 85, 96, 97
居民委員会　230
居民身分証　241, 248
ギルド　151
近代化パラダイム　10
近代化理論　227, 228
近代主義　205
『クォータリー・ジャーナル・オブ・ポリティカル・サイエンス』　289
グラムシ主義　147
グレート・ファイアーウォール　238
グローバリゼーション（グローバル化）　29,

索　引　299

30, 33, 37, 38, 42-48, 50-52, 173, 266
軍事改革　　83, 93, 94
軍事官僚制　　85, 105
軍事専門主義　　84, 86, 87, 90
軍事と外交の調整　　102
軍隊建設　　88
軍隊統制　　84, 99
軍（隊）の国家化　　101, 102
　——の官僚化　　102
　——の近代化　　86, 87, 96, 99
　——の政治関与　　84-86, 90, 92, 97, 105
　——の専門化　　81, 83, 94-97, 99, 100, 105
　——の法制度化　　94, 102
警察　　228, 232
　——活動　　234
　　武装——　　233
ゲーム理論　　59
権威主義（体制）　　2, 5, 6, 12, 26, 42, 47-51,
　　117, 119, 121-125, 127, 129, 131, 133, 147,
　　164, 165, 170, 172, 174, 178, 247, 253, 255,
　　257, 264-266, 270, 286, 287, 289
　応答性のある——　　243, 244
　協議型——　　174
　断片化（分断化）された——　　10, 170
　分散的——　　196
　——体制の強靱性　　172, 174, 178, 179, 262,
　　263, 266, 267
　——の弾力性　　119, 148
　——の復元性　　135
権威の配分　　161
検閲　　288
原初主義　　204-206
憲政　　132
厳打　　230, 231, 246
屈辱の100年　　64
群体性事件　　166, 233
公安　　226, 232
公安局　　230
公安部　　231, 232, 234, 242
合意　　49, 50
工会　　70, 120, 150
抗議活動（抗議行動）　　288-290

公共　　150
公共空間　　132, 142, 148, 152
　原初的——　　151
　市民的——　　151
公共圏　　131, 133, 134, 151
公共財　　131, 152
公共性　　152
公共知識人　　134
高層政治　　3, 4, 102
構造的アプローチ　　255-259
郷団　　151
行動論的政治学　　59
合法的抵抗　　290
公民　　130, 233
公民権意識　　131
合理的選択論　　59
コーポラティズム　　66, 146
　国家——　　10, 145, 146, 152
　社会——　　46, 146, 152
国軍化　　102
国民　　204
国務院　　58, 104, 167
　——常務委員会　　167
五四運動　　254
戸籍　　230
国家安全部　　232
国家主席　　58, 98, 99, 102
国家中央軍事委員会　　94, 99, 102
国家と軍の関係　　84
国家統合　　187, 195, 197, 199, 200
国家の軍隊　　101, 102
国家副主席　　58
コ・ビヘイビオリズム　　220
コミュニタリアニズム　　142
コミュニティ（社区）　　152, 227, 229, 230, 235,
　　290
婚姻法　　227
『コンパラティブ・ポリティカル・スタディー
　　ズ』　　279-283, 285

サ行

サーベイ調査　　74, 277, 278, 281, 282, 285, 287

サイクル論　191, 192, 194, 199, 200	省指導者　188, 194, 199
最高人民検察院　10, 234	少数民族　52, 135, 187, 215
最高人民法院　234	辛亥革命　258
再集権化　194, 198, 199	人権派弁護士　134
財政請負制　189	新左派　46
財政連邦主義　193	新自由主義　64, 150
サンプリング法　278	新制度論　59, 178
参与観察　277, 278, 282	人治　132
市場経済化　59, 60, 65, 66, 70, 168, 173, 266	親密圏　149, 151, 153
市場保全的連邦主義　285	新民主主義（革命）　57
システム不均衡の調停者　85, 91, 92, 105	人民解放軍　81, 83-88, 92, 94-96, 99, 101, 104, 105, 168, 172, 174, 223, 233, 258
実証主義的アプローチ　19, 21, 26	人民公社　261
失地農民　135	人民代表大会　4, 5, 118, 121-125, 127, 132, 135, 175-177, 203, 260
質的分析　153	
質問紙調査法　278	人民団体　58, 70
支配　49	人民民主独裁　57, 58
──の正統性　268	新リベラリスト　46
シビリアン・コントロール　99	垂直管理部門　198
客体的──　85, 99	推論統計学　283
司法部　232	ステイティズム　59
市民社会　4, 5, 10, 64, 141-150, 152, 153, 177, 208	政軍関係（理論）　4, 82, 84, 91, 95, 98, 100, 101
市民文化　18, 260	政策（決定）過程　86, 95, 120, 163, 167, 170, 178
社会関係資本（ソーシャル・キャピタル）　142, 148	政策決定機構　10, 12, 161-166, 171, 172, 175-177, 266, 268
社会主義　57	
社会団体　4, 71, 144, 148, 149	政治改革　130, 235
社会統合　228	政治過程　161, 163-166, 175-180
社区（コミュニティ）　70	政治起業家　171
──居民委員会　70	(中国人民）政治協商会議　4, 57, 175, 203
ジャスミン革命　264	政治工作　87
主意主義的アプローチ　256	政治参加　5, 34, 117-127, 129-135, 172, 291
集合行為　288	政治体系　11, 17, 37-39, 47, 50, 51, 57, 58, 161, 163, 253, 266, 267, 269
集団化　227	
集団指導体制　68, 99	政治体制　5, 6, 11, 12, 141, 163, 164, 260, 261
集団の抗議　3, 129, 260, 261	政治的寛容　26, 27
集団の利益　84, 86, 100	政治的有効性感覚　26, 27, 285
儒教　24, 31, 265	政治統制　86, 88, 90, 93
熟議　132	政治と軍事の分離　100
──民主主義　132	政治発展　267
準実験的分析　292	政治文化　17-22, 24-27, 29, 30, 33, 34, 122,
状況的アプローチ　258-260	

123, 129, 130, 151, 260
　　参加者型―― 18
　　臣民型―― 18, 22
　　未分化型―― 18
政府党体制　74
西洋中心的なアプローチ　39
西洋の衝撃　38, 39
世界システム論　42
選挙　120, 124-126, 128-130, 135
　　――権威主義体制　286
　　――民主　123, 133
全国高等教育機関党建設工作会議　66
全国人民代表大会（全人代）　58, 101, 223
　　第13回――　58
全体主義　120, 125, 143
　　――モデル　89, 120, 236, 237
相互浸透　96
ソーシャルメディア　98, 170, 287, 288
属人関係　89, 98
ソフト・パワー　64
（旧）ソ連　164, 166, 225, 226
　　――崩壊　104
村民委員会　70, 118, 121, 128, 135

タ行

大行政区　195
「代行」主義　57
大衆運動　87, 91, 165
大衆工作　88
大衆動員　225, 236
大躍進　12, 62, 86-88, 216, 227
代理者　176
台湾海峡　82, 86, 102
多元化パラダイム　10
脱物質主義的価値観　32, 33
単位　69
単一制　190, 191
地域研究　123, 126, 127, 133, 134, 292
治験審査委員会（IRB）　278
チベット問題　64
地方悪玉論　200
地方指導者　187, 190, 198, 200

地方主義　197, 199
　　――批判　197-199
地方党委員会　195
地方のエゴ　200
地方の自律性　195, 196, 200
地方分権　187, 190-195, 197, 199, 200
地方保護主義　190, 193
『チャイナ・クォータリー』　276, 279-284, 286, 287, 291
中央集権　190-194, 197, 200
中央・地方関係　187, 188, 191-198, 200, 260
中央・地方二元論　200
中華人民共和国村民委員会組織法　70
中華全国総工会　10
中国共産党　31, 40, 57-61, 63-71, 73, 74, 101, 102, 105, 118, 119, 122, 127, 130, 132, 135, 143, 148, 163-166, 168, 172-180, 187, 188, 216, 237, 248, 257
　　――委員会　66
　　――外事工作領導小組　168
　　――規約　118
　　――政治局　167, 168
　　――政治局常務委員　67
　　――政治局常務委員会　167, 168
　　――総書記　98, 99, 102
　　――対口部　58, 66, 68
　　――中央委員会　239
　　――中央規律検査委員会　232
　　――中央書記処　103, 167
　　――中央政法委員会　232
　　――中央宣伝部　231, 239, 245, 246
　　――中央弁公庁　64, 232
　　――の指導　57
（党）と軍の相互浸透　85
（党）の軍隊　81, 85, 101, 102
中国人民銀行　226
中国人民武装警察部隊　223
中国中心的なアプローチ　39
中国の喪失　37, 40
中国分裂論　198, 199
中国崩壊論　198, 199
中産階級　256, 260, 261

302

中ソ対立　120
チュニジア　264
朝鮮戦争　82, 87, 88
朝鮮半島　82, 86
陳情　117-120, 131, 132
帝国主義　41
定性的分析　277, 279, 281, 282, 292
低層政治　3, 4
定量的分析　286, 292
出稼ぎ労働者　135, 292
適応　173, 180, 264, 265
デモ　117
（第二次）天安門事件（1989年）　25, 45, 49, 50, 58, 60, 63, 66, 68, 70, 81, 84, 92, 96, 97, 102, 104, 145, 165, 166, 173, 178, 208, 209, 233, 241, 260, 263, 267
伝道ベルト　12
統一戦線工作　67, 71
「党が軍を指揮する」　81
統計学的調査　277, 282
党軍　85
　「──から国軍」　99
　──関係　82-84, 87, 91, 95-97
党支部　70
鄧小平の軍事改革　92-94
鄧小平理論　57, 174
統帥権　97, 98, 102
党政分離　58, 94
党組　58
投票（行動）　117, 118, 125, 126

ナ行
内容分析　277, 279, 282, 288
ナショナリズム　4, 47, 52, 64, 65, 203-206, 208-210, 212-220, 239, 264, 265, 270, 288
　エスノ──　203, 210, 212, 215
　普遍＝特殊融合型──　217
二元指導体制　193, 194, 198, 200
二段階革命　57
認知的不協和　23
ネオ・マルクス主義　147
ネガティブ・フィードバック　12

ネチズン　169
農民　130
ノメンクラトゥーラ　73, 285

ハ行
パトリオット派　259
パトロン・クライアント関係　69, 151
派閥　89
半構造化インタビュー　277, 281, 282
非営利団体　170
比較政治学　123, 126, 127, 133, 134, 243, 275-277, 284-286
ビジネスエリート　261
フィードバック・ループ　11
フィールドワーク（調査）　2, 125, 134, 150, 277, 278, 284
フォーマル理論　59, 277, 278, 282-284, 289
婦女連合会　70, 120
普遍的価値　64
プラグマティズム　262
ブルジョア革命　257, 262
ブルジョアジー　174, 263
ブルボン王朝　259
プロパガンダ　236, 238, 244
プロフェッショナリズム　81, 84, 85, 91, 105
プロレタリア革命　257, 262
文化大革命　12, 38, 62, 81, 84, 87-91, 216, 227
文献調査　282
分税制　189, 194, 199
分析的市民社会論　149
文明化の過程　30
北京オリンピック　64
北京の春　143, 209
ベトナム戦争　40
ベン・アリー政権　266
包括政党　263
包摂　66, 172, 173, 180
法治　101, 132
暴動　117
法による抵抗　260
ポジティブ・フィードバック　12
保釣運動　215

索　引　303

マ行

マスメディア　223-225
マルクス（・レーニン）主義　2, 57, 61, 62, 165, 174
マルチ・メソッド　277
三つの代表（論）　57, 66, 84, 100, 263
民主化　26, 45-48, 51, 121-124, 126-129, 131, 141, 143, 145-148, 165, 175, 178, 253-260, 262, 266
　――圧力　47-49
　――運動　49, 51, 66, 258
民主集中制　67
民主主義　5, 8, 18, 21, 25-28, 30, 32-34, 45, 51, 121, 122, 130, 141, 215, 235, 254, 255, 257, 260, 267, 269-271
　――体制　257
民主諸党派　10
民主の壁　254
民族集団　204
民族主義　45
民兵　233
民弁非企業　144, 148
ムバラク政権　266
面子　212, 213
毛沢東思想　57, 61, 87, 174

ヤ行

野戦軍　89, 90
「ユーロバロメーター」　33
緩い集権制　195
四つの現代化　93

ラ行

ラージN　292
ランダム化比較試験　291
利益集団　85, 90, 91, 143
　――政治　174
　――モデル　120
利益の集約　162, 171
利益の表出　162, 164, 172, 175
リサーチ・デザイン　277-279, 292
量的分析　153

リンケージ　48, 49
林彪事件　90
冷戦　37, 40, 45, 82, 104, 143, 208, 209
零八憲章　254
レバレッジ　48, 49
連合政府論　57
連邦制　188-191
労働改造所　231
労働教養制度　248

ワ行

和平演変　50
『ワールド・ポリティクス』　279-284, 286

英数字

NGO　3, 43, 50, 71, 144, 148
rule by law（法を用いた統治）　47
rule of law（法による統治）　47

執筆者紹介（掲載順）

高橋伸夫（たかはし のぶお）※編者
慶應義塾大学法学部教授・東アジア研究所所長。1960年生まれ。慶應義塾大学大学院法学研究科博士課程単位取得退学、法学博士。主要業績：『中国革命と国際環境―中国共産党の国際情勢認識とソ連、1937年～1960年』（慶應義塾大学出版会、1996年）。『党と農民―中国農民革命の再検討』（研文出版、2006年）、ほか。

江藤名保子（えとう なおこ）
日本貿易振興機構アジア経済研究所研究員。スタンフォード大学国際政治研究科修士課程修了（MA）、慶應義塾大学大学院法学研究科後期博士課程単位取得退学、博士（法学）。主要業績：『中国ナショナリズムのなかの日本―「愛国主義」の変容と歴史認識問題』（勁草書房、2014年）、『日中関係史1972-2012 Ⅰ政治篇』（共著、東京大学出版会、2012年）、ほか。

小嶋華津子（こじま かづこ）
慶應義塾大学法学部准教授。1970年生まれ。慶應義塾大学大学院法学研究科後期博士課程単位取得退学、博士（法学）。主要業績：『現代中国政治外交の原点』（共編著、慶應義塾大学出版会、2013年）、『現代中国の市民社会・利益団体―比較の中の中国』（共編著、木鐸社、2014年）、ほか。

加茂具樹（かも ともき）
慶應義塾大学総合政策学部教授。1972年生まれ。慶應義塾大学大学院政策・メディア研究科後期博士課程単位取得退学、博士（政策・メディア）。主要業績：『現代中国政治と人民代表大会―人代の機能改革と「領導・被領導」関係の変化』（慶應義塾大学出版会、2006年）、『党国体制の現在―変容する社会と中国共産党の適応』（共編著、慶應義塾大学出版会、2012年）、ほか。

毛利亜樹（もうり あき）
筑波大学人文社会系助教。1976年生まれ。同志社大学大学院法学研究科博士後期課程修了、博士（政治学）。主要業績：『党国体制の現在―変容する社会と中国共産党の適応』（共著、慶應義塾大学出版会、2012年）、「習近平中国で語られる近代戦争」（『アジア研究』第60巻第4号、2014年）、ほか。

中岡まり（なかおか まり）
常磐大学国際学部准教授。1969 年生まれ。慶應義塾大学大学院法学研究科後期博士課程単位取得退学。主要業績：「中国地方人民代表大会選挙における「民主化」と限界―自薦候補と共産党のコントロール」（『アジア研究』第 57 巻第 2 号、2011 年）、「人民代表大会直接選挙に見る中国共産党の適応能力―独立候補への対応を例に」（『常磐国際紀要』第 19 号、2015 年）、ほか。

磯部　靖（いそべ やすし）
慶應義塾大学法学部准教授。1968 年生まれ。慶應義塾大学大学院法学研究科後期博士課程単位取得退学、博士（法学）。主要業績：『現代中国の中央・地方関係―広東省における地方分権と省指導者』（慶應義塾大学出版会、2008 年）、『現代中国政治外交の原点』（共著、慶應義塾大学出版会、2013 年）、ほか。

田島英一（たじま えいいち）
慶應義塾大学総合政策学部教授。1962 年生まれ。慶應義塾大学院文学研究科後期博士課程単位取得退学。文学修士。主要業績：『弄ばれるナショナリズム―日中が見ている幻影』（朝日出版社、2007 年）、『協働体主義―中間組織が開くオルタナティブ』（共編著、慶應義塾大学出版会、2009 年）、ほか。

金野　純（こんの じゅん）
学習院女子大学国際文化交流学部准教授。1975 年生まれ。一橋大学大学院社会学研究科博士後期課程修了、博士（社会学）。主要業績：『中国社会と大衆動員―毛沢東時代の政治権力と民衆』（御茶の水書房、2008 年）、『上海―都市生活の現代史』（共編著、風響社、2012 年）、ほか。

メラニー・フランシス・マニオン（Melanie Frances Manion）
デューク大学教授。ミシガン大学博士号（政治学）取得。ロチェスター大学准教授、ウィスコンシン大学マディソン校教授を経て現職（2015 年 7 月～）。主要業績：*Corruption by Design: Building Clean Government in Mainland China and Hong Kong*（Harvard University Press, 2004）、*Contemporary Chinese Politics: New Sources, Methods, and Field Strategies*（co-edited, Cambridge University Press, 2010）、ほか。

上野正弥（うえの まさや）※補遺　翻訳担当
慶應義塾大学大学院法学研究科後期博士課程。1985 年生まれ。主要業績：「中国共産党と宗教団体―1980 年代における基督教愛国団体の改革をめぐる議論を中心に」（『法学政治学論究』第 100 号、2014 年）、「中国共産党の基督教管理政策―1990 年代における管理強化の展開」（『法学政治学論究』第 105 号、2015 年）、ほか。

『慶應義塾大学東アジア研究所・現代中国研究シリーズ』刊行の辞

　中国がその国力を増し、周辺国および世界全体に対する影響力を強めるに伴い、この大国についての関心はますます高まりつつある。中国における変化は、西洋における発展の時と所を変えた再演であり、この国もやがては民主主義に向かうと考えるべきだろうか。それとも、この東洋の大国における発展は独特であるから、必ずしも民主主義には帰着しないと考えるべきだろうか。中国の社会と経済は、矛盾をはらみながらも発展を続け、中所得国から高所得国へと上りつめるだろうか。それとも、矛盾の深まりが、やがては経済成長を台無しにしてしまうだろうか。中国は、既存の国際的な秩序や規範に適応しようとしているのだろうか。それとも、「超大国」と化した中国は、自らが望む国際秩序を力ずくで構築しようとするだろうか。いずれにせよ、この国における変化は、国内の人々のみならず、日本をはじめとする周辺国、ひいては世界全体の人々の運命にも大きな影響を与えるであろう。

　台頭する中国といかに向き合うかという問題への関心の高まりを背景として、2007年に大学共同利用機関法人・人間文化研究機構の支援のもとに誕生した慶應義塾大学東アジア研究所・現代中国研究センターは、中国の実像、歴史的位置、および将来の発展方向を正しく理解し、それを社会に広く伝えることが必要であると考え、『慶應義塾大学東アジア研究所・現代中国研究シリーズ』を刊行することとした。

　中国が直面する問題は、人口の高齢化、貧富の格差の拡大、汚職と腐敗、環境破壊、民族間の対立など多岐に及ぶ。本シリーズは、これらの多様な問題を、可能な限り新しい視点と資料に基づいて分析するであろう。同時に、慶應義塾における中国研究の伝統ともいいうるが、現在観察している問題を長期的な視野において、それがいかなる局面にあるかを考察する歴史的な視点をも提供するあろう。

　本シリーズが広く読者に迎えられ、現代中国の理解に寄与できることを願う。

慶應義塾大学東アジア研究所・現代中国研究センター

慶應義塾大学東アジア研究所・現代中国研究シリーズ
現代中国政治研究ハンドブック

2015 年 7 月 30 日　初版第 1 刷発行

編著者―――――高橋伸夫
発行者―――――坂上　弘
発行所―――――慶應義塾大学出版会株式会社
　　　　　　　〒108-8346　東京都港区三田 2-19-30
　　　　　　　TEL〔編集部〕03-3451-0931
　　　　　　　　　〔営業部〕03-3451-3584〈ご注文〉
　　　　　　　　　〔　〃　〕03-3451-6926
　　　　　　　FAX〔営業部〕03-3451-3122
　　　　　　　振替　00190-8-155497
　　　　　　　http://www.keio-up.co.jp/
装　丁―――――鈴木　衛
印刷・製本―――株式会社加藤文明社
カバー印刷―――株式会社太平印刷社

Ⓒ 2015　Nobuo Takahashi
Printed in Japan　ISBN978-4-7664-2209-2

慶應義塾大学出版会

慶應義塾大学東アジア研究所　現代中国研究シリーズ

救国、動員、秩序
──変革期中国の政治と社会

高橋伸夫編著　〈民〉から〈国民〉へ。統治の再編成はいかに行われたか？　清朝末期から中華人民共和国成立までにおける、革命正史には描かれなかった中国社会の変動と直面した困難をさぐる。　　　　　　　　　◎3,800円

現代中国外交の六十年
──変化と持続

添谷芳秀編著　中国外交を動かす要因は何か？　中国外交における変化のなかの連続性を探り、中国外交を規定してきた「歴史」要因の変容と多様な外交政策の展開から、中国外交の内なる論理を解き明かす試み。　◎3,800円

党国体制の現在
──変容する社会と中国共産党の適応

加茂具樹・小嶋華津子・星野昌裕・武内宏樹編著　市場経済化やグローバル化の波に柔軟に対応してきた中国共産党とは、どのような集団か。大きく変容する社会・経済に適応してきた党の権力構造を実証分析し、一党支配体制の現実を多面的に描き出す。　　　　　　　　　　　　　　　◎3,800円

戦後日中関係と廖承志
──中国の知日派(ジャパンハンズ)と対日政策

王雪萍 編著　日本生まれの中国人で、戦後、周恩来の下で対日業務・情報収集の責任者であった廖承志と、その下の組織横断的なグループの活動についての、日本で初めての本格的な論考集。　　　　　　　　　　◎4,200円

表示価格は刊行時の本体価格(税別)です。